欧阳予倩与
中国现代戏剧

Ouyang Yuqian and Modern Chinese Theatre

陈建军 著

人民出版社

责任编辑:宫　共
封面设计:毛　淳　徐　晖

图书在版编目(CIP)数据

欧阳予倩与中国现代戏剧/陈建军　著.
　—北京:人民出版社,2016.11
(国家社科基金后期资助项目)
ISBN 978－7－01－016926－2

Ⅰ.①欧…　Ⅱ.①陈…　Ⅲ.①欧阳予倩(1889—1962)－　人物研究
　Ⅳ.①K825.78

中国版本图书馆 CIP 数据核字(2016)第 257623 号

欧阳予倩与中国现代戏剧
OUYANG YUQIAN YU ZHONGGUO XIANDAI XIJU
陈建军　著

人民大版社 出版发行
(100706　北京市东城区隆福寺街 99 号)

北京龙之冉印务有限公司印刷　新华书店经销

2016 年 11 月第 1 版　2016 年 11 月北京第 1 次印刷
开本:710 毫米×1000 毫米 1/16　印张:12　字数:213 千字

ISBN 978－7－01－016926－2　定价:36.00 元

邮购地址 100706　北京市东城区隆福寺街 99 号
人民东方图书销售中心　电话 (010)65250042　65289539

国家社科基金后期资助项目
出版说明

后期资助项目是国家社科基金项目主要类别之一，旨在鼓励广大人文社会科学工作者潜心治学，扎实研究，多出优秀成果，进一步发挥国家社科基金在繁荣发展哲学社会科学中的示范引导作用。后期资助项目主要资助已基本完成且尚未出版的人文社会科学基础研究的优秀学术成果，以资助学术专著为主，也资助少量学术价值较高的资料汇编和学术含量较高的工具书。为扩大后期资助项目的学术影响，促进成果转化，全国哲学社会科学规划办公室按照"统一设计、统一标识、统一版式、形成系列"的总体要求，组织出版国家社科基金后期资助项目成果。

全国哲学社会科学规划办公室

2014 年 7 月

目　　录

引　言

一、研究综述

欧阳予倩是一部活的中国现代戏剧史。他在话剧界的资格最老,是早期话剧的开创者——春柳社的"四君子"之一,他曾"下海"演京剧,享有"南欧北梅"之誉,并从 1919 年就开始致力于戏曲改革,20 年代致力于现代话剧的建设。他是现代戏剧史上的全才,在编导演及戏剧教育、戏剧建设的推行等方面都有突出的成绩。鉴于此,他的中国现代戏剧建设的先驱者地位得到了一致的承认,研究界把他与田汉、洪深并列为戏剧界的三位奠基人。因此,长期以来,欧阳予倩一直是研究界比较关注的对象,其研究主要集中在以下几个方面。

(一) 话剧创作的研究,重点在其剧作形式的民族化、思想内涵及其喜剧创作三个方面。1. 剧作形式的民族化问题。黄振林的《欧阳予倩独幕剧构剧奥秘探幽》、周国良的《论欧阳予倩话剧结构艺术的民族化特色》、苏永莉的《中西戏剧艺术的渗透与融合——试析欧阳予倩〈潘金莲〉的独特艺术风貌》等文章,都讨论了剧作形式的民族化问题。2. 戏剧创作的思想内涵。袁泉的系列研究文章《欧阳予倩的独幕剧〈泼妇〉赏析》等,将欧阳予倩的剧作冠以现实主义精神的创作。苏琼的《异性书写的历史——〈潘金莲〉:从欧阳予倩到魏明伦》,讨论欧阳予倩剧作的女性意识。3. 喜剧创作。张健的《欧阳予倩喜剧创作论》、胡德才的《论欧阳予倩的喜剧创作》,讨论了欧阳喜剧创作的形态问题。黄振林的《欧阳予倩喜剧技巧新探》,讨论了欧阳喜剧的发生机制和构剧技巧。

(二) 戏曲改革理论和创作的研究。早在 1938 年,署名醉芳的作者写了《划时代的〈梁红玉〉与〈渔夫恨〉》一文,激动地宣称这一演出是"改革旧戏的理论已在实践上获得胜利的佐证了"。40 年代初易庸(即廖沫沙) 写了《读欧阳予倩的旧剧作品——兼论旧剧改革》,认为欧阳的戏曲改革主题上显然把握住了新的观点,但步子还不够大,没有跟上时代的要求。降至60 年代,曲六乙写了《欧阳予倩和红楼戏》一文,对欧阳所编的红楼戏逐个进行点评,认为他的红楼戏总体说来"既是宣传个性解放,反封建、反礼教的作品,又是推动戏曲艺术向'近代化'道路上发展的可贵尝试。"朱江勇的《欧阳予倩桂剧剧本风格论》等文章,对欧阳予倩桂剧剧本内容和美学方面的特点进行了分析。戏曲改革实践的分析和评价方面,高宇的《欧阳予倩与近代戏曲导演学》从戏曲导演学的角度分析了欧阳完整的"戏剧学"观念,认为其实质是把戏曲从内容到演出形式近代化。傅瑾的《南通伶工学社的兴衰及启示》认为南通伶工学社其实是一个失败,其根源就在于欧阳予倩在《予之戏剧改良观》中提出的戏曲改革思想与现实差距过大。李伟的《欧阳予倩与20世纪中国戏曲改革》将欧阳予倩的戏曲改革归类为"田汉模式",即以戏剧文学为中心对传统戏曲进行现代化改造的知识分子路线。此外,还有一些硕士论文对欧阳予倩戏曲改革的理论和实践做了专门的研究。

(三) 表演的评论。欧阳予倩最早是以演员身份从事戏剧运动的,做了6年话剧演员,13年职业京剧演员,因而最初的批评便是对其扮相、演技等的欣赏品评,20世纪初就有蝶生对其在《黑奴吁天录》扮演的女黑奴的评论,《申报》等报刊的副刊中有很多对其演出的即时评论,《春雨梨花庵丛刊》《鞠部丛刊》等书籍中也辑录了不少品评性的文章。除此之外,关于欧阳予倩表演的研究基本没有。

(四) 文艺思想和戏剧思想研究。在纪念欧阳予倩100周年诞辰之际,欧阳山尊写了《论欧阳予倩的文艺思想和实践》一文,对欧阳予倩一生的艺术实践作了一个回顾,认为"在欧阳予倩的全部艺术实践中,反封建的民主思想和反帝国主义的爱国思想,是作为两条主线一直贯串着的"。蔡美云的《欧阳予倩戏剧思想初探》是她硕士论文的一个节略,包括"欧阳予倩的戏剧思想""关于戏曲改革的理论和实践""欧阳予倩戏剧思想探源"三个部分。

(五) 艺术研究、戏剧批评的探讨。欧阳予倩在进行艺术实践的同时非常注重经验的总结和理论的研究,他的这一方面的贡献也引起了研究者的关注。蒋星煜的《欧阳予倩研究戏曲声腔的成就》指出,欧阳予倩的《谈二黄戏》是"五四以来第一篇比较全面而系统地研究戏曲声腔的论文",认为欧阳研究声腔有两大主要成就:对于京剧二黄、西皮两大腔调源流的探索和他的四大声腔的理论创造,最后还就一些具体的问题提出了商榷。宋宝珍的《欧阳予倩:史论性批评的创立与现代戏剧的体认》是他的现代戏剧批评研究中的一个章节。作者分析了欧阳予倩戏剧批评的几个方面的特点:用现代戏剧的观念阐述文明戏的具象化景观;在强调戏剧的社会作用的同时重视艺术自身的基本规律;"综合的艺术"的认知与话剧表演的艺术的表现的强调;辩证的继承传统与发展创新的观点。作者还探讨了欧阳予倩戏剧批评意识的形成和发展过程,强调了在这一过程中西方戏剧观念的决定性影响。

（六）戏剧运动道路的探讨。田汉以剧运战友的身份写过几篇文章:1928年的《谈欧阳予倩》、1946年的《欧阳予倩先生的道路》以及《他为中国戏剧运动奋斗了一生》等,从中可以看出两位戏剧运动先驱的友谊和分歧,也显示出中国现代戏剧运动多元的风貌。《谈欧阳予倩》一文以问答的方式讨论了欧阳所创作的《潘金莲》的积极意义,一方面以非常惋惜的口气谈到欧阳沉沦于旧剧舞台多年,在生活与艺术的冲突中不能自拔;另一方面希望他以《潘金莲》的创作为契机,走向新歌剧的建设之路。《欧阳予倩先生的道路》是在欧阳因桂林受挫不得不返回上海的情况下写的,首先对欧阳为桂林文化城建设所做的贡献表示钦佩,为他所受的不公正待遇抱屈,然后概括了欧阳在这一年间的新变化:更民间的了;更群众的了;更实际了,认为他走上了他应走的道路。《他为中国戏剧运动奋斗了一生》写于欧阳予倩逝世之后,其时社会也已经高度政治化了。作者通过回顾自己与欧阳予倩交往的几个重要阶段,展示了欧阳“从一个旧民主主义者成为新民主主义革命家,终而成为一个马克思主义者,成为党的战士”的思想发展径路。张健的《田汉、欧阳予倩、熊佛西和艺术戏剧运动》认为在20世纪20年代后半期,中国现代话剧史上曾经出现一个“艺术戏剧运动”,欧阳予倩所领导的广东戏剧研究所为三个中心之一。这一运动最为基本的理念是“戏剧是一种艺术”,其中包含了“对于现实秩序的反叛”的意义内涵,并且推动了对戏剧艺术本质的进一步体认,使得“综合艺术说”迅速得到普及。作者认为这一戏剧运动是对爱美剧运动的一种有意识的超越,而且孕育了中国现代话剧史上的一系列前瞻性的因素。

对欧阳予倩全面研究的有陈珂的专著《欧阳予倩和他的“真戏剧”》,认为欧阳予倩在《予之戏剧改良观》中提出的“真戏剧”是他戏剧观中最有价值的所在,并细致地探讨了欧阳予倩“真戏剧”的具体内容。从“真戏剧”入手探讨欧阳予倩的戏剧理论和实践,显示了作者的真知灼见。他还写了《舞古今长袖　演中外剧诗——欧阳予倩评传》一书,作为“中国京昆艺术家传记丛书”之一种。

这些方面的研究为本课题的开展打下了坚实的基础。同时不能不指出,这方面的研究还存在着很多的不足,主要表现为:1. 主要集中在创作方面,其话剧导表演和京剧导表演方面的考察和理论总结比较单薄。2. 有见木不见林之弊,以戏曲改革这一重要问题为例,基本上是将欧阳予倩的红楼戏、20世纪20年代到30年代初及之后的戏曲创作和实践一视同仁,没有注意到其中的实质性区分。3.未能提出有一定高度和说服力的概念和命题。

二、本书的研究路径

在《中国新文学大系·戏剧集》导言中，洪深把自己和欧阳予倩归类为"实践的戏剧者"进行论述，并用了一段长长的文字来说明这一归类理由："从事戏剧，比较从事别的文艺，似乎更加难些。戏剧者必须有丰富的生活经验，健全的人生哲学，充分的处理文字工具的能力，这和诗人小说家是一样的。可是诗人小说家们在把他们的作品写落在纸上的时候，他们底艺术创作的工作，可算已是完毕，但在戏剧者，他才只做得三分之一呢。他还得把这个剧本搬上舞台；他便不能没有处理舞台的能力——适当地运用布景、光影、服装、道具、化装等等物事。他又得把这个剧本付托几个演员将里面所描写的人生，艺术地'活化'，他便不能没有应付社会的能力——否则聚集几个脾气才能都不相等的人在一处，要他们各尽其长已是很难，更不必说能够互助合作，把剧本的意义统一地传达给观众了。严格地讲起来，批评一个剧本，应当根据台上的表演，不应当根据纸上的文字；因为一个剧本必须在舞台上实现之后，才能算是完整的艺术作品的。但是，不幸得很，舞台上的成绩，是没有法子保留的；在上演时所给予观众的印象无论如何深刻，等到日子久了，渐渐地总会是磨灭了的；反而不如那写在纸上的东西，能够传之远。同时，一个实践的戏剧者所有的好处，也决不是那些没有看见过他的舞台工作而仅仅阅读他的剧本的人所能完全晓得的。俄国的名导演者司丹聂士拉夫斯基不是说过，'他的玩意儿，仅仅为同时人而存在；人亡而其艺术亦随之而亡！'"① 也就是说，除了创作之外，洪深所说的"实践的戏剧者"还是导演和社会活动家，而且后两个方面的贡献比起创作的贡献更大。在洪深所说的三个方面，胡春冰还加上了理论家和政客两方面的活动来概括欧阳予倩，他说："予倩先生可以说是多才的艺人，似乎是全能的戏剧工作者。他懂哲学，懂政治，长于诗词，了解音乐。他可以创作、导演、表演、设计舞台装置。他会英语日语，对法国苏联文字亦有若干根底。在一个中国人中，确是不可多得的巨人。他主要地是一个好导演，其次是一个编剧家，再其次是一个不喜欢出声的理论家；他是一个不大成功的管理者与组织者，是一个很不行的政客——他不会宣传，不会标榜，不能手疾眼快地应付事

---

① 洪深编选：《中国新文学大系·戏剧集·导言》（影印本），上海文艺出版社2003年版，52—53页。

情,太不善变。"①

　　可见,要对欧阳予倩做全面的深入的研究,首先要抓住洪深所说的"戏剧的实践者"之特色,在创作之外,还需从导表演以及戏剧活动入手去探讨其对现代戏剧的主要贡献。其次,要将其理论文字与实践结合起来,在两相对照中探讨其意指。欧阳予倩的戏剧理论出自纯粹的理论探讨兴趣的不多,绝大多数是对现实戏剧实践的总结或者对当下戏剧实践的指导纲要,因此其理论与现实的实践结合非常紧密。再次,应当本着知人论世的原则来探讨其理论与创作的出发点和归宿。欧阳予倩有着强烈的现实关怀情结,一生多次参加政治性的团体和活动,1917年加入南社,1933年参加福建人民政府,1945年加入民盟,可以算得上一个政治活动家,其政治立场和政治观点长期被有意无意地忽视。他所坚持遵循的戏剧运动路线与共产党所领导的左翼戏剧运动有很多相抵触的地方,这也没人谈起,因而影响到了对他艺术实践的准确把握。最后,还需从百年中国现代戏剧的现代性追求方面分析其戏剧理念和实践的价值与意义。

　　为此,本书拟从现代戏剧的规划、从职业演剧到建设现代国民剧场、"注重一地一时"的创作、中西戏剧的嫁接四个方面对欧阳予倩的现代戏剧理论和实践做全面的论述。

---

　　①　胡春冰:《欧阳予倩论——谨向努力剧运三十年的斗士致敬》,《申报》1939年5月21日。

第一章　现代戏剧的规划

第一节　春柳社传统及其反思

在 1929 年的自传性回忆录《自我演戏以来》的第一个标题"春柳社的开场"之下,欧阳予倩叙述了自己偶然看到了李叔同、曾孝谷等人演出的《茶花女》之后的感受,他说:"这一回的表演可说是中国人演话剧最初的一次。我当时所受的刺激最深。……当时我很惊奇,戏剧原来有这样一个办法!"①而在"春柳社的开场"标题之前,欧阳予倩则简要地叙述了自己小时候看戏和模仿演出的情形:看过"红花脸杀出,黑花脸杀进"的堂会戏,与妹妹、弟弟、表妹模仿戏曲画花脸做游行的游戏,与妹妹、姑姑模仿影子戏演的结婚典礼,在北京看过的谭鑫培、杨小朵的戏,因《西厢记》中的对月吟诗而引发的现实生活中的场景重现等等。欧阳予倩的这一叙述安排颇有一点胡风在 1949 年写的"时间开始了"的感觉,这里既有对中国戏剧历史的一个宏大叙事,也有对自己精神成长的微观叙事。前一层面的内容极大地影响了对中国现代戏剧开端的认定,也引发了近年来的聚讼纷纷,后一层面即对自我精神成长和人生蜕变的认定则是确切无疑的。可以说,春柳社的艺术理想一直影响着他后来的戏剧理念和实践,不管是呼应还是反诘,处处可以看到春柳社的影子。

欧阳予倩对春柳社的回顾和总结主要集中在《自我演戏以来》《回忆春柳》《谈文明戏》三篇文章中,前一篇写于 1928 年,后两篇作于 1957 年。除了回忆前后期春柳社的演剧活动之外,欧阳予倩在这些文章中对春柳社演出剧目的形式特点和审美特征、演剧风格、审美倾向、组织方式等作了自己的分析并对春柳社最后的失败作了自己的反思。

在春柳社演出剧目的形式特点上,欧阳予倩认定为模仿日本新派剧的情节剧模式。他说:"春柳社的戏直接模仿日本的'新派'戏,到陆镜若回国便由'新派'倾向到了坪内博士所办文艺协会的派头。但是同志会在上海在湖南所演的戏,十分之九都还是'新派'的样子。'新派'所采的是佳制剧

---

① 欧阳予倩:《自我演戏以来》,《戏剧》1 卷 2 期,第 259 页。

well-made-play 的方法不是近代剧的方法,所以说春柳的戏是比较整齐的 melodrama 而不是我们现在所演的近代剧。"① 欧阳予倩这里所说的"佳制剧"指的是一种感伤的通俗剧,情节比较离奇,充满着巧合、误会等因素,他在这里特别将这种戏剧模式与近代剧进行区分。研究界普遍认为春柳社实际上或多或少地带上了近代剧的元素,比如日本学者濑户宏发现春柳社演出最多的一个剧目《不如归》很少为文明戏主流团体搬演,而其原因则在于该剧接近于纯粹话剧剧本,以对话为主,依靠台词来形成静谧的戏剧气氛,擅长于即兴表演的其他文明戏团体很难搬演。② 显然,欧阳予倩心目中的近代剧与濑户宏所讲的近代剧指的不是同一回事。濑户宏从是否以对话为主来判断近代剧,而欧阳予倩显然从戏剧思潮发展嬗变的角度出发来判断近代剧与否。在他看来,以易卜生为代表的现实主义戏剧模式也是真正的近代剧。欧阳予倩认为近代剧只不过作为春柳社的梦想存在罢了。他说:"因春柳的发动,产生了上海文明新戏,文明新戏是模仿日本的志士浪人剧又掺入些旧戏的成分拼凑成的东西。民国元、二年起,盛了好几年,我们回国表演的时候,文明新戏已经很鲜明地和春柳派对抗着。镜若从文艺协会运回来的莎士比亚、托尔斯泰、易卜生之流,丝毫没拿得出来。他在戏剧界真可算是特出的人才。"③

在演剧上,欧阳予倩张扬了春柳社以剧本为中心的传统。他说:"春柳开始所演的戏都有完整的剧本,有'准纲准词',不允许演员在台上不依照剧本自由发挥,就是到了后来,因为每天换戏,来不及写剧本,也用幕表,但是幕表写得比较详细,剧中人应当说什么话,事先总得要排一排,力求整洁合理,所以在台上没有长篇的议论,没有突出的噱头,演出形象始终是比较整齐合理的。在表演方面相当细致,但有时不免较多地注意生活细节,有自然主义的倾向。"④ 1914 年 4 月,春柳剧场在谋得利开幕时的宣言集中体现了陆镜若及其领导下的"春柳派"的这种演剧追求,"综文学、美术、音乐及人身之动作语言,而成剧,故演剧者即以写此数部之艺术。其有畸轻、畸重,或缺而不全者,即不足以演剧。剧必有所本,则剧本尚已。精粗美恶,胥视剧本为转移。以嬉笑怒骂皆成文章为遁词,弃剧本不讲,而信口开河者,同

---

① 欧阳予倩:《自我演戏以来》,《戏剧》1 卷 5 期,第 201 页。
② [日]濑户宏:《〈不如归〉和〈家庭恩怨记〉比较》,《中国社会科学院院报》2004 年 6 月 29 日。
③ 欧阳予倩:《自我演戏以来》,《戏剧》1 卷 2 期,第 277 页。
④ 欧阳予倩:《谈文明戏》,《欧阳予倩全集》第六卷,上海文艺出版社 1990 年版,第 195 页。

人所不取,抑亦不敢出,以与演剧原理背也"①。濑户宏甚至认为:"春柳社重视剧本、演出幕数较少、排练严格、演剧作风严肃、重视写实表演、重视国语(普通话)等等。前期春柳社(在日本)正是这样,后期春柳社(回中国后)也基本继承了前期春柳社的演剧形态和特征。春柳社的这些特征是当时的学生演剧以及后来的文明戏剧团没有或者根本缺乏的,但却和五四新文化运动以后确立的现代话剧相同。也就是说,春柳社演剧比中国早期话剧更接近中国现代话剧的形态。笔者甚至认为春柳社演剧是不彻底的写实主义戏剧或者现实主义戏剧。"②春柳社的这种演剧追求虽然不大合乎一般民众的审美口味,但在开始的时候还是有一批固定的观众群,而紧接下来艺术与商业的矛盾却一步步让剧团左支右绌、难以应付,正如郑正秋所观察到的,"演剧贵乎有剧本。剧人非不知之,知之而不用之,评剧家乃从而责之,不知实有万不能出用脚本之原因在,不可不谅之也。西国一剧之出,可演一年半载而不易,吾国须每日每夜出出不同。偷数句钟之余闲,一一强记于心以登场,往往一块天真,为思前想后,一分心而为之拘束住矣,于是精神涣散,演来冷淡,使人观之欲睡。词虽高,无济也。春柳每犯是病,然春柳用脚本之戏亦不过三数出而已"③。郑正秋乃文明戏的重要分子,其所领导的新民社以家庭戏为号召,走商业化和娱乐性的路线。他在这里为自己的选择做辩护,并以春柳社作为追求艺术的失败案例为自己的佐证。多年之后,欧阳予倩对这一现象也作了回顾和反思,但他认为失败的原因在对于这一原则没有能够贯彻始终。他说:"春柳在初开幕的时候,信用很好,得有一班专看春柳的观众。后来因为天天要更换新戏,便不能不有所通融。因此读剧本排戏都来不及,只能将就不用剧本。谁知演来演去,戏越要越多,便感到供不应求,无论怎样的天才都觉得疲于应付。生意又一天不好一天。……到了罗掘俱穷,便只好步人家的后尘,去请教通俗的弹词小说,以为家喻户晓的东西可以投人的嗜好,于是《天雨花》《凤双飞》都如此这般弄上台去。结果从前的观众裹足不前,而普通的观众没有新的认识也不肯光顾。"④

在春柳社的审美倾向上,欧阳予倩把它定位为唯美主义。在1929年的回忆录《自我演戏以来》中,他说:"这许多年,我的生活独立问题总是和艺术的期望两下里裹着,我受了镜若的影响,颇以唯美主义自命,我所演的

①　《春柳剧场开幕宣言》,胡怀琛《上海的学艺团体》,上海市通志馆1935年版,第23页。
②　[日]濑户宏:《再论春柳社在中国戏剧史上的位置——兼谈中国话剧的开端是否为春柳社》,《戏剧艺术》2014年第3期,第61页。
③　郑正秋:《新剧经验谈(一)》,《鞠部丛刊·剧学论坛》民国丛书版,第55页。
④　欧阳予倩:《自我演戏以来》,《戏剧》1卷4期,第246页。

戏无论新旧,大部分是爱情戏,这一半是因为自己角色的关系,我从来没有在台上演说过,也没有编过什么志士剧。我心目中所想的就是戏剧——舞台上的戏剧。我不信艺术能在任何种目的之下存在,这一层在当时便有许多人反对我。"① 时隔近 30 年,在 1957《回忆春柳》一文中,他再次提到春柳同人的追求艺术至上主义。他说:"春柳同人有个最大的缺点,就是不自觉地走上了艺术至上主义的道路。我们对于艺术形式的完整想得较多,而战斗性不够强;还有就是我们对于当时的环境,当时的社会太没有研究,我们的戏和当时的社会问题结合得不紧密,因此就有曲高和寡之感。"② 尽管有欧阳予倩自己三番两次的自我剖析和认定,学界对欧阳予倩及春柳社的唯美主义追求一直是忽视的,通行的观点认为:春柳社与其他文明戏团体是辛亥革命前后风起云涌社会革命的产物,差别在于对戏剧艺术与社会宣传之间关系的认识不同,春柳社艺术态度比较严肃,演剧形态规范,并因艺术上的超前导致曲高和寡及最后的失败,等等。确实,春柳社不能不对革命的时代风潮作出自己的回应。他们在演出《黑奴吁天录》的节目单"春柳社开丁未演艺大会之趣意"开篇即说:"演艺之事,关系于文明至巨。故本刊创办伊始,特设专部,研究新旧戏曲。冀为吾国艺界改良之先导。"③ 据王凤霞考证,1912 年 4 月,同志会主要领导人包括陆镜若、陆露沙、曾孝谷参加了新成立的通俗教育研究会,并于当年 5 月参与演出了为纪念黄花岗烈士而作的《黄花岗》,她进而认为:"该史料表明了陆镜若等人的社会立场和戏剧观,也印证了新剧同志会演剧亦认同那个时代的戏剧观念,为教化而演剧,随后的春柳剧场也大致不会脱离这个轨道。由此可知在时代旋律的共振之下,很少有人能够完全超越时代作出自己的文化选择。"④ 其实,对唯美主义与社会教育的关系,欧阳予倩在《自我演戏以来》中早作了说明。他说:"我们在东京演戏,本没有什么预定的计划,也没有严密的组织,更无所谓的戏剧运动,不过大家高兴好玩。一般最高的见解也不过认戏剧为社会教育的工具,正和日本的浪人戏一般,想借此以为宣传。我因为和镜若最接近,就颇有唯美主义的信仰,然而社会教育的招牌是始终不能不挂起的。"⑤ 社会教育的招牌要挂,但主要贩卖的却是唯美主义的私货,只不过在辛亥革命前后挂得高些醒目些,在袁世凯称帝、军阀割据时期挂得低些。从实践的角度

---

① 欧阳予倩:《自我演戏以来》,《戏剧》1 卷 5 期,第 212—213 页。

② 欧阳予倩:《回忆春柳》,见《欧阳予倩全集》第六卷,上海文艺出版社 1990 年版,第 173 页。

③ 欧阳予倩:《回忆春柳》,见《欧阳予倩全集》第六卷,上海文艺出版社 1990 年版,第 147 页。

④ 王凤霞:《文明戏考论》,广东高等教育出版社 2011 年版,第 306 页。

⑤ 欧阳予倩:《自我演戏以来》,《戏剧》1 卷 2 期,第 277 页。

来讲,春柳社也不能不挂社会教育甚至商业主义的招牌。我们知道唯美主义的主要成就在诗歌和小说,唯美主义的剧作并不很多,成就也不是很大,而在演剧实践中践行纯粹的唯美主义更是难上加难,所以春柳社的唯美主义是作为一种倾向而出现的,也因此容易为人所忽视。

欧阳予倩说他的倾向于唯美主义受到了陆镜若的影响。我们知道陆镜若与包括全盛时期的新派剧、文艺协会、自由剧场在内的日本新剧运动都有着很深的渊源。陆镜若曾经在新派剧三大头目的伊井蓉峰、河合武雄、喜多村绿郎联袂演出的《月魄》中扮演了一个士兵,与藤泽浅次郎(1866—1917)有着很好的私人关系,在其开办的东京俳优养成所中学习至少一年半以上的时间。他在1911年的时候进入了坪内逍遥主持的演剧研究所,在这里至少学习了7个月的时间。陆镜若与小山内薰也有很多的交集,他入帝大文科大学的时候小山内薰已经是三年级的学生了,在东京俳优养成所学习期间,小山内薰是其中的教师之一,而小山内薰则是日本唯美派组织牧羊神会的参与者。牧羊神会作为日本唯美派运动中一个相对稳定的组织,组建于1908年12月,核心领导者是戏剧家木下奎太郎(原名太田正雄)、诗人北原白秋(原名北原隆吉)以及画家石井柏亭。1909年至1911年,牧羊神会进入了鼎盛时期,创办了唯美派文学的机关杂志《昴星》(1909年1月),而且日后创刊的《三田文学》(1910年5月)、《新思潮》(第一次1907年9月,第二次1910年9月)等也相继参与到运动中来,网罗了当时大部分青年诗人、小说家、戏剧家、美术家,正式建立了唯美派文学组织。其中《新思潮》(第一、二次)的主创者即以自由剧场运动闻名的小山内薰,他参加了牧羊神会于1910年11月20日在东京下町大传马街的西餐馆"三洲屋"召开的聚会,而这次聚会标志着日本唯美主义运动发展到最高潮。

春柳社的唯美主义倾向在其演出剧目的审美风格中体现了出来。春柳社被称为文明戏中的洋派,主要是因为其主要的演出剧目大都从日本新派剧移植过来,带上了浓重的"悲剧"色彩,"春柳剧场的戏悲剧多于喜剧,六七个主要的戏全是悲剧,就是以后临时凑的戏当中,也多半是以悲惨的结局终场——主角被杀或者自杀。在八十一个剧目当中,喜剧约占百分之十七,其中有一半是独幕戏,而且除掉《鸣不平》当一个戏排练过以外,其余差不多都是胡乱凑的"[1]。据濑户宏根据《申报》广告统计,后期春柳社在上海演出的剧目总数达181个,其中上演最多的前十位是:《不如归》(22次)、《家庭恩怨记》(20次)、《鸳鸯剑》《王熙凤大闹宁国府》(16次)、《寄生花》(12

---

[1] 欧阳予倩:《回忆春柳》,见《欧阳予倩全集》第六卷,上海文艺出版社1990年版,第174页。

次)、《恨海》(9 次)、《真假娘舅》(9 次)、《爱欲海》(9 次)、《宝石镯》(8 次)、《异母兄弟》(8 次)、《文明人》(8 次),前三个剧都是悲剧。其实欧阳予倩所说的"悲剧"算不上真正意义上的西方悲剧,而应当属于恶胜善败类的情节剧,因为"无论诸如像李尔王、菲德拉及海达这样的悲剧人物,不管是他自己造成了其悲剧处境,还是像安提戈涅、哈姆莱特及奥瑟罗那样,陷入了别人所织成的罗网,他们总得承担使他们倒运的原因的全部责任;甚至麦克白和浮士德,也不会去责怪那使他们堕落起过作用的超自然的力量。一切悲惨的痛苦从终极上来说都是自己造成的,因而它便能把主人公导向到那种突然的领悟或称'相认'(Anagnorisis)里,而这便是这种戏剧形式的本质。在描写恶胜善败的情节剧里,相形之下,主人公并不是其命运的主人;由于他们永远不会犯罪却总是遭人作践,因此他们所做的事情,便使人觉得他们实在不该受到外部力量所强加给他们的痛苦;也正由于这样,他们从中什么教训也没有得到,有的只是存在主义者式的绝望、禁欲主义者式的退让或基督徒式的坚毅。"① 由于师法日本新派剧,春柳社"悲剧"主人公除了委曲求全式的退让外很多更是以自杀来明志。大部分恶胜善败情节剧的情感基调都是感伤的,春柳社的"悲剧"也大都是感伤的,春柳社演出次数最多的《不如归》即是典型,其载于《鞠部丛刊》中的"说明书"写道:"呜呼! 恨海难填,情天莫补,望夫化石,难酬儿女之私。出妇无名,徒短英雄之气,孤家洒征人之泪,何以为情? 中宵听杜宇之声,不如归去。逸人罔极,母也天只,竟构家庭之变,足伤词客之心矣。"② 春柳社演出剧目的这种哀伤情调与当时很多文人面对变化动荡世界的心理感伤是相通的。刘纳用"呜呼哀哉"来概括这一时期文人面对这个乱世、末世时的集体感受。她说:"中国古代诗文梨不乏英雄失路的悲凉,却还没有一代人集体地表现过这样万般无奈的失落和颓废。当年的壮志热血,当年的英风豪气,已经同他们对那场改朝换代的革命所怀抱的希望一样,付诸东流,同归幻灭。这是中国文人第一次集体领受近于绝望的幻灭感。"③ 春柳社的两个主要编剧张冥飞、宋痴萍皆属于此类文人。春柳社对恶胜善败情节剧的热衷和对哀伤情调的浸淫受日本新派剧以及其背后的欧洲浪漫剧的影响很大,浪漫派不是唯美主义,但是两者有着类在的联系,春柳社借浪漫派之酒杯浇自我唯美主义之块垒是顺理成章的。

---

① 　[英] 詹姆斯·L. 史密斯:《情节剧》,武文译,中国戏剧出版社 1992 年版,第 95—96 页。

② 　王卫民编:《中国早期话剧选》,中国戏剧出版社 1989 年版,第 416 页。

③ 　刘纳:《嬗变——辛亥革命时期至五四时期的中国文学》,中国社会科学出版社 1989 年版,第 117 页。

　　春柳社的唯美主义倾向也体现在其组织方式上,东京演戏的时候是"高兴好玩",后期春柳社时期也大致如此,"大家都没有定薪水的,有时候卖得进钱来,大家分几个零用,有时候,生意不好便一个钱都没有。一切都归镜若管理,他并不是首领,也没有特别的名义,事实上只有他担得起,便事事让他去干,对内对外全是他一个人。大家除了睡觉吃饭以外,不是学戏,便是演戏,既没有意见,也没有闲话"①。显然,这是一个同人剧团,因艺术趣味的趋同而松散地联合起来。因为趋向唯美主义,他们将艺术生活化,艺术就是生活,而不是要去推行某种艺术运动,正如欧阳予倩在 1957 年的《回忆春柳》中所说的:"镜若领导同志会,他曾经提出两种面孔:庄严的面孔和和蔼的面孔。他说对艺术要庄严,对人要和蔼。以和蔼的态度同人合作,以庄严的态度实现艺术的理想。但是同志们一直没有一个明确的纲领。我们的艺术理想究竟是什么?达到这个理想的策略和步骤应当如何?从来没有详细的讨论过。我们只是想演正式的悲剧,正式的喜剧。"②春柳社同人只是想演剧而已,当然这里的"剧"是以剧本为中心的综合舞台艺术,是"格式做法"和审美特征都不同于传统戏曲的"正式的悲剧,正式的喜剧",至于是新派剧还是近代剧无关宏旨。当然,他们每个人都有自己私淑的剧目,陆镜若很想演的是《娜拉》和《野鸭》,欧阳予倩则很想演《复活》《莎乐美》甚至《海达·高布乐》。

　　对于春柳社的失败,欧阳予倩认为是艺术和商业的二元主义之过。他说:"春柳之所以失败,完全在二元主义。一面谈艺术,一面想卖钱,怎么弄得好?"③濑户宏则认为是春柳社艺术理念的薄弱导致了他们最后的失败。他说:"戏剧的理念和营利的矛盾是近代剧运动中的一个重要问题。如果有明确的戏剧理念,就算真正希望演出的戏剧暂时不为观众所接受,仍然会为了实现演出而寻找各种解决办法。小山内薰、市川左团次平时从事歌舞伎等商业演出,利用余暇时间从事非营利之自由剧场的演出,从而解决了这个矛盾,坪内逍遥的弟子岛村抱月则提出'兼顾艺术和营利的二元之道'。1920 年以后,中国的戏剧家也找到了业余演剧的方法。陆镜若虽然接触了日本的文艺协会,但在春柳剧场成立时根本没有意识到戏剧理念和营利之间的矛盾。当意识到此问题的时候却只能选择和其他剧团一样演出闹剧。这或许可以称为历史的局限吧。"④濑户宏的这一讨论是从中国话剧发生发

①　欧阳予倩:《自我演戏以来》,《戏剧》1 卷 4 期,第 238—239 页。
②　欧阳予倩:《回忆春柳》,见《欧阳予倩全集》第六卷,上海文艺出版社 1990 年版,第 174 页。
③　欧阳予倩:《自我演戏以来》,《戏剧》1 卷 4 期,247 页。
④　[日]濑户宏:《中国话剧成立史研究》,陈凌虹译,厦门大学出版社 2015 年版,第 120 页。

展史角度所做的评论,其实从春柳社的审美倾向来看,正是唯美主义的倾向导致他们不把演剧当作一个运动来贯彻。

正是在与春柳社及其同时代文明戏的对话中,欧阳予倩迈入了五四以后的现代话剧建设行列,这是一次告别,也是一次重新出发,这是一个艰难的蜕变,春柳社中迈入五四现代话剧的也仅欧阳予倩一人。

第二节　职业演剧经历的反思

1915 年,欧阳予倩正式下海演京剧,搭的是丹桂第一台,"演的完全是旧戏,《玉堂春》《祭塔》最受欢迎"①。《玉堂春》《祭塔》两出戏正是其老师江梦花的拿手戏,可见当时还在邯郸学步阶段。很快,欧阳予倩就在试着演适合自己的戏。1915 年夏,经陈祥云介绍,欧阳予倩应杭州西湖舞台之聘在杭州演戏,演出有《神圣之爱》(与启民社的周剑云)、《卧薪尝胆》(与武生常春恒)、《黛玉葬花》《宝蟾送酒》等戏。其后,以"红楼戏"为代表的新编剧目逐步成为欧阳予倩的拿手戏。欧阳予倩正是凭借这些拿手剧目获得了自己在京剧圈的地位,甚至一度有"南欧北梅"之誉。除了演出京剧之外,他还加入过民鸣社,继续其文明戏演出。欧阳予倩在《自我演戏以来》中将由此直到去南通主持伶工剧社为止的一段时间称为"做职业俳优的时期",与前此的标目"春柳社的开场""申西会""广西的生活""同志会""社会教育团""文社""春柳剧场"相并列。显然,欧阳予倩不把自己前后春柳社的演员身份看作是职业俳优,显示了他对这两段经历认同上的差异。

对这段经历,欧阳予倩感受最深的是"职业伶人的滋味,觉得很不佳妙"②。这种很不佳妙的感觉当然有他半路出家,会的戏不多,需要一边演戏一边不断地甚至临时抱佛脚式的学习的艰辛感的原因,但最主要的根源则在于他在这里无法实现自己的艺术梦想:演自己想演的戏。他在回忆录中写道:"我每天颇有闲暇,便读书作诗,并补习些外国文。然而我所注重的是演戏——演我想演的戏。我总觉得虽然挂头块牌的旦角,总没有丝毫表现长处的机会。最不好的是我每天都读几行新书,有几个日本朋友时时都介绍给我一些文艺批评和创作,这些东西,使我对于现状越发不满,而我烦闷的态度时时露于外表。因此有许多人说我有神经病。"③对欧阳予倩的职

---

① 欧阳予倩:《自我演戏以来》,《戏剧》1 卷 5 期,第 190 页。

② 欧阳予倩:《自我演戏以来》,《戏剧》1 卷 5 期,第 191 页。

③ 欧阳予倩:《自我演戏以来》,《戏剧》1 卷 6 期,第 240 页。

业俳优时期的状况,田汉从旁观者的角度作了同样的叙述。他说:"我第一次在舞台上访问予倩,是在他在九亩地新舞台扮徽钦二帝中的什么刘妃的时候。他云鬟高耸、环佩叮咚地带着我步上夏老板的房里,替我介绍了许多由新剧投降到旧剧界的朋友们。……我曾说他的人面桃花好,可不曾看过,但闻没有还魂一段,颇咎他有些迎合社会。后来我特别去到丹桂第一台去看过他和罗小宝同唱的武家坡,及至我在大舞台的后台看他扮观音得道的观音时,我才不拿他的生活做批评他的艺术的标准了。生活和艺术是这么永久冲突的东西。"①

欧阳予倩所置身的京剧演艺世界由海派京剧主导,所谓的"海派京剧""指的是发生在上海一地的戏剧现象,历史上亦称'南派'京剧或'外江派'京剧。它以古典京剧为母体,以写实主义为主张,在舞台表现上以连台本戏、真刀真枪、直简自由的音乐和机关布景为特征,创造出的一个新的戏剧形态;同时,海派京剧还有属于自己的舞台、编剧、剧目、表演艺术家群体、剧场经营家、戏剧评论家、宣传阵地等等,从而鲜明地确立了海派京剧的美学观念,并创造了中国近代戏剧史上长达半个世纪之久的戏剧历史"②。海派京剧的形成与新舞台这一中国近代戏剧第一座剧场有着很大的关系,正是借助这一新式的演出空间,它逐渐形成了自己特定的演剧风格,也因此,欧阳予倩对海派京剧的评论多以新舞台为例。在《自我演戏以来》中,欧阳予倩对自己京剧职业演员的经历基本叙述史实,对一些涉及的人和事也大都就事论事,唯独对新舞台的演剧倾向作了分析和评判。他说:"至于新舞台的戏,既不是新剧,又不是旧剧,但与其说是旧剧新演,不如说是新剧旧演。最可惜的因为布景赚了钱,便不甚注意到排演上去。新戏当然是不用剧本,唱功格律都放在第二三步,所以自从迁到九亩地之后,渐渐舞台上的变化少,表演粗滥,唱功更不注意,只剩下滑稽和机关布景,在那里撑持。"③在《戏剧改革之理论与实际》中,他又以新舞台为例对海派演剧的娱乐化作了尖锐的批评。他说:"上海新舞台的配景新戏,应时而起,这种专讲舞台美丽,情节离奇 melodrame 式的戏剧,就给专讲唱工谈格律、务求齐整、不重情感的旧戏一大打击。于是个个人都想出奇制胜,有的呢在白里唱里加些教训,用演说式的表演,以夸他的有意义;有的就用真刀真枪,打出新花样,来显他有功夫;有的卖情节;有的卖花腔;有的措手不及,就任意迎合中流以

---

①　田汉:《欧阳予倩》,《申报》增刊二版,1928 年 1 月 7 日。

②　张福海:《中国近代戏剧改良运动研究(1902—1919)》,上海古籍出版社 2015 年版,第89 页。

③　欧阳予倩:《自我演戏以来》,《戏剧》1 卷 6 期,第 239 页。

下的心理,胡乱卖弄专求卖三层楼、起码座的钱。"①海派京剧勇于革新,在世纪初改良戏曲中就有很多抒发家国之恨、身世之感的戏,但内容和形式割裂得很厉害,在戏曲的舞台氛围中,处处是虚拟的表演程式,却用了"写实"性的布景和道具,如穿着西装却扬着马鞭、做着趟马的身段。后来在商业主义的大潮中,演员为了迎合观众,或以花腔取胜,或凭功夫卖座,使得原本就是综合百艺而成的京剧渐渐流于杂耍化。欧阳予倩对海派京剧的这个发展方向提出了批评。他说:"旧剧到今日本是古董。纯粹的旧剧可以当古董,还有古董的价值。可是目下各舞台所演的戏,却不是古董了。他们完全用的是旧剧的表演法,加上彩画的布景,和西洋戏法,及随意造成奇异的服装;不管调和不调和,东拼西凑,成功一种支离破碎莫名其妙的东西。这好比拿古董刮去铜缘,镀上蹑一样,没有比这个再难过的了。"②

对"春柳派"之外的其他文明新戏团体,欧阳予倩也作了很多的分析和反思,认为其他文明戏团体是"用日本'新派'的底子,加上中国旧戏的办法混和一处。分幕务求明显,所以不多用暗场,每幕之间又有幕外无理的滑稽异常之多,几乎每个戏里都有一个滑稽仆人,梳着一根红绳扎的小辫子,用铁丝藏在里面弄得弯弯曲曲跷在脑后,一出台便把头一点,那根辫子便在头上怪动起来引得台下大笑。往往一家遭了惨祸,主人痛哭的时候,这种仆人出来一跳,或是怪哭几声,台底下悲悯的情感完全送到九霄云外,诸如此类,不一而足"③。文明戏团体演员分派,如激烈派正生、言论派老生、风骚派、闺阁派等,各有各的戏路,在舞台上很少有联络和反应,郑正秋对当时的演出情形做了一首打油诗,"脚色多滑稽,难得骨子戏/小生怕花旦,花旦怕老生,老生怕滑稽。/滑稽无所怕,独怕国事戏与世界戏。"④欧阳予倩在这里对文明戏的批评主要集中在两个方面:一是戏剧形式的不完备,一是舞台演出的混乱。

当然,欧阳予倩还是在力所能及的范围内创作和演出了一些自己想演的戏,比如他的红楼戏等。包天笑在回忆录《钏影楼回忆录》中说:"予倩在上海很活跃,而且他的志愿也很广大,他不拘拘于一个所谓的剧团,喜欢打游击。他极力想改良京剧,于是自己学唱,与唱京剧的人结为朋友。"⑤周剑

①　欧阳予倩:《戏剧改革之理论与实际》,见《予倩论剧》,广州泰山书店1931年版,第56页。
②　欧阳予倩:《戏剧运动之今后》,见《予倩论剧》,广州泰山书店1931年版,第117—118页。
③　欧阳予倩:《自我演戏以来》,《戏剧》1卷5期,第202—203页。
④　周剑云:《剧坛怀旧录》,见《中国近代文学论文集(1919—1949)·戏剧卷》,中国社会科学出版社1988年版,第351页。
⑤　包天笑:《钏影楼回忆录》,山西古籍出版社、山西教育出版社1999年版,第157页。

云对欧阳予倩的评论也是佐证。他说:"欧阳国文程度颇高,日英文学,亦略窥门径,思想灵敏,能自编剧,常有革新旧剧界,实现真艺术之志。以伶人知识浅陋,时机未到,不得不以红楼歌剧为过渡,将来必有作为也。"① 周剑云把红楼戏作为欧阳予倩革新戏剧的过渡,欧阳予倩本人也是如此看待其这一时期所做的一些探索。他说:"那时候笑舞台的新戏,从来不用幕外,所以我所演的红楼戏,虽然是照二黄戏编的,却是照新戏分幕的方法来演,因为嫌旧戏的场子太碎,所以就把许多情节归纳在一幕来做,觉得紧凑些,而且好利用布景。"② 可见,他所编的红楼戏仍然属于传统戏曲美学的范畴,只是在情节结构方面做了部分的改进,更集中紧凑一些,也更适宜在上海的新式舞台上演出。而他在五四之后的现代戏剧规划中所打算做的显然不止这些,而是要对传统戏曲美学有所突破。

第三节　现代戏剧再筹划

在对春柳社传统继承、反思的基础上,受五四新文化运动思潮的影响,欧阳予倩毅然决然地投身于现代戏剧的筹划和实践。

1918 年,欧阳予倩在日本人办的《讼报》上发表了《予之戏剧改良观》,后来在《新青年》杂志转载,产生了广泛的影响。他对中国戏剧大加抨击,甚至断言"中国无戏剧",其矛头不仅指向了传统戏曲,也指向了文明戏。欧阳予倩下此断语并非故作惊世之语,这一判断乃出于其戏剧论,"盖戏剧者,社会之雏形,而思想之影像也。剧本者,即此雏形之模型,而此影像之玻璃版也。剧本有其作法,有其统系。一剧本之作用,必能代表一种社会,或发挥一种理想,以解决人生之难问题,转移误谬之思潮。演剧者,根据剧本,配饰以相当之美术品(如布景衣装等),疏荡以适宜之音乐,务使剧本与演者之精神一致表现于舞台之上,乃可利用于今日鱼龙曼衍之舞台也。"③ 这段话基本代表了欧阳予倩对戏剧的基本看法:首先,剧本乃一剧之本,能够凭借其文学的力量作用于社会;其次,演出作品乃是系统性的综合艺术,"必综文学、美术、音乐及人身之语言动作,组织而成"④;再次,戏剧文学有自身

---

① 周剑云:《欧阳予倩与赵醉梅》,见《鞠部丛刊·粉墨月旦》民国丛书版,第 56 页。
② 欧阳予倩:《自我演戏以来》,《戏剧》1 卷 5 期,见 207 页。
③ 欧阳予倩:《予之戏剧改良观》,见《欧阳予倩全集》第五卷,上海文艺出版社 1990 年版,第 1 页。
④ 欧阳予倩:《予之戏剧改良观》,见《欧阳予倩全集》第五卷,上海文艺出版社 1990 年版,第 1 页。

的本质特性和格式做法。以第二条为评价标准,欧阳予倩认为"旧戏"(即以京剧为代表的地方戏)是"一种之技艺",昆曲乃"曲也",而文明戏则已经是"腐草败叶,不堪过问"。以第一、三条为标准,则元杂剧、明清传奇、京剧剧本虽"颇有可采",但绝不可以称之为"剧本文学"。除了理念上的设计之外,欧阳予倩在具体的实施步骤和实施办法上也做了初步的设计:组织关于戏剧之文字,包括剧本的翻译和创作、有益于现代戏剧发展之戏剧评论、现代戏剧理论三个方面;养成演剧之人才。

这一篇文章可谓是欧阳予倩现代戏剧设计的总纲,他后来的现代戏剧理念和实践大都可以在此找到根据。1929 年在广东戏剧研究所时写的《戏剧改革之理论与实际》可以看作是它的具体和丰富,而《自我演戏以来》则以这些理念为依据对自己 1907 年以来戏剧实践进行了回顾和反思。除了"用现代戏剧概念阐述文明戏的具象化景观"[1] 之外,《自我演戏以来》还有另外一个意图,即阐述自己选择在政府支持下进行国民剧场建设的合理性和必要性。相比于《予之戏剧改良观》中对建设现代戏剧实施步骤、实施办法的设计,国民剧场之路更为宏观和根本,它不仅明确了建设什么样的现代戏剧的问题,还明确了怎么样才能进行持续性地建设的问题。

一、话剧—戏曲—歌剧并进的现代戏剧格局

在其《予之戏剧改良观》中,欧阳予倩只是将"旧戏""新戏"包容在其中国现代戏剧发展的整体框架中,到了 20 世纪 20 年代初他开始关注歌剧。从刘质平 1968 年的日记中,我们看到欧阳予倩对歌剧的关注与张謇有着直接的关系:"前清末代状元张謇(张季直),想改革中国戏剧,提倡世界歌剧,在南通设立更俗剧场,又创办伶工学社,请欧阳予倩任主任并更俗剧场演员。/ 张謇是南通一个土皇帝,有的是钱。他要想怎样做,就怎样做。对伶工学社希望很大:一方面改革昆剧、京剧,一方面提倡世界歌剧。所以伶工学社招收对戏剧具有较好学习条件(俗称天才)的十三四岁的儿童,予以训练。社址在南通公园内,请了一帮有名的京剧昆剧老演员来教京剧昆剧文场武功的基本训练。要求先把基本功学习好,再来研究改革,有了成绩就在更俗剧场试演。/ 对于提倡世界歌剧,有两点困难:一是儿童不能讲外国语,二是对音乐没有一些根底。即使请了有名的歌剧家来,也无从下手教学,所以必须先由研究音乐的本国人把最低限度的音乐知识与技能教好,才能研

---

① 宋宝珍:《史论性批评的创立与现代戏剧的体认》,《云南艺术学院学报》2002 年第 3 期,第 20 页。

究歌剧。在当时,学习音乐的人很少,因我是李叔同的学生,予倩与叔同很熟,故转托上海做医师的陆露沙(也是留日学生,爱好戏剧)来找我去任教,并要我介绍中国体操学堂毕业生姚琢之、潘伯英,爱国女学体育科毕业生徐莹去教跳舞兼做音乐助教。我每周由上海到南通去任教两天。/ 当时张謇对提倡世界歌剧,心很重视,听闻我已到南通,马上通知予倩约去谈天。"①为办伶工学社,欧阳予倩在 1919 年的时候专程到朝鲜和日本考察戏剧,日本行程中就专门考察了歌剧,"东京目下歌剧有绝对模仿西洋'阿别拉'者,以人种及音乐之殊异,自极幼稚;资本又复不充,未免贫弱,其志可嘉,亦未容厚非也。"② 这是目前所见欧阳予倩文字中第一次使用"歌剧"一词。1921年,他在《戏剧》上连续发表了编译的《西洋歌剧谈》《法兰西歌剧谈》《德国的歌剧》《英吉利之歌剧》《俄罗斯之歌剧》等多篇文章,探讨西方歌剧的历史发展和国别特点。可以说,正是这一契机,让欧阳予倩在话剧、戏曲之外将歌剧纳入他的现代戏剧规划中来。

　　到了《戏剧改革之理论与实际》,欧阳予倩用话剧、歌剧代替了"新戏""旧戏"的表述,并对现代戏剧的形态作了全面的规划。他说:"话剧是以对话为根本,歌剧以歌唱为根本。对话就是我们自己日用寻常的言语,一句一字最容易听得明白。(当然戏剧的对话,是经过特别的锤炼,而在我们听的时候,却没有丝毫的隔阂)一字一句好比弹筝的银甲,顺着天然节奏,拨动我们的心弦。歌唱呢,其作用为音乐的,在音节的颤动中含有无上的灵感,一声声裹住我们的神魂,所以说话剧是心的艺术,歌剧是魂的艺术,这个话虽未见得绝对的恰当,而相差不复甚远。话剧容易使我们紧张,歌剧容易使我们陶醉。……总而言之:歌剧有歌剧的精神,话剧有话剧的精神,应当并重。尤其在现代,话剧范围应该特别扩大,使成为生活的要素,开革命的先河,丝毫不容忽略。"③ 与《归客闲谈》中不同,欧阳予倩这里所说的"歌剧"包括传统戏曲和西方歌剧。

　　欧阳予倩对现代戏剧形态的规划,推动了中国现代戏剧发展过程中建设何种戏剧形态的问题的解决。晚清的改良戏曲与文明戏在演出形态上非常的混乱,出现了"旧剧新演""新剧旧演"的混杂状态。五四时期,胡适、傅斯年、钱玄同等对传统戏曲全盘否定,主张全面彻底地引入西方话剧来取代

---

① 刘质平 1968 年日记,转引自孙继南《一份残存的珍贵音乐教育史料——刘质平"文革日记"解读》,《南京艺术学院学报》2011 年第 2 期,第 20 页。

② 欧阳予倩:《归客闲谈》,见《欧阳予倩全集》第五卷,上海文艺出版社 1990 年版,第 9 页。

③ 欧阳予倩:《戏剧改革之理论与实际》,见《予倩论剧》,广州泰山书店 1931 年版,第 37—38 页。

戏曲,戏曲界被剔除在现代化进程的大门之外。几年之后,余上沅、徐志摩等人倡导"国剧建设",企图对五四过于激进的态度做一个反拨,提出要择中西戏剧文化和戏剧艺术之长创造出一种崭新的"国剧"来,但对这种"国剧"的具体形态、内涵并不了然。1927年秋冬时候,在上海艺术大学礼堂中举行的经常性的文艺界茶话会对此发挥了积极的作用。

文艺谈话会的参加者有徐悲鸿、徐志摩、郁达夫、欧阳予倩、洪深、余上沅、朱穰丞、王泊生夫妇以及有新思想的京剧演员周信芳、高百岁等人。因为戏剧界的人士比较多,而且正好各方"神圣"云集:周、高为京剧名角;上沅、志摩为"国剧建设"的倡导者;王泊生夫妇由学话剧出身转而迷恋京剧;洪深、朱穰丞是话剧的坚定维护者;欧阳予倩则话剧、京剧兼习,因此在谈话中"以讨论新旧剧之得失为最激烈"①。这次激烈的讨论应当是取得了共识的,那就是田汉所表述的:"把歌剧建设与话剧建设分为两谈,以为不独新的歌剧对于旧的歌剧有斗争,新的话剧对于旧的话剧(如文明戏)也有斗争。我们建设中国的新歌剧也许不能不以旧的歌剧为基础……"②也就是说要把话剧与新歌剧作为现代戏剧建设的双翼。1928年上海戏剧界欢迎欧阳予倩由武汉回上海的聚会上,由洪深提议把并不准确的"新剧"之名改为"话剧",将"新剧""旧剧"在性质上的对立转换为"话剧""歌剧"(戏曲)在形态上的差异,就是这一共识具体化的一个内容。

"艺术鱼龙会"的举办"是南国社造成较大社会影响的第一次戏剧艺术实践活动。南国社的思想倾向和艺术追求,也在这次演出中得到了突出的表现"③,同时也可以说它是文艺谈话会共识的一个演练。这次演出共有8个剧目,包括田汉创作的5个话剧、两个翻译剧及欧阳予倩的新编京剧《潘金莲》。《潘金莲》本是话剧本,却以京剧的形式上演,这一方面显示出他们要话剧歌剧建设并翼齐飞的主张,另一方面也表达了他们追求中西戏剧美学融合的意图。欧阳予倩本人对其时以京剧形式上演的《潘金莲》并不满意,说它"多少有些话剧加唱的味道"④,但作为一个象征,这次演出应当成为戏剧史上的一个具有历史意义的事件。

文艺谈话会上的辩论及"艺术鱼龙会"上的具体演练其实就是对戏剧界20年代的戏剧建设目标探索的一个回答,它使戏剧界在长远建设目标上

---

① 田汉:《我们的自己批判》,见《田汉全集》第十五卷,花山文艺出版社2000年版,第118页。

② 田汉:《我们的自己批判》,见《田汉全集》第十五卷,花山文艺出版社2000年版,第118页。

③ 董健:《南国社述评》,见《文学与历史》,江苏文艺出版社1992年版,第147页。

④ 欧阳予倩:《后台人语》(之二),见《欧阳予倩全集》第六卷,上海文艺出版社1990年版,第316页。

取得了一致,为话剧界与戏曲界的交流合作扫除了障碍。这一共识的取得及其具体演练在中国现代戏剧史上有着重大的意义,解决了长期困惑戏剧界的一个大问题。董健认为:"20世纪中国戏剧最大的、带根本性的变化,是它的古典时期的结束与现代时期的开始,是传统旧剧(戏曲)的'一统天下'被'话剧—戏曲二元结构'的崭新的戏剧文化生态所取代,并且由新兴话剧在文化启蒙和民主革命运动中领导了现代戏剧的新潮流。"[①] 因此,文艺谈话会的意义不可谓不大。

在明确了建设什么样的现代戏剧形态的基础上,欧阳予倩对包括话剧、戏曲、歌剧在内的戏剧的文学本性、戏剧作为综合艺术的特性以及戏剧的格式做法做了通盘的筹划和改革。

二、戏剧的社会效用及其平民戏剧

欧阳予倩对戏剧作为文学、艺术的社会效用非常看重,反复申说,在1936年的《现代戏剧的欣赏》中甚至单单从这一方面来界定现代戏剧。他说:"现代戏剧是现代的戏剧。要能够把握现代的社会思潮,要能合现代社会之需要,把清新活泼有力量的剧台面向现代的观众展开,使他们认清现代人的地位,和他们应取的途径。——即如历史剧,也要用现代的社会科学分析历史,使观众站在现代的立场去认识史事而作为有力量的参考。"[②] 这体现了他作为一个现代启蒙者的责任意识。

(一) 娱乐 VS 社会效用

在对戏剧作为文学、艺术的认识上,小山内薰的《演剧是艺术还是娱乐?》基本代表了欧阳予倩的态度。在这个演讲中,小山内熏重点介绍了英国近代戏剧批评家罗斯(George Henry Lewes)的《艺术还是娱乐》和剧作家杨斯(Henry Arthur Jones)的《我们的近代剧是艺术还是娱乐?》。罗斯认为,演剧有追求艺术的,有追求娱乐的,前者更能体现舞台的伟大,而如果以艺术的束缚妨害娱乐或者使艺术降格以就娱乐就愚不可及了。杨斯把一位乡下的歪帽子青年对《哈姆雷特》的胡乱批评与歌德的赞美进行对比,并论及两人愉悦追求是完全不同的,认为艺术的愉快比娱乐的愉快来得伟大而高尚,因为演剧是"活画人生,研究性格文学之一种","诸君从来所忽略或放过的无限的感触、暗示和讽刺,都在舞台上活跃而来。诸君不因笑

---

① 董健:《中国戏剧现代化的艰难历程》,见《戏剧与时代》,人民文学出版社2004年版,第2页。

② 欧阳予倩:《现代戏剧欣赏》,《申报周刊》1936年1月12日,第47页。

之多寡对剧作者加以判断，是看所得人生的经验之多寡为标准而加以判断也。"① 杨斯的文章写于 1851 年，罗斯的演讲发表于 1892 年，两人著文演讲的目的是要将戏剧提升到与音乐、绘画、诗歌、雕刻等其他艺术样式同等的地位，小山内薰介绍他们两人观点的演讲则是要呼吁多多演出西方的戏剧以改变日本传统戏剧以娱乐为中心的现状。欧阳予倩翻译这篇文章的宗旨与小山内薰演讲的宗旨是一致的，目的是要改变当时剧坛以娱乐为主导的现状，将戏剧导向社会效用的路向。

欧阳予倩极力要张扬戏剧的社会效用，为此他选择了写实主义。五四时期，欧阳予倩先后加入了文学研究会、民众戏剧社，表明了他对写实主义的拥护和提倡。在 1929 年的《戏剧改革之理论与实际》中，他阐述了自己接受写实主义的原因。他说："写实主义是从科学的分析而来的，这种科学的精神中国从来没有。在现在这种因袭的主观思想支配一切的时候，应当提醒一种客观的认识。其次，即如表现主义的所谓神性的暗示，所谓 Dionysus 与 Apollo 式的精神之调和，所谓主观的动都是经过科学分析的结果来的，决不是中国空想式的主观。"② 欧阳予倩注意到了近代西方文明所受的科学的洗礼，而现实主义以及随后的自然主义是科学精神在文学艺术中的典型体现，所以希望用现实主义精神来救治中国精神界偏爱玄虚的习惯。科玄大论战是 20 世纪 20 年代中国思想界的一个大事件，最后是科学主义取得了优势，欧阳予倩显然受到它的影响。在同期的另一篇文章中他说："写实主义已经过时了，新的作家都从写实主义中摆脱出来。但是现代的戏剧，始终离不开现实，非现实的戏剧，不是现代民众所需要的。当然，十九世纪蠢笨的写实方法，不能用了，可是不着边际的神秘主义，也不足以餍现代人的欲望。所以要把写实的范围，扩充大了，庶几灵肉得以一致，换句话说，就是要使现实和灵感互相照应互相证明。"③ 所谓"现实和灵感互相照应互相证明"，就是要以人的属灵的或者说伦理道德等精神方面的东西作为观察描写现实的准则，而不是如自然主义一样以遗传的、生理解剖的等纯科学技术方面的观念来观照和描写现实世界。

那么，艺术如何才能发挥社会效用呢？欧阳予倩借鉴了托尔斯泰的艺术情感论来阐释自己的观点。

---

① 小山内薰：《演剧是艺术还是娱乐？》，见《予倩论剧》，广州泰山书店 1931 年版，第 146—160 页。
② 欧阳予倩：《戏剧改革之理论与实际》，见《予倩论剧》，广州泰山书店 1931 年版，第 67 页。
③ 欧阳予倩：《今日之写实主义》，《戏剧》1 卷 2 期，第 225 页。

（二）艺术情感论

在 1928 年的《戏剧改革之理论与实际》中，欧阳予倩说："戏剧是社会的反映。从这反映所得到的经过一种新的组织再放射出来，便能很鲜明地使人们认识人生，认识自己，能给人类新力量而助其发展，这才是戏剧的真使命。"[①] 欧阳予倩所说的"戏剧是社会的反映"并非严格意义上的艺术反映论，而只是要表明艺术与社会之间有着紧密的关系，即艺术必须对社会发声，至于如何发声，欧阳予倩援引了艺术情感论。

欧阳予倩多次强调戏剧的艺术品格，把他同一般的娱乐及其他的伪艺术加以区别。他说戏剧艺术的要素不是知识哲理，而是情绪，戏剧是拿感情情绪对感情情绪的东西。这种情绪不是暂时的、个人的喜怒哀乐，它具有"永久性""普遍性""个性"三个特点，简言之即出之于作者体验之后的具体化了的人类基本情绪。而戏剧艺术中的思想，其实就是"作者的人生观"，更确切地说是"作者的人格和个性"。思想经由作者个性的浸染可以直接成为作品整体的一个成分，这样思想渗润在艺术的里面，看起来不露棱角，按起来有骨气。同时情绪有价值的高下之分，他举例说，愤恨若起于被人赢钱去了，或是看见放鞭炮，或是看见玻璃窗里陈列金刚钻因起赞叹，都不能算高尚的情绪，因为动机不对。如果因受压迫求解放而愤恨，或是看见将开的蓓蕾而赞叹，这就是神圣的高尚情绪了。因此，好的艺术的情绪必然含着很深的道德和宗教意味。戏剧艺术的真谛在于它给观众带来的"美的"审美体验中的精神提升："我们看了好戏，心情一时紧张，好像受了魔术一样，忘了自己，整个的精神全浸透在美的情绪之中，无论为悲为喜，都是无尚的安慰；而美的感化，与德性的培养，在不知不觉之中，已经深入人心了。"[②] 这样，戏剧艺术精神的发挥其实取决于作者的主观修养，欧阳予倩呼吁戏剧家应当站在时代思想的前面，要苦心孤诣的斟酌，要认定戏剧的真义，要培养自己的情绪，要锻炼自己的思想，要与社会民众以极深的同情。

欧阳予倩情感说明显地来自于托尔斯泰《艺术论》中的观点。1921 年商务印书馆就出版了耿济之翻译的《艺术论》，欧阳予倩也多次承认自己受托尔斯泰影响。在《艺术论》中托尔斯泰说："唤起心中曾经体验过的情感之后，通过动作、线条、色彩、声音以及言语所表达的形象来传达出这种情感，使其他人也能体验到这种情感——这就是艺术活动。艺术是一种人类活动，其中一个人有意识地用某种外在标志把自己体验过的情感传达给别

[①]　欧阳予倩：《戏剧改革之理论与实际》，见《予倩论剧》，广州泰山书店 1931 年版，第 5 页。

[②]　欧阳予倩：《戏剧改革之理论与实际》，见《予倩论剧》，广州泰山书店 1931 年版，第 20 页。

人,而别人被这种情感所感染,同时也体验着这种情感。"① 这就是"感染说"或"感情传达说",它与托尔斯泰的基督教博爱的人道主义是一个事物的两个方面。艺术的使命在于促进人类共同的对上帝的爱和人类之间兄弟般的情谊与友爱中,也只有在人们因爱而融合时真正的艺术才能产生和存在,所以托尔斯泰说:"如果一个人体验到这种情感,受作者所处心境的感染,并感觉自己与其他人的融合,唤起这种心境的就是艺术;如果没有这种感染,就无法使作者和欣赏作品的人相融合——就没有艺术。感染性不但是艺术的毫无疑义的标志,而且感染的程度也是艺术价值唯一衡量标准。"② 托尔斯泰认为艺术感染性的多少取决于以下三个要件:所传达的情感有多大的独特性;情感的传达有多么清晰;艺术家的真挚程度,即艺术家自己体验他所传达的感情的力量如何。欧阳予倩剔除了托尔斯泰情感论中的宗教色彩,规定了情绪三个方面的性质:永久性、普遍性、个性,个性即情感的独特性,永久性是艺术情感与非艺术情感的差别所在,普遍性则规定艺术的情感为人类的基本情感,如爱憎悲喜等。艺术的感染性就在于人类本能的情绪为艺术的情绪所触动而起的反映。由此欧阳予倩把托尔斯泰建基于宗教意识上的感染说转移到对人类基本情绪情感肯定基础上的情绪说。同时正如上面所提到的,这种人类基本的情绪情感是含有道德意味的,本质上还是属于道德艺术论的范畴。将感染性当作判断艺术真伪以及艺术价值高低的观点,决定了欧阳予倩对其所置身的艺术环境、艺术传统的观察以及自己艺术立场的确定。

（三）艺术 VS 宣传

对艺术情感论的接受使得欧阳予倩与将艺术作为宣传的现代文艺思潮产生了分歧,并发生过摩擦。

欧阳予倩是比较早的对辛亥革命前后改良戏剧的政治教化进行反思的戏剧家之一。他说:"及到前清末季,世局变迁,政治社会无一不有变化,戏剧当然不能墨守旧章,所以不期然而然,在旧戏里加上许多的组织和新的词句。而意义的重心也随之而变。如爱国复仇一类的思想,就代替了一部分道德的观念。可惜一般伶工,不过拿些新名词或取演说的形式,或不管妥与不妥胡乱应用,以取悦一时,不能把真正的思想融汇在艺术里面。这种浅薄的方式,只显得不调和,不自然,观众也就极容易厌倦。我亲眼看见潘月樵的大声疾呼,刘艺舟的尽情漫骂,虽然是痛快淋漓,然非但不能感动观众,

---

① 托尔斯泰:《艺术论》,张昕畅等译,中国人民大学出版社 2005 年版,第 41 页。

② 托尔斯泰:《艺术论》,张昕畅等译,中国人民大学出版社 2005 年版,第 132 页。

而且引起许多反感,致使人家不愿或者不敢去看戏。"① 他认为改良戏曲和志士剧以标语口号代替了情感的传达和交流,把戏剧当作宣传的工具,其衰亡的命运是注定了的。欧阳予倩 1927 年在南京主持了"国民剧场",1928 年到武汉为"湖北妇女慰劳北伐将士会"筹款演出了 3 个月,年底去广州主持广东戏剧研究所,也算是国民革命文艺中的一个积极分子。在革命的激潮中,欧阳予倩同样坚持了自己的艺术立场,认为要借戏剧做宣传工作,先要有戏剧。他对革命文学作了如下的阐释:"我们用戏剧来宣传,决不是徒然来几句激烈的话来搏一时的喝彩,是要让民众在我们所演的戏剧中,认识革命的精神,认识社会的情形,认识自己的地位。进一步说:是要世界上的人们在我们的艺术里,认识我们民族奋斗的精神,所谓革命的戏剧,是要编者都站在时代的前面,不是说每个人上台演说一段,叫几声打倒帝国主义,就算满足。"② 这一革命文艺观与国民党的政党政治必然会发生矛盾,1931 年广东省政府就是以戏研所没有尽到辅助党国宣传的任务为理由将它停办了。

1929 年,随着普罗文学的兴起,文艺界各种观点的交锋激烈了起来,欧阳予倩及其所领导下的广东戏研所虽然远离上海这一现代文艺中心,但通过办刊物等方式积极参与了当时的文艺争鸣和建构。在《戏剧》第二卷第一号(1930 年 6 月 15 号出版)结尾以编者的名义发表了《艺术当今的诸问题及其矛盾》一篇长文中把文艺界的阵容分为三派:两年来叫得最响的普罗文学派;守着象牙之塔的趣味文学的艺术至上主义派;一声不响意存观望的研究系,即新艺术派,对他们的文艺主张作了或繁或简的分析。该文对普罗文学分析得最多,认为这种文学没有生活、没有情感、没有情感生活之组织,虽然打出了马克思的旗号,却是反唯物史观论者,远离了马克思艺术论的真谛。对艺术至上主义者将艺术与社会生活、政治生活对立起来,纯粹玩形式的倾向,编者也作了批评,认为没有生活的艺术不成其为艺术,在如今突变迈进的社会这一文艺观更是站不住脚。文章认为新艺术派研究系犯了两重的矛盾:不赞同艺术至上主义,又回避文艺与社会嬗变的必然性;不赞成文艺和政治发生关系,又要求文艺接近现实。编者最后提出了自己的文艺观点:"艺术是生活的反映,是情感生活的组织化; / 艺术是社会的所有,不是个人的非法泄欲; / 艺术是社会建筑的最上层; / 艺术是时代的,也是

---

① 欧阳予倩:《戏剧改革之理论与实际》,见《予倩论剧》,广州泰山书店 1931 年版,第 14—15 页。

② 欧阳予倩:《戏剧与宣传》,见《予倩论剧》,广州泰山书店 1931 年版,第 110 页。

超时代的；/ 艺术应有普遍性，亦不能无特殊性；/ 艺术不一定是风花雪月，但也不一定是磨电机迫击炮；/ 艺术有力也有美；/ 艺术有宣传也有安慰；/ 所谓艺术的宣传，在乎潜移默化，不专在煽动；煽动民众使之麻醉与迷信，是政治的宣传，不是艺术；/ 任何种艺术都可以作广义的武器；但为作武器而意识地创造出来的艺术，始终不能成为艺术。"① "艺术是生活的反映，是情感生活的组织化"是这一文艺观的核心，它承认文艺作为社会建筑之一部的存在，同时强调了艺术作为社会组织的最上层的独立性。它要求作家独立地观察社会，以批判的态度写出社会人生种种痛苦情形。这篇文章集中代表了欧阳予倩不左不右的艺术立场。

　　欧阳予倩的这一思想主张、艺术立场及其对普罗文学的批评，自然使他卷入了与左翼的纠葛之中。左翼文学界对欧阳予倩进行了还击，以与左联关系密切的《文艺新闻》最为明显。它对欧阳予倩在广州、上海的活动作了许多讽刺谩骂式的报道，如《欧阳予倩的〈杨贵妃〉——肥婆京旦在广州之最后命运》中说："予倩向以改良舞台剧为目的，又欲逢迎粤人之好，故剧中唱曲不南不北，亦粤亦昆，而所谓'表情'与'舞'也非常儿戏，而所谓'舞台灯光应用，根据科学的方法'的灯光，也不过舞时用红绿灯光注射而已。"②1931 年，欧阳予倩到上海搞戏剧，却仍然把妻儿留在广州，恐怕与他与上海文艺界左翼力量思想观念上的分歧和论争有关。1932 年，欧阳予倩仍在积极组织广州戏剧界的联合组织，号召戏剧界联合起来，站在"真正的平民"立场，做反帝的工作。参与这一组织的剧团有现代剧团、近代演员团、光明剧社、万人社及前卫戏剧作者同盟，其中万人社和前卫戏剧作者同盟相对偏左。上海的左翼剧联对这一组织的活动非常恼火。左翼剧联的党团书记赵铭彝以名乙的化名对万人社和前卫戏剧作者同盟放弃主导权作了严厉的批评。他说："关于什么叫'平民'和'纯粹平民'，这是和'前卫'的宣言中的'大众'一样的含糊，什么叫'纯粹'的，什么叫不'纯粹'的'平民'？我们知道这名词是资产阶级欺人的惯用语，自命为理论正确的'万人'和'前卫'诸先生们，不单不去反对这个'通启'，反而在'通启'的后面署上自己的名字，这是意味着什么呢？……其次，'通启'中，说'革命的对象是帝国主义'，那末豪绅地主资产阶级的统治还是可以不必推翻，是么？我们要认清楚：革命是要先推翻豪绅地主资产阶级的统治，建立起革命的劳苦大众自己的权力。革命的戏剧家们不认清这一点，他们的努力将仍然是

---

① 《艺术当今的诸问题及其矛盾》，《戏剧》2 卷 1 号，第 191—192 页。
② 《欧阳予倩的〈杨贵妃〉——肥婆京旦在广州之最后命运》，《文艺新闻》1931 年 8 月 24 日。

替资产阶级忠顺的服务的,因为豪绅地主资产阶级就是帝国主义最忠实的走狗!"[1]

(四)平民戏剧

以艺术情感论为理论根据,结合自己对 20 世纪 20 年代末期中国社会的观察和理解,欧阳予倩提出了平民戏剧的理念。

在写于 1929 年的《民众剧研究》一文中,他对当时兴起的"民众剧"这一提法做了一个梳理并提出了自己的看法。他首先列出了当时种种对民众剧的错误见解:1. 不应当讲什么艺术,不妨卑俗的戏;2. 降低着艺术的价值去迎合中流以下社会的弱点的戏;3. 价钱卖得便宜的戏;4. 把特殊阶级的思想传播到民间去的戏;5. 拿平民的生活作资料的戏,并对这些看法逐条地加以批驳。在此基础上,他认为"民众剧"其实应当作"平民剧"讲,其对立面是贵族艺术或宫廷艺术。"平民剧"的真谛在于其中蕴涵的平民之气,即平等、自由、活泼并且能够实现心灵的沟通的精神力量。戏剧艺术存在的理由和价值就在于它能够给贫乏不安之生活以及生活于其中的不幸的人于安慰,并且力图使这个世界变好一点。他说:"照罗曼·罗兰的意见:演剧是精神的避难所,因生活之贫乏不安,而求这种避难所于梦想之中,是演剧的前提,假使民众完全能够享受幸福,能够自由,演剧就不必要了,因为生活本身就是很美丽的艺术,就无须外求。——我们希望能这样,可是这个乌托邦在哪里?几时可以看见?有严重意识的对立的阶级,将来决定是没有的。可是中山先生所谓'真平等'的世界实现了,也还因人类智力之不齐,不说是斗争,按诸进化的原理,始终是互相摩荡而前进。戏剧到将来会变成怎样?那是不得而知。不过戏剧会跟着那种摩荡而永存,是可以相信的。只要人类的爱和死不消灭,戏剧总存在的。现在我们相信戏剧是精神的避难所,但也是精神的培养场。"[2]欧阳予倩强调戏剧"精神培养场"的作用,要使演剧活动在消极意义上达到沟通情感、消除隔膜的目的,给个体之间或群体之间的摩擦与对立以润滑,造成普遍的同情与理解,在积极意义上引导人类走向幸福之途,他的博爱的人道主义思想使他对人的良知及其交流、沟通深信不疑。他说:"爱与憎,生与死,压迫与解放是人类共通的。生活的形式虽然有种种不同,人类心底的潜流总是永远不变的。特殊阶级的人们为习俗所牵,往往忘乎其所以然。……而所得的结果就是悲哀怨恨的丛集。我们很希望爱的超乎一切,希望爱的其实。我们描写平民阶级的悲哀,同时应

---

① 名乙:《戏剧防御战——致"文新"编者》,《文艺新闻》1932 年 5 月 23 日。

② 欧阳予倩:《民众剧研究》,见《予倩论剧》,广州泰山书店 1931 年版,第 92—93 页。

当认识人类永远无穷的爱,是始终不变的。"①

由此可见,欧阳予倩理想中的平民戏剧是以戏剧的艺术力量发挥培植自由、平等、博爱的人道主义精神的目的,是艺术的人生化。欧阳予倩的这一观念是中国现代美育思想的组成部分,是试图以文化、艺术来根治中国问题的这一现代集体焦虑的组成部分。

以平民剧理念为根据,欧阳予倩对传统戏曲进行了观察和评析。他认为,传统戏曲的发展呈现为平民化与宫廷化之间的循环运动,而且平民化/宫廷化构成了一个二元价值对立模式,"原始的戏剧,完全是平民为应自己的需要而作的……可是以后渐渐的发达,就为特殊阶级所占有。民间艺术变了宫廷艺术,它便不能循着在民间的路径,自由发展,而受种种的限制变成畸形的"②。在这一理念指导下,中国戏剧发展史被整理成民间戏剧对宫廷戏剧的系列反动:元曲虽多为文人创作,但由于特殊的情势,其中有一部分算得上是民间的,表现出"蒜酪之风",如关汉卿等人的戏剧;及至到了明代,戏曲受到皇室的眷顾,走上了宫廷化的道路,因为这昆曲全是知识阶级的东西,与民众毫无关系,绮靡有余,骨气不足,自然是要没落的;代之而起的便有民间野生艺术——二黄戏,二黄中的词句很多俗语,一般人都听得懂,虽然当时的知识阶级的先生们看它不起,但简易明白,反将昆曲打倒了;皮黄戏兴起之后,一旦受到皇室的保护又走上了宫廷化的道路,平民之气已然消歇。顺此逻辑,于是目下急务便是重新恢复戏剧的平民性。欧阳予倩所说的平民剧主要是从戏剧艺术的精神方面来讲的,他与当时盛行的民众剧一词含义不同,事实上他不认同民众剧这一提法。托尔斯泰大力抨击自文艺复兴以来的艺术,认为它们大部分是资产阶级上层的享乐艺术,绮靡颓废,放纵感性而遗弃信仰。欧阳予倩则抨击传统戏曲的宫廷化,认为它们矫揉造作,失去了情感之正,也就是说只局限于一个小的圈子,而不去传达普遍性的情感,以将各个阶层的人联合起来。欧阳予倩多次批评以梅兰芳为代表的京剧的贵族化,并名之为"新古典派","他们主张复古。他们的剧本不是取材于仙佛的传说,就是取材于旧小说中的'罗曼斯',叙述务宜典雅,文词必求富丽,志在熔冶昆剧之长,别成一派,与俗尚相对峙。这不仅在剧本方而如此,在表演方面也很显明"③。主要的原因是这样的剧本没有情感,没有自然行为的进展,就如八股文一样,根本称不上戏剧。

---

① 欧阳予倩:《民众剧研究》,见《予倩论剧》,广州泰山书店 1931 年版,第 81—82 页。

② 欧阳予倩:《民众剧研究》,见《予倩论剧》,广州泰山书店 1931 年版,第 82—83 页。

③ 欧阳予倩:《再说旧剧的改革》,见《欧阳予倩全集》第五卷,上海文艺出版社 1990 年版,第 18 页。

三、戏剧的本质特性和格式做法

在《戏剧改革之理论与实际》中,欧阳予倩对戏剧的本质特性作了很多的讨论,他认为故事是戏剧文学的躯壳,它起于戏剧家对社会人生的情绪触动和思想认识,戏剧故事的材料和组织都有其规定性。他说:"大凡一个故事,无非是甚么人,甚么时地,甚么事,排列起来,就分:发端,渐进,顶点,转降和收煞五段。戏剧的故事,既是有人有事,所以行为便是要素。剧中主角(或是个人或是群众)行为的展开便是戏剧的进行。或者某甲与某乙行为之冲突;或者个人的行为与社会矛盾;或是集团与集团的争斗;参合种种因果关系调理经纬,织成整个一片,就可为戏剧的材料。"① "行为是戏剧的要素"显然是亚里士多德以来西方戏剧的观念,欧阳予倩在这里还将行为的展开与冲突联系起来,认为行为的展开即是各种人物或者群体冲突的过程。在讨论完"故事"之后,欧阳予倩讨论了戏剧中的性格,提出行为与性格有密切的关系,行为的冲突来源于性格的冲突。他还将戏剧中的性格与争斗及其背后的意志联系起来,认为:"人间的悲剧总是运命和性格搅不清楚,而且不断地和社会环境因袭争斗,戏剧就由这种争斗成立。所以戏剧中人物的性格要成立必有争斗,争斗起于意志,所以戏剧可以说完全以意志斗争为根本。人物的意志越强,戏剧的力量也越强,意志弱,那就戏剧的力量也弱,力弱就没有效果。"② 意志斗争的存在必然推动剧情向前发展,或者导致人物心理的转变或者导致事件朝其他方向发展,这种转变的情形就是"危机",根据意志冲突表现的不同,分为外部、内部两个方面,"一是外部的,一是内部的。例如一个野心家不恤杀他的亲友来夺取地盘,这是外部的。但是一面杀人一面又怕社会的清议,又受良心的苛责,这是内部的"③。危机是使戏剧空气紧张的最重要的元素,悬念就产生于危机过程中。

戏剧的"意志冲突"说发源于黑格尔,布伦退尔对此作了全面的阐述,"自觉意志—意志冲突"是布伦退尔"意志冲突说"的核心内容,它强调的是意志冲突中的自觉意志的展示。主人公有一个立定的目标,并力求以自己的努力使每一事件都向这一目标进发,在这一努力过程中如果碰到障碍的话,便会形成冲突。它的着眼点在人,审美效果来自于克服或无法克服障碍过程中人物性格的展示与喜剧性或悲剧性情境的获得。布伦退尔对戏剧本

---

① 欧阳予倩:《戏剧改革之理论与实际》,见《予倩论剧》,广州泰山书店 1931 年版,第 33 页。

② 欧阳予倩:《戏剧改革之理论与实际》,见《予倩论剧》,广州泰山书店 1931 年版,第 34 页。

③ 欧阳予倩:《戏剧改革之理论与实际》,见《予倩论剧》,广州泰山书店 1931 年版,第 34 页。

体的这一界定与启蒙运动以来的理性主义思潮有着很大的关系,正如谭霈生所说的:"布伦退尔提出'自觉意志—意志冲突'的理论体系,表明了戏剧理论家对人的'自觉意志'的坚定信念。他断言,作为一个现实的人,'再没有什么比意志的发挥更重要',对'自觉意志'的格外重视也就是对人的'理性'的信念。这种信念曾经在哲学界、社会学界、心理学界汇合成一股巨大的思潮,放射出理性的光辉,它也照亮了欧洲的戏剧舞台。"[①]"意志冲突说"契合了中国五四的思想解放运动。

与"意志冲突说"这一戏剧本质特性的接受相一致,欧阳予倩同时将西方近代剧的"格式做法"[②]作为一种普世性的特质予以推崇。欧阳予倩所理解和接纳的西方近代剧格式做法具体指什么呢?我们可以从他对文明戏和传统戏曲编剧的批评中大致窥见其意指。他比较了话剧与文明戏在格式做法上的不同:"(一)文明戏没有剧本,话剧是有完全剧本;(二)文明戏即令有剧本也是旧戏或传奇的方法来组织,专以敷衍情节为主,话剧是根据戏剧的原则,用分析的技巧,表现具体的情绪,进展整个的行为;(三)文明戏虽有许多不近人情的地方,亦能描写现实,但是文明戏的写实,不过真菜真荷兰水上台,真烧纸锭哭亲夫之类,话剧的写实是用锐敏的观察,整齐的排列,精当的对话,显出作者的中心思想,描写的是社会某种生活人物的某种性格,时代的某种精神。"[③]他对传统戏曲在编剧上的批评主要集中在以下四个方面:对情绪的表现多半靠辞藻而不是贯穿于具体的剧情进展中;歌词过于典丽、格式太过死板;性格写得好的不多;结构方面:元曲结构经济但行为进展无法完全展开,传奇枝蔓太多,过于冗长,京剧的毛病在于不善于用暗场、不懂行为进展的道理、只有平直的叙事而没有分析式的技巧,没有分幕的段落。

从对《捉放曹》《击鼓骂曹》《乌龙院》这几个京剧中的人物的评析中,我们可以看出欧阳予倩将自觉意志方面的内容作为人物性格的主要方面。他认为《捉放曹》的正角虽然是陈宫,但却是处处描写陈宫,处处贬抑陈宫,为的是凸显抱"超人态度"的曹操。而《击鼓骂曹》的祢衡非常自负而同时未尝不想有以自见,因此才会明知曹操是奸臣,孔融推荐他后居然去见了曹操,又居然由着曹操送他去投刘表。至于《乌龙院》,宋江乃无赖之徒,只不

---

① 谭霈生:《戏剧本体论》,北京大学出版社 2009 年版,第 55 页。

② 欧阳予倩:《予之戏剧改良观》,见《欧阳予倩全集》第五卷,上海文艺出版社 1990 年版,第 2 页。

③ 欧阳予倩:《戏剧改革之理论与实际》,见《予倩论剧》,广州泰山书店 1931 年版,第 66—67 页。

过意在玩弄阎惜姣,而阎惜姣又是一个坚决的女子,敢想敢做,反过来要玩弄宋江,两个意志相当之人的冲突使得这出戏简明而紧凑。欧阳予倩的这些分析写于1927年,当时他正在大作翻案文章,将潘金莲、杨贵妃改写成个性解放之符号。在20世纪20年代,欧阳予倩倾向于将这种自觉意志在追求自己目标的过程中碰到的障碍规定为社会因袭的力量,他对境遇悲剧的倡导便体现了这一态度。根据意志冲突对象的不同,欧阳予倩把悲剧分为三种:人的意志和命运战的命运悲剧;战斗之动机是因为主人公性格的缺陷的性格悲剧;意志与境遇之战的境遇悲剧。他认为在当时的中国社会最应该提倡的境遇悲剧,"因为文明进化,人类征服自然的力量越发大了,可是社会因袭的力量也随着历史的年月而加增。我们要极力改善社会环境,以期得到自由的生活,人生的悲剧也于是乎开场。我们认定这个,便可以决定现代戏剧重心之所在"①。以自由意志与社会因袭力量的冲突为主线,戏剧行动一步步向前进展,美的具体化的情绪贯穿其中,这就是欧阳予倩所构设的戏剧的普世性的格式做法。

四、综合的舞台艺术

戏剧要有美的具体化的情绪,要有对戏剧的本质特性和格式做法的真正自觉,这些都是从戏剧文学上所做的讨论,对欧阳予倩来说,还需要将舞台艺术纳入进来才能构成完整的戏剧论,"戏剧有丰富而坚固的内容,在舞台上得充分而适切的表现,我们所要求的是这种戏剧,这种戏剧才庶几能用以宣扬文化"②。

欧阳予倩认为戏剧相对于其他艺术形式的优势在于它是综合各种艺术而成的特殊艺术,包括文学、表演、音乐、舞台装置等等各个组成部分。作为综合艺术,戏剧舞台面对的首要问题是如何综合。欧阳予倩认为:"戏剧是综合艺术,而所谓综合不是生吞活剥随意拼凑,是在各种创作之统一与调和,就是取各种艺术精华完全戏剧化而统属之于一点。"③对于各种艺术精华如何完全戏剧化而统属之于一点,欧阳予倩并没有做很多的阐述,但我们从其整体的戏剧艺术观念可以看出,他所谓的"统属之于一点"就是要运用各种艺术形式来传达美的具体化的情绪,而"完全戏剧化"即在舞台艺术的各个方面遵循自觉意志—意志冲突这一基本原则。

---

① 欧阳予倩:《戏剧改革之理论与实际》,见《予倩论剧》,广州泰山书店1931年版,第43页。

② 欧阳予倩:《戏剧改革之理论与实际》,见《予倩论剧》,广州泰山书店1931年版,第10页。

③ 欧阳予倩:《戏剧改革之理论与实际》,见《予倩论剧》,广州泰山书店1931年版,第10页。

从传达美的具体化的情绪这一中心出发,欧阳予倩将剧本作家看作是实现综合艺术的最重要的因素。他注意到戏剧历史发展以及戈登·格雷、莱因哈特等人的实践表明戏剧先有动作然后才有歌唱和言语,而且动作在戏剧中最为重要,但他并没有将动作置于综合艺术的中心。他认为对话或歌唱虽然晚出,但除了极端的试验之外它们对话剧或者歌剧来说是不可或缺的,而有对话或歌唱就必然要有对它们进行组织的剧本,因此剧本文学必须绝对尊重。欧阳予倩对以对话或者歌唱为主要手段的戏剧文学的推崇,即是源于这是组织美的具体化的情绪的方便之门。

在 20 世纪 20 年代,欧阳予倩所讨论的综合艺术主要是包括文学、表演、绘画、音乐、建筑等各艺术部门的综合,在 30 年代到欧洲考察戏剧之后,他提出了另一个方面的综合:各种形式的综合。"作导演最要懂得方法多而能自由运用。好的导演,在一个戏里用各种变化不同的方法帮助剧情的发展而毫不见牵强的痕迹。表现的方法尽管是多种,好比作文章:积字成句,积句成段,积段成篇,用思想的线联成整个的组织,如是归结到作品的内容充分传达于观众的问题。"① 欧阳予倩所说的各种表演方法包括写实主义、浪漫主义、古典主义、唯美主义等各种思潮流派的舞台形式;歌剧、小歌剧、不同种类的悲剧、不同种类的喜剧等戏剧类型的舞台形式;包括日本歌舞伎、中国传统戏曲在内的不同文化区域中的舞台形式。这一层面综合的提出,表明欧阳予倩将导演的地位做了很大的提升,导演成为剧作家之外舞台综合艺术的第二个组织者,"综合艺术第一个组织者就是剧本作家。其次,导演是实际的组织者"②。

同时,欧阳予倩也把综合艺术的系统性原则运用到了戏曲改革的规划中。他说:"旧戏能有计划地吸收、应用话剧的长处是有好处的,但是只减少歌唱增加对白,减少动作、多加表情是不妥当的。主要是在'综合艺术'的综合性的方面,集体艺术的集体性方面,能多注重综合,注重集体,然后才能使结构谨严,成为完整的艺术品,而表现新的充实内容。"③ 从综合艺术的系统性出发,剧本文学便是首要的问题,是改革的第一环节,具体的改革办法则是要根据上述的艺术论和戏剧论做根本的改造。在此基础上,戏曲改

---

① 欧阳予倩:《导演经验谈》,见《欧阳予倩全集》第四卷,上海文艺出版社 1990 年版,第 135 页。

② 欧阳予倩:《再说旧剧的改革》,见《欧阳予倩全集》第五卷,上海文艺出版社 1990 年版,第 16 页。

③ 欧阳予倩:《后台人语·之三》,见《欧阳予倩全集》第五卷,上海文艺出版社 1990 年版,第 305 页。

革需要引入第二个组织者——导演，"表现新的剧本必须有新的导演；有新的导演，才能运用新的演出法"①。京剧中引入导演是其20世纪变革中的一桩重大事件。京剧原来没有也不需要话剧意义上的导演，一切按照程式规则来，演出前大家凑在一块对对戏就可以了。欧阳予倩对导演的强调，意味着要在舞台上打破旧的规则创造新的舞台语言。

对综合艺术的追求形成了欧阳予倩在戏剧导演上的基本态度和工作方法——"磨光"。对"磨光"的坚持在抗战时期的桂林一度引发了与"突击"的论争，"有一次田汉老发起一个座谈会，谈谈当时的戏剧建设。那时聚集在桂林的戏剧工作者很多，所以到会的人很踊跃。记得座谈会是借一家酒店举行的。一连开了三天，足见当时的情况非常热烈。在座谈会进行中曾涉及戏剧演出的'突击'和'磨光'的问题。所谓'突击'者是指当时某些赶任务的演出，内容虽是宣传抗战，但其艺术质量还不够高；所谓'磨光'者系指艺术上比较成熟的演出，但其排练的时间往往花数月或半年之久。当时参加座谈会者的意见主要分为两派，一派主张'突击'，一派主张'磨光'。我记得欧阳老是主张'磨光'的。他主张：从事戏剧工作必须十分严肃认真，丝毫不能苟且，因此在排练上必须许以一定时日，十天八天赶出来的戏其演出水平是不够理想的。他主张艺术必须精心构思，必须精雕细琢。优美的演出无不来自辛勤的劳动。当然，他也辩证地补充说，他并不反对赶任务的'突击'，任务是一定要赶的，但必须竭尽一切，使艺术水平达到一定的标准云云。"② 参与当时争论的另一位重要人物——李文钊(曾经做过国防艺术剧社的社长，后来一度担任新中国剧社的负责人) 在60年代对此事件也有一个详细的回忆，"在抗日战争进入紧张阶段时期，戏剧是动员人民、反击投降主义的主要手段之一，田汉同志和好些青年戏剧工作者主张以'突击'方式争取多些演出，多打击敌人。而欧阳予倩则主张'磨光'，愈'磨光'就愈有力量。我比欧阳先生年轻些，性情也急些，我是拥护田汉先生的意见的。我们并不反对'磨光'，并不忽视技术在戏剧上的重要性，但我们同时把'戏剧建设'把'抗日工作'看得更重。的确欧阳先生对问题的看法是与我们有多少不同的。他总时常对前线演剧队、救亡工作队等的做法有多少不同意。主要是看不上他们的技术。我们觉得如果太偏重技术，把技术放在思想内容前面，是危险的。我们谁也不反对重视技术，提高技术，然

---

① 欧阳予倩：《再说旧剧的改革》，见《欧阳予倩全集》第五卷，上海文艺出版社1990年版，第26页。

② 熊佛西：《忆欧阳老二三事》，《戏剧报》1962年10月，第24页。

而在当时紧张环境下工作,只有'突击'才是正确的工作态度,才适合客观现实的要求,不应以'磨光'来作为工作迟滞的掩饰,更不能作为工作上的一种号召。"① 从这两个回忆中我们看到主张"磨光"的欧阳予倩追求"精心构思""精雕细琢"的优美演出,认为这样的演出才更有力量,并且把这种演出作为戏剧"工作上的一种号召";"突击"派则把戏剧当作"动员人民、反对投降主义"的"手段",手段是为目的服务的,手段本身的存废完全视目的为转移,并且对手段本身有着一种天然的焦虑,担心手段本身要求完美性的内在冲动会给目的的实现造成损害。在"突击"成为时代的主潮时,欧阳予倩对"磨光"的坚持显得非常的难能可贵,它为在运动中发展的中国现代戏剧提供了沉潜的一面。

五、现代国民剧场:现代戏剧的建设之路

欧阳予倩的回忆录《自我演戏以来》以"国民剧场的经过"为最后一个章节的标题,叙述了他 1927 年的南京之行主持国民剧场的经历。欧阳予倩并且在其中说明了自己接受邀请去主持国民剧场的理由:"一,要就戏剧加以改造或从新创作,全靠站在职业的剧场以外的专门戏剧家拿牺牲的精神努力贯彻主张;二,要公家有相当补助来建设一个小剧场以为模范。"② 南京国民剧场只演了三天的戏便因为战事的紧张而夭折,但欧阳予倩却从中看到了现代戏剧建设的曙光,并且宣称:"不久总要为戏剧界开一个新纪元。"③ 与这一判断形成互文的是欧阳予倩在翻译的小山内薰的《日本戏剧运动的经过》一文后所作的"识",他说:"小山内薰先生死了,听说筑地剧场又有些变动,我读这篇记载,实在有无穷的感慨。戏剧建设万不宜采用二元主义。艺术座的失败,可为殷鉴。回想春柳社在上海的堕落,何尝不是一样? 我们看自己,看人家,可以决定我们的路径了。"④

显然,欧阳予倩认为要实现现代戏剧的建设必须采取一元主义,而由政府资助的国家剧场或者地方剧场是最佳的选择。欧阳予倩说这种国家剧场或地方剧场是他们十几年来的一个梦想,此言非虚。在余上沅在北京主持国立北京艺术专门学校戏剧系的时候,就曾几次去信邀请欧阳北上,共同

---

① 李文钊:《欧阳予倩在广西》,见丘振声、杨荫亭主编《欧阳予倩与桂剧改革》,广西人民出版社 1986 年版,第 390 页。

② 欧阳予倩:《自我演戏以来》,《戏剧》2 卷 3 期,第 239—240 页。

③ 欧阳予倩:《自我演戏以来》,《戏剧》2 卷 3 期,第 252 页。

④ 《日本戏剧运动的经过》,见《欧阳予倩全集》第四卷,上海文艺出版社 1990 年版,第 389 页。

兴办戏剧系并筹办"北京艺术剧院"，欧阳对此十分热心，拟定了一篇大的计划书，后来只是因为余上沅的离职才没有成行。欧阳予倩将南京国民剧场当作是他实现国家剧场的第一次真正的实验，在南通三年的戏曲革新实践显然不在此列。欧阳予倩1929—1931年主持广东戏剧研究所可以说是其国民剧场梦想的全面实施，此后他曾参与福建事变中国家剧场的筹划和实际演出的组织，其最长久的一次国民剧场实践则是1939—1946年主持的广西戏剧改进会和广西艺术馆。新中国成立后，欧阳予倩担任了中央戏剧学院的首任院长，部分地延续了他的国民剧场的实践。

通过对欧阳予倩国民剧场建设实践的梳理，我们可以把欧阳予倩国民剧场实践的基本构想概括为：借助于政府或社会机构的力量，以专门戏剧家的身份，造就全新的演剧团队，进行演剧的研究实验，创造出高质量的舞台作品，然后通过大剧场的演剧示范和露天大剧场的推广普及，推动现代戏剧艺术的发展并进行社会教育。

在欧阳予倩的这一国民剧场建设方略中，剧场是实践其戏剧理念的中心。他所说的剧场包括三个相互联系的功能：研究实验、示范、推广和普及，同时这也是其戏剧理念的三个步骤，即首先在小剧场中进行演剧的实验和磨光，然后在大剧场中做示范性的演出，影响戏剧圈内人士和热爱戏剧的人士，最后进行大规模的演出，与民众发生实质性的联系。欧阳予倩对剧场功能和推行步骤的设计，清晰地表明了他以戏剧担当文化启蒙的意图。而剧场作用发挥的前提是全新演剧队伍的打造，因此，剧场与固定演剧团队的配合是其实践的主要组成部分。推行这一实践的即为欧阳予倩所谓的"专门戏剧家"，这是剧场和演剧团队的灵魂所在。在欧阳予倩这里，专门戏剧家不仅指对戏剧艺术有专门的研究和由衷的热爱，还指以牺牲的精神担当戏剧的文化使命，具体来讲就是要对传统戏曲进行改造，推行现代戏剧，进行文化启蒙。

欧阳予倩建设现代国民剧场实践的重要一环是小剧场的研究实验，这与他的艺术人生化的美育思想是相一致的。对欧阳予倩来说，戏剧对人生发挥作用的前提是其作为综合艺术的本质得到充分的发挥，因此，呈现给观众的高质量的舞台作品是发挥剧场作用的根本。为创造这种高质量的舞台作品，欧阳予倩一贯强调研究实验的精神，包括古今中外戏剧的宏观研究和舞台技法的微观研究。对前一方面，他说："戏剧运动既感觉到万不能缓，应当赶快脱除了因袭的枷锁，去走我们应走的路。/我们应走的路在哪里？简单说，分两项：/一，研究/二，实验/这两件事应同时并进，不分先后：没有研究无从实验，没有实验研究都是空虚的。/就研究方面说，一为历史的：

研究古今戏剧之变迁。一为比较的:研究各民族各地方戏剧的异同。"① 后一方面的研究实验我们在上一节已经讨论过。欧阳予倩这种研究实验的态度遭到了田汉等人的批评。在桂林,田汉和曾经做过新中国剧社负责人的李文钊都抱怨他没有将桂剧改革建设推广出去,形成大气候。对于他没有这样做的原因,田汉说是"偏于自用",李文钊说是"太拘谨,太过于自信"。其实主要原因还是在于欧阳予倩对那种"运动式"的推进戏剧发展的方式不欣赏,他喜欢组建自己的剧团和剧场,在其中进行戏剧方面的研究试验,在此基础上推出尽量完善的戏剧舞台作品,逐渐地将影响扩展出去。另外一个原因是他认识到自己的改革方案并没有完全成熟,在音乐和布景方面都存在着很大的问题,不愿采取运动的形式推广。田汉的做法就不同,他天生喜欢以"运动"方式开展戏剧活动,在武汉时期就开办了有 700 多名旧戏曲艺人参加的"留汉歌剧演员战时讲习班",并在此基础上组织了两个平剧队、10 个汉剧队和 10 个楚剧队,作为抗日宣传的力量。后来在长沙、桂林,他都采取了类似的做法,为推进这个建设,还在 1939 年将全副精力投入到戏曲创作中,收获了很多"旧瓶装新酒"式的长篇巨制,成为"革新旧剧的'江湖老大'"②。

  欧阳予倩的国民剧场建设是一项综合的文化工程,政府或社会机构的参与自然是其题中之义。欧阳予倩曾以问答的形式回应田汉等人对其依靠政府建设戏剧的批评。他说:"你以为中国的戏剧运动,是靠政府的力量去做的好呢,还是纠集几个同志过苦日子的好呢? 这是个问题。在这一点田汉和我意见不同,他认为无论如何最好不借助政府。他有他很充足的理由。我呢,以为借助政府,效果或者快些。我们一班同志差不多个个都是穷光蛋,卖文不足以维持生活。当当又没东西,每逢一次公演,总是一块两块地去凑,凑不齐便延期。衣服布景一些没有,怎么样呢? 若得到政府帮忙,多少总好些。"③ "借助政府,效果或者快些",欧阳予倩的回应还有些犹疑,后来的遭际证明借助政府确实会有很多的牵绊,但不管如何,既然选择了建设国民剧场的实践道路,政府或社会机构的参与是必然的。在欧阳予倩的远景凝眸中,完全的平民戏剧是国民剧场最终的存在形式。对于如何真正实现这样一种远景,欧阳予倩设计了一个分三步走的方案,即从民有、民享最终达到民治。民治的阶段达到了人生的完全艺术化,人民自由创造,自由

---

① 欧阳予倩:《戏剧运动之今后》,见《予倩论剧》,泰山书店 1931 年版,第 127 页。
② 董健:《田汉传》(第六章第四、五节),北京十月文艺出版社 1996 年版。
③ 欧阳予倩:《粤游琐记》,见《欧阳予倩全集》第五卷,上海文艺出版社 1990 年版,第 285 页。

享受,人人都是艺术家,而在实现这一目标之前,要有一个过渡的建设时期,这就需要专门戏剧家的存在。专门戏剧家要做民有、民享的工作:一方面是编制情节单纯而有趣味平民剧,使观众在不知不觉之中,受很深的暗示;另一方面要充当指导者,引导各个乡村自发的演戏活动走向自觉的联合,实现乡村之间、城镇之间、乡村与城镇之间的交流,达到转移风俗、沟通文化的目的。这是一个带有乌托邦性质的远景,欧阳予倩的国民剧场建设毕生在做着第一层面的工作。

第二章　从职业演剧到建设现代国民剧场

在 1929 年写作的《自我演戏以来》的结尾中，欧阳予倩说："我不过是一个伶人，一个很平淡的伶人，就是现在我虽不登台演剧，也不过是一个伶人罢了，我对于演剧自问颇忠实，作一个伶人大约可以无愧，有人说我有相当的学识与普通的伶工有别，这是过去的笑话，难道一个伶工，像我这样一点点浅薄的知识都不要吗？"①步入不惑之年的欧阳予倩其时刚刚实现了自己戏剧从业者身份的大转移，即彻底脱离职业演员身份而践行"专门戏剧家"的角色。自传性的《自我演戏以来》从"童年的爱好"落笔，到"国民剧场的经过"作收煞，一方面是对自己演艺生涯的一个全面的记忆性书写，另一方面也是为自己转向新的角色作合理性辩护。

从 1907 年第一次登台到 1928 年脱离舞台生活，欧阳予倩在舞台上摸爬滚打了 22 年，其中包括其 16 年的职业戏剧演员生涯，而且是以文明戏和京剧演员双料身份厕身其间。他是文明戏舞台上包银最高的少数几个人之一，与顾无为、郑正秋、汪优游并列，每月 300 元，②参与见证了文明戏从发展到衰弱的整个过程。在京剧舞台上，他以红楼戏得名，经常在不同的剧场挂旦角第一牌，甚至以其"红楼戏"而与梅兰芳并称一时，被时人誉称"南欧北梅"。1928 年，欧阳予倩应邀到广东筹办广东戏剧研究所，从此彻底脱离职业演员角色，而坚决彻底地践行其"专门戏剧家"的角色，以研究实验的态度推进着中国现代戏剧的发展。

研究界对欧阳予倩话剧创始人和京剧改革者的身份给予了很多的注意和评价，但对他 1927 年以后的国民剧场实践则多有忽视。出现这一现象的原因主要有两个方面：一是欧阳予倩这一时期的戏剧实践与后来戏剧史提挈的主流戏剧运动线索多有背离：他与左翼戏剧有争论，抗战戏剧大潮中则在桂林以稳健的态度继续着抗战前的戏剧理想；其二是对他当时的戏剧实践还未能提出合适的词语加以总结和概括，出现了类似失语的状态，名不正则言不顺，自然更无法对其实践进行梳理了。笔者本章的重点就在梳理其 1927 年之后的国民剧场实践的历程。

---

① 欧阳予倩：《自我演戏以来》，《戏剧》2 卷 3 期，第 256 页。
② 朱双云：《初期职业话剧史料》，独立出版社 1942 年版，第 37 页。

第一节　作为生命归宿的舞台

一、唯美主义的艺术人生

　　欧阳予倩出身于官宦家庭,其祖父对这一长孙寄予了厚望,先是让他学习八股制艺,希望能够考中功名,科举废除后,很快就安排留学日本,学习军事,后因眼睛近视的缘故改学商科。欧阳予倩却背离了家庭对他的建立事功的期许,迷上了戏剧,在他祖父去世之后的 1912 年正式下海演文明戏,与新剧同志会的一帮同志过着吉普赛式的流浪生活。1915 年更是下海做起了职业京剧演员,彻彻底底成为“戏子”。他的这一行为是十足的叛逆,在他的官宦家庭掀起了巨大的波澜,“父亲下海时,曾祖父已经去世,家里一切由曾祖母周氏做主。她虽然有一副善良的心肠,但封建传统思想对她影响极深,对她来说,一个清朝道台的孙子当戏子,简直是不可思议的事,诗礼传家的欧阳门里是绝不允许这种‘有辱门楣’的事的。所以父亲当演员的事,全家一直都瞒着她。而亲戚朋友也大多对父亲当演员表示不理解。就连平日同在一块演新戏的朋友,也表示反对。一个朋友拉住父亲的手说:‘予倩,你怎么搞的! 你怎么的了! 搞搞新戏嘛,还可以说是社会教育,搞旧戏这算什么呢! ……’一些亲戚还发出感慨,说欧阳家从此完了。母亲在这种压力下也写信劝父亲回家,父亲回信说,即使挨一百个炸弹,也不灰心。可见他对京剧的热爱。”① 欧阳山尊认为其父欧阳予倩下海演京剧乃是出于对京剧的热爱,宋宝珍则归纳了三个方面的原因,一是时事新剧与文明戏在表现形式上没有大的分野,这为欧阳予倩走向传统戏曲表演提供了比较现实的可行条件;二是从事文明戏演出的人,要获得基本的舞台艺术的方法,只能效法旧的舞台艺术和传统的表演技艺;三是欧阳予倩对文明戏走向没落不满,对形式美学和表演技巧的倚重必然使他向更具形式美和技艺美的传统戏曲靠拢。② 除了上述艺术追求方面的原因以及包银更加丰厚等原因之外,笔者认为还可以从人生态度上寻找原因。欧阳予倩对京剧的热爱是显而易见的,他虽然唱做俱佳,但扮相并不好,这在当时对一个旦角演员来说是致命的。欧阳予倩顶住这么多内在外在压力做职业京剧演员的原

---

① 欧阳山尊:《我的父亲欧阳予倩》,见武宁《毕生追求真善美》,春风文艺出版社 1998 年版,第 5 页。

② 宋宝珍:《欧阳予倩:史论性批评的创立与现代戏剧的体认》,《云南艺术学院学报》2002 年第 3 期,第 24 页。

因从下面一段话可以窥见一斑。他说："二黄秦腔戏无意义无思想,且不近
人情,而人之好者,也正以此。倩习旧剧七八年,舍机械之动作、语言外,一
无所得。所以不至绝对无意味者,游戏而已。"① "游戏而已",这是欧阳予倩
1922 年的解释,是他的由衷之言。显然,并不是作为形式美学和表演技巧
的"机械"之动作、言语而是"游戏"之人生态度吸引欧阳予倩投身京剧。
1915 年 4 月,欧阳予倩先是在第一台客串京剧《玉堂春》,后来干脆正式
登台演出,离开了新剧同志会。从欧阳予倩的回忆可以看到,他离开新剧
同志会的直接原因是与其他演员发生了激烈的冲突,而间接原因则与新
剧同志会屈从于市场压力,越来越多地演出《天雨花》《凤双飞》等迎合市
民情趣的戏有关。对欧阳予倩来说,文明戏与京剧的最大区别只是表演
方式的不同,这也是他在日本留学时看到李叔同等人演出《茶花女》时的
最大刺激:戏剧原来有这样一个办法,倘若自己演那女角,必然不会输于
那位李先生。游戏精神与艺术精神一样是非功利的,追求的是生命活力
的自然流露。1929 年的另一段话可以为他的游戏态度的实质做一个注
脚。他说:"凡属一个自爱的伶人,当然认定舞台是他生命的归宿地,他的
生命的表现只在登台的短时间里,如果在台上有丝毫错误,全剧就受了影
响,他的生命就无从表现。"② 舞台就是生命的全部,生命是为了舞台,舞台
呈现不佳的话意味着生命的无从表现,这是典型的为艺术而人生的唯美主
义思想。

　　在文明戏和京剧舞台上,欧阳予倩都是以男旦的身份粉墨登场。对于
他为什么选择以男旦的身份从事演艺职业,研究者大都从当时的社会环境
角度进行讨论,如黄爱华所说的:"虽然当时日本是女优与'女形'同生并存
着,但名'女形'大大多于名女优。像河合武雄、喜多村绿郎等,就都是让欧
阳予倩和马绛士所倾倒的'立女形'(第一流的旦角)。他们不但不以男扮
女角为落后,相反,自觉以新派剧'立女形'河合武雄、喜多村绿郎、木下吉
之助等为学习榜样,刻意追求,孜孜于艺。之所以如此,也许是在春柳同仁
看来,日本新派剧是区别于旧歌舞伎的'新派',已是近代戏剧的范本,既然
新派剧保留着'女形',男扮女角就是近代剧的一部分。加上中国戏曲中就
有男旦传统,这种文化及其惯性作用,也使他们很容易对新派剧的'女形'
产生认同,并实际模仿起来。故可以说,在男扮女角方面新派剧之于春柳

---

① 《南通欧阳予倩之来札》,见吴修申《关于欧阳予倩的两则札记》,《戏剧》2004 年第 4 期,
　　第 35 页。
② 欧阳予倩:《自我演戏以来》,《戏剧》1 卷 6 期,第 244 页。

社,是起了一定的消极作用的。"① 社会整体的文化氛围对个体的选择确实
有着至关重要的作用,除此之外,他本人的家庭成长经历也可能是一个内在
的促动因素。欧阳予倩出身于官宦之家,祖父长期在外做官,祖母很严厉,
父亲常年有病,并于 1910 年病故,母亲也因为父亲的缘故很早就患上了肺
结核。由于哥哥的夭折,欧阳予倩从小就成了这个家庭中的长孙,底下还有
一个弟弟和三个妹妹。父亲这一家长权威基本缺席,导致欧阳予倩从小更
容易认同祖母、母亲这一类女性角色,从而对女性的心理和行为有更多的同
情和了解。1907 年看到春柳社演出《茶花女》时,欧阳予倩马上蹦出了这
么一个想法,"可是我心里想,倘若叫我去演那女角,必然不会输给那位李
先生"②。这种下意识的反应很能说明欧阳予倩的这一情结。同样可以作为
例证的是,欧阳予倩绝大部分戏剧创作的主人公也都是女性。

　　在 1937 年的一次访谈中,针对社会把男旦蔑称为"雄女人",欧阳予
倩谈到了自己的看法,他说:"我以为男子扮女子是可能的,也并没有什么
可耻,两性本来是相等的,要是轻视饰女子的男子,就等于否定女子本
身的人格。所以对于饰女子的男伶,如果有人因为他温柔可亲,而拿看待
姊妹的眼光去看他,那我也毫不以为这是侮辱。但症结却是一般人实际
并不用尊敬的目光,却拿玩弄妓女一般的心理去对待唱旦角的伶人,这才
是真正的侮辱。而且我们还得认清一个事实,就是一般人的心理,不但歧
视唱旦角的伶人,并且看不起一切其他的'戏子'。"③ 在这段话中,欧阳予
倩一方面从歧视伶人的整体社会文化心理角度来解释社会上对男旦的歧
视,认为这两者之间没有什么根本的区别;另一方面,他实际上承认饰演
旦角的男演员会表现出"温柔可亲"等女性特点,并从两性平等的角度加
以辩护。综合上述种种,选择以男旦身份粉墨登场恐怕与其为艺术而人
生的态度有关。

　　唯美主义不仅表现在其艺术选择上,也表现在其人生态度和日常生活
方面,因为"所谓的唯美主义首先是一种人生观,其次才是一种艺术观"④。

　　欧阳予倩饮酒征逐的日常生活,显示出了他当时唯美主义的人生态
度。1910 年,欧阳予倩的父亲欧阳自耘在东京治病时去世,他扶灵回国,之
后在桂林祖父府衙居住。受祖父监督读古书之余,他经常喝酒,有时候从早

---

① 黄爱华:《中国早期话剧与日本》,岳麓书社 2001 年版,第 181 页。

② 欧阳予倩:《自我演戏以来》,见《欧阳予倩全集》第六卷,上海文艺出版社 1990 年,第 7 页。

③ 培林:《欧阳予倩先生访问记》,《长城》1937 年第 4 卷第 8 期,第 184 页。

④ 解志熙:《美的偏至——中国现代唯美—颓废主义文学思潮研究》,上海文艺出版社 1997
年版,第 61 页。

上 8 点钟喝起,直到夜晚 12 点不休,醉了就骑着马在街上乱跑。他最爱在夜晚一个人踏着朦朦胧胧的月色,到风洞山去坐一阵,从树影参差的石级盘旋而上,到了洞口,一望漆黑,只听得风声怒吼,再进去,石浆滴沥有声,蝙蝠扑面飞来,边走边乱想一通,通过后山,到了另一个洞口,独坐着享受着严静的夜的气息。到了 1916 年的时候,民国初期的清新局面已经完全消失了,政局昏暗,欧阳予倩的颓废情绪越发的浓了:"我不知不觉趋于颓废,除却敷衍几出戏之外,专和一班怪人,饮食征逐,除掉吃,就是游山,发起牢骚来便胡乱哼几句打油腔。没有事便和人打两块一底的麻将,打不满四圈我又跑了,以后便没有人肯和我打。有时到茶馆里去下下围棋,有时便一个人到留园假山背后去躲个半天。那时正是袁段纵横,政局昏暗,到了极点。我一天到晚只觉没有路走,变成无聊,一天天的日子无不是混过的。……我那个时候的生活,只有'穷''愁'两个字可以包括。"[①] 这种放浪形骸的颓废生活在很多唯美主义者身上存在,引导欧阳予倩走上唯美主义的陆镜若就是其中的一位。包天笑第一次见到的陆镜若"虽然穿了一身西装,却戴了一顶土耳其帽子。那帽子是深红色的,有一缕黑缨,垂在右边。上海这个地方,虽然华洋杂处,各国的人都有,除了印度人头上包有红布之外,像戴这样帽子的人很少,所以走进时报馆来,大家不免耳而目之,他却显得神气十足,了不为怪"[②]。以怪异服装招摇过市,也是王尔德等唯美主义者的普遍行为。

不仅如此,欧阳予倩与他的朋友们甚至将政治生活、社会生活游戏化。1913 年,因湖南的社会教育团想组织演戏,欧阳予倩就把春柳社同人召到湖南,随后他们又独立出来组织"文社",前后有近一年的时间。当时离辛亥革命不久,社会还比较有朝气,欧阳予倩参与了组织湖南国民党的工作,但他并没有把这些政治社会活动当作严肃的事情,而是把它作为任侠使气、发泄生命力的一种方式。欧阳予倩经常和朋友在一起喝酒,彼此不醉不归,喝得大醉的时候,一手抓一个瓶,向窗外使劲一丢,他的朋友宋痴萍,每打一对酒瓶,必定叫道,"炸弹炸弹,炸破共和党的头!"有一次,欧阳予倩被朋友推举去一个前清官员唐胡子家强行募捐,到了那里没见到本人,倒是被一个相识的人劝了一通,他不得要领地发挥了几句,出到门外,放了几枪。欧阳予倩所编的五幕剧《运动力》对当时的议员进行了讽刺,但当时这个戏的演出其实有很强的游戏性质,"我在这个戏里,演的是一个少年学生。我还

---

① 欧阳予倩:《自我演戏以来》,《戏剧》1 卷 5 期,第 204 页。

② 包天笑:《钏影楼回忆录》,山西古籍出版社、山西教育出版社 1999 年版,第 157 页。

记得我把吴惠仁凭空举起来,他吓得什么似的,呱呱地乱叫。里头又有吃花酒一场,那几个装议员的朋友,叫了一个有名的厨子到后台,真的上四样菜,他们真吃一顿。几个女角就装着妓女,故意用白兰地硬灌他们,一幕演完,几个人都醉了!你说岂有此理不岂有此理?然而当时实在高兴极了!"①演出时的剧场氛围也很有意思,许多议员都在台下拍手叫好,还到后台对作者说:"该骂的,该骂的!"

二、文明戏演剧中的表现派

欧阳予倩从小就喜欢演戏,常常在家里同弟妹们一起扮戏玩,他那时候所仿效的仍然是传统戏曲。但作为世家子弟,欧阳予倩遵循的是祖父的规划,走的是经世致用之途,开始本要如传统士人一般考科举,科举废除后则选择了到日本东京留学,学习实业。而在日本东京看春柳社演出《茶花女》的机缘则彻底改变了他的人生轨迹,"这一回的表演可说是中国人演话剧最初的一次。我当时所受的刺激最深。我在北京时(1902年)曾读过《茶花女》的译本,这戏虽然只演第三幕一幕——亚猛的父去访茶花女,她忍痛离开亚猛——全部情节我都明白。当时我很惊奇,戏剧原来有这样一个办法!"②"戏剧原来有这样一个办法",不必专业的长时间的科班训练就可以登台演出,这一刺激激活了欧阳予倩从小就有的演剧梦。从1907年参加春柳社在东京的《黑奴吁天录》演出到1917年离开民兴社二次进入笑舞台,欧阳予倩经历了文明戏从创始到中兴到衰弱的整个过程。他是"春柳四友"之一,参加了春柳社及后续的申酉会、1912年上海时的新剧同志会、1913年在湖南时的社会教育团、文社以及回到上海后的春柳剧场的大部分活动。1915年在春柳社内部出现矛盾时,他开始搭京剧班子演出,并于春柳社解体之后的1916年正式下海演京剧。在此期间,他加入过其他的文明戏团体:1915年加入过民鸣社,1916年加入朱双云等组织的大成社,1917年随民兴社在苏州演出两个月,但时间都不长,而且为招徕观众起见都是京剧和文明戏同台演出,比如在大成社期间他就排演了许多的红楼梦京剧。

欧阳予倩文明戏时代演剧特点,是在春柳社整体演剧风格的氛围中形成的。以剧本为中心,追求舞台艺术的综合性和整体性,这就是春柳社的演剧追求。这一追求造就了春柳社的演剧风格,这在当时的剧评和后来研

①　欧阳予倩:《自我演戏以来》,《戏剧》1卷3期,第212页。
②　欧阳予倩:《自我演戏以来》,《戏剧》1卷2期,第259页。

究中的分析中都可得到明证。针对社会上对春柳社演剧"其为高尚欤抑清淡欤"①的讨论，觉我特地前往观看《菱花记》，并发表了详细记述来说明其为"高尚"的。十几天后，《申报》又刊发了一个观众的观剧感："总之，就此剧而论，取材既高，而诸子又均聚精会神，以故演来非常精彩。其长处尤在幕幕隽永有味，殊不似他社之专以油腔滑调讨好。故不观春柳予谓新剧终难胜于旧剧，观于春柳予乃觉旧剧之不足言矣。"②紧接着作者笔锋一转，说："独是目前普通观众眼光未必均达高度，此种有文理有思想之剧在我辈固觉佳然，而白雪阳春恐有曲高和寡之虑，且演剧者不操南音，尤违入国问俗之道。欲求合乎沪上社会之心理而为持久之计，仍宜降格以相从。质之该社诸子，其以予言为河汉否？"③

文明戏演艺生涯中，欧阳予倩以演活泼激昂的女子为主。他在《自我演戏以来》说："我在春柳剧场，乱七八糟什么都演：有时演风流活泼的女子，就一直担任这类角色；有时饰泼妇，有时饰最坏最下流的女子，有时也演悲剧。无论是悲剧是喜剧，温婉凄凉一点的角色总是绛士，活泼激昂一些的角色总是我。"④确实如此，欧阳予倩扮演过《不如归》中的康帼美，但他扮演更多的则是《热血》中的女优杜司克、《茶花女》中的马克（茶花女），还有泼辣者如王熙凤、夏金桂、尤三姐，蛇蝎心肠者如《社会钟》中的左巧官、《家庭恩怨记》中的小桃红等等。欧阳予倩自扮演《不如归》中的乳娘成功以后，一段时间内扮演了很多的老妇角色，有《芳草怨》里的老太婆、《珊瑚》中之安婆、《田七郎》中之田母、《爱晚亭》中之母亲等等，后来因为怕弄坏嗓子以及其专擅还在活泼激昂的女子的缘故，就很少扮演此类角色了。欧阳予倩上述扮演角色的情形在《申报》广告中可以得到印证，"马君绛士为今日新剧界悲旦之圭臬，其表情之哀感顽艳，无不令人动魄惊心。而欧阳予倩之旦角尤为轻盈妙曼，嗔笑皆真。兼长老旦，龙钟态度，毕肖形容。……是剧马绛士饰珊瑚，欧阳予倩饰老旦，珠联璧合，堪称佳构矣。"⑤欧阳予倩以男旦身份出现于舞台及其上述扮演角色的特点与河合武雄的影响有着很大的关系，"镜若的表情多少有些伊井蓉峰的派头，我比较看河合武雄的戏看得多，受他的影响也不少。河合身体颇魁梧，然而动作表情非常细腻。日本人

① 觉我：《春柳观剧记》，《申报》1914 年 4 月 25 日。

② 《星期六春柳观剧记》，《申报》1914 年 5 月 10 日。

③ 《星期六春柳观剧记》，《申报》1914 年 5 月 10 日。

④ 欧阳予倩：《自我演戏以来》，《戏剧》1 卷 4 期，第 235 页。

⑤ ［日］濑户宏：《〈申报〉所载春柳社上演广告》（上），转引自黄爱华《中国早期话剧与日本》，岳麓书社 2001 年版，第 179 页。

说,河合的举动没有丝毫不像女人的地方,而且端庄清丽,有的女人都不及。我最爱看他的戏。他扮的多半是清丽、活泼的女子,有时候也扮老太婆。我喜欢演他所演的那路角色,所以特别注意他些。"①

在 20 世纪 50 年代的回忆文章中,欧阳予倩描述了自己扮演《热血》中女优杜司克的过程:"我好像很有把握似的,对于杜司克这个角色,觉得我饰十分恰当。我也的确下过一番功夫,在四个人当中,我把剧本念得最熟,无论哪一段可以毫不思索地冲口而出,我差不多真把剧中人的话变成了自己心里头的话。那时候并没有什么导演制,我就一边在屋里头研究动作表情,有时就找镜若,我尊反复排练。我不能对角色做性格的分析——那时候我们还不会那样做——我只能设身处地去体会杜司克的身世和生活环境,根据戏的情节,看她所遭遇到的每一个事件,她的心里是怎样想法,她怎样应付。当然我无从懂得十九世纪初期罗马女演员的生活,我只能够就我所读过的小说、诗歌(也有中国的,也有外国的)当中所描写的各种女性,看她们的生活和她们在性格上某些共同之点,来研究我所演的角色,那时还谈不上什么科学的分析,多多少少还是从自我出发,看如果我是杜司克,遇见那么一些人,遭遇那么一些事变我会怎样,我是从人们共通的感情来演这个角色的。至于动作表情,我从看画片、看电影(默片),还有就是到火车站去看那些来来往往的西洋女人,看她们走路、说话、转身、网头、笑、握手等等有些什么变化,回来反复模仿。"② 我们可以对欧阳予倩扮演角色的总体工作方法总结为:首先是通过各种方法去接近角色,揣摩和体验角色的心理、性格,在此基础上,寻找和选择合适的动作、表情、语调去表达角色的情感,最后以理想身体范本表现于观众之前。

可以看到,欧阳予倩接受和践行的是表现派的演剧方法。1928 年的《自我演戏以来》中欧阳予倩总结了自己的表演观点,他说:"做戏最初要能忘我,拿剧中人的人格换去自己的人格谓之'容受'。只有容受却又不行,在台上要处处觉得自己是剧中人,同时应当把自己的身体当一个傀儡,完全用自己的意识去运用去指挥这傀儡。只能容受不能运用便不能得深切的表演。戏本来是假的,做戏是要把假戏做成像真;如果在台上弄假成真,弄得真哭真笑便不成其为戏。"③ 这段议论是由叙述春柳四友之一马绛士演爱情戏悲伤过度死在台上事件而引发的,表明了他对表演艺术的基本认识。这

①　欧阳予倩:《自我演戏以来》,见《欧阳予倩全集》第六卷,上海文艺出版社 1990 年版,第 19 页。

②　欧阳予倩:《回忆春柳》,见《欧阳予倩全集》第六卷,上海文艺出版社 1990 年版,第 160 页。

③　欧阳予倩:《自我演戏以来》,《戏剧》1 卷 4 期,第 234—235 页。

一段话首先涉及了演员如何接近角色的问题,即所谓"容受""拿剧中人的人格换去自己的人格"。至于如何去"容受",则各有巧妙不同。在扮演《芳草怨》里的老太婆时,欧阳予倩立即联想到了现实生活中三个非常熟悉的老太太——他的祖母、外祖母、舅婆——的性格和行为,由此入手去揣摩和把握人物。扮演《热血》中的杜司克,则首先是在熟读台词中感受人物的心理和行为,然后通过对与杜司克类似女性的揣摩来加深这一理解。其次,在舞台表现手法上,欧阳予倩提出了自己的看法。欧阳予倩对马绛士的舞台表演效果作了很高的评价,但对其表演方法却并不苟同。马绛士表演的主要特点是"弄假成真",即情感演剧,"往往把他的身世之感,家庭社会不如意的事一来就扯到戏台上去借题发挥"[1]。欧阳予倩所反对的情感演剧后来在南国社的演剧中得到了更鲜明的发挥,颇具浪漫情怀的田汉将演员的生活直接搬上舞台,在舞台上又用该演员现身说法演自己的生活,形成了生活与戏剧混成一片的特色。欧阳予倩1928年的这一论述不知道是否含有对田汉所领导的南国社的研究风格批评之意。欧阳予倩赞成的表现派的演剧方法,其上述论述与表现派演技的代表人物哥格兰的"第一自我""第二自我"的观点很相似。哥格兰所谓的"第二自我"指的是身体,"第一自我"指的是心灵,演员演戏时应用"第一自我"监督"第二自我"。欧阳予倩也说应当把身体当傀儡,用意识去指挥。我们不知道欧阳予倩有没有直接或间接接触到哥格兰的相关论述,但其践行表现派的演剧方法是明显的。

欧阳予倩这一演剧方法和理念使他在当时颇有盛名,当时即有评论曰:"同志会予倩君余最钦佩。某日,演珊瑚中之安母,堪为一般顽固老妪写照。……予倩演剧,妙在饰一人能活似一人,而无拖泥带水酣嬉胡闹等弊。此盛名之所以克享也。"[2]

欧阳予倩对陆镜若的死发感叹道:"他死了,同志会完了。也可以说,同志会完了,他死了! / 我生平的朋友只有他! 我生平演戏的对手也只有他!"[3] 套用这一感叹,也可以说:同志会完了,欧阳予倩的文明戏演剧生活也差不多了。虽然他后来曾加入过其他的文明戏团体演出过,但时间都很短,那种曾经有的把舞台当作生命的感觉再也找不到了,"我搭民鸣的时候,任天知、顾无为还经常有演说式的台词,我往往是扮一个小姐和他们恋爱,所以当他们发抒高论,不管他说什么,都以满腔热情的样子表示钦佩"[4]。他

---

① 欧阳予倩:《自我演戏以来》,《戏剧》1卷4期,第235页。

② 雪泥:《闻鸡室剧谈》,《繁华杂志》1914年第4期。

③ 欧阳予倩:《自我演戏以来》,《戏剧》1卷4期,第251页。

④ 欧阳予倩:《谈文明戏》,见《欧阳予倩全集》第六卷,上海文艺出版社1990年版,第227页。

后来彻底离开了文明戏舞台,到京剧舞台上去追逐其梦想去了。

三、京剧职业演员

欧阳予倩从参加春柳社演戏以后,常跟吴我尊学唱青衣,还在 1909 年
3 月《热泪》演出之余加演的《桑园会》中饰演了罗敷。归国后,他又通过吴
我尊的介绍,向筱喜禄(陈祥云)、江紫尘(江梦花)和林绍琴等人学唱京剧。
1912 年年底时,在林绍琴的怂恿下,在张家花园演了一出《宇宙锋》,演出获
得了很大的成功,使得欧阳予倩学京戏的瘾大了好几倍。

冯叔鸾对欧阳予倩所排演的戏有如下的评述:"予倩艺兼新旧。其所
谓新者,非如其他旦角,但以新排之剧相标榜。予倩所排之剧,除《宝蟾送
酒》为余之底本,《黛玉葬花》为冥飞尘因二子所商者外,其后各剧,无一非
经其自身心血所构者,绝非堆砌杂凑之作品,而皆含有文学之意味。今之旦
角,于其唱做以外,无他长也。则相率袭取武旦之皮毛,而以击剑武技,羼乎
其中,用以惊俗炫众,而不知戏剧之精神价值,在脚本之构造,决不能因武技
一端,遂可点铁成金,化朽腐为神奇者也。明乎此,乃可与言欧阳予倩所排
演之诸剧,其特著之点有三:(一)不专为一人编剧,而必使全剧中诸角皆有
剧。(二)不专取个人之技术,而注重于全剧之情节。(三)不尚神怪,而注意
于社会人生。"① 欧阳予倩想演"有文学之意味"的戏,决定了其表演的最大
特点是体贴人情。

这种体贴人情的表演特点在周剑云以下一段评论中鲜明传达了出来:
"《宝蟾送酒》为欧阳予倩拿手戏之一。其饰宝蟾,直将狡狯女子之心事,抽
蕉剥茧,曲曲传出,言语所弗克达者,助之以表情;表情之不克尽者,助之以
身段做工。以眉语,以目听,以意淫,以身就,旁敲斜击,远兜近攻,如此体
贴入微,真可谓水银泻地,无孔不入,使人意马心猿,陡起欲念,不啻看了一
出秦腔遗翠花,虽柳下惠处此亦难逃其网罟,脱其掌握。"② 周剑云的这一分
析可以在当时报刊上的剧评文章中得到印证,"昨日观予倩之送酒全剧,与
后学者不同处甚多,装束亦然,轻描淡写,已恰到好处。……予倩之最佳点,
如大娘娘催其即去,向之下跪时,予倩一把拖住,不使跪下,虽属小节,亦足
见其精细。……予倩节节之表情不同,非后学者所易学也。歌舞一场,唱既
清楚柔雅,而舞则较前益见进步,铺床、装晕、吹灯等数场,俱有精彩。反冈

---

① 波多野乾一著,鹿原学人编译:《京剧二百年之历史》,启智印刷公司 1926 年版,第 233—
　　 234 页。

② 周剑云:《剑气凌云庐剧话》,见《鞠部丛刊·品菊余话》民国丛书版,第 14 页。

薛科在外，闻得'嫂嫂来了'一句，一种小女子意态，惟妙惟肖。第二场之骂门，亦不恶。末场薛科开门误撞，坐地不起，及后整理杯盘时，予倩有'都是孔夫子害了你'一句，说时把书只在桌上一掷，此种动作较别人所演时将书乱掷为雅多矣，深可取法。"①确实如周剑云所说的，调集语言、表情、身段动作等手段来展示宝蟾，达到了体贴入微的效果。

　扮演拿手的《宝蟾送酒》中的宝蟾如此，扮演其编排的其他剧目也呈现出了体贴人情的特点。有剧评家记载欧阳予倩扮演《人面桃花》中的杜宜春如下："而予倩之艺术，更属一日千里。二六一段，最为可听，音柔声雅，如'案头相伴长供养'之供养二字，虽音低而柔，然仍历历清楚，转下之慢板、摇板，咬字既清，嗓音亦更见润，故彩声时起。予倩此剧之最优点，即门外崔护题词一场，中唱至'他既是有心来再去相见，却缘何一年内踪迹渺茫'。唱音之凄切，及描摹极佳。晕倒之际，两膝微抖，目稍停。此种合乎情理之表情，予倩为恐不多见。……末场仙子送杜还阳后，予倩先唱倒板，继唱摇板，如'却缘何崔护他来在儿家'一句，喜笑怒骂，尽在其中，妙极妙极。杜翁对崔护说'活了'，且说且笑，后问崔愿娶为妻否，崔笑应之，回首问宜春，愿妻之否，予倩向翁一笑，向邻女一笑，咬指掩面再一笑，已在不言中矣。"②

　其演出的传统剧目演出也呈现出了类似的特点，如《玉堂春》一剧，"青衣重唱工，玉堂春一剧，为唱功之最重者。此次欧阳予倩应亦舞台之聘，即以此剧为号召。未上场之前，廉内一声'苦呀'音清而意涩，已甚觉令人泫然。上场唱西皮摇板，唱至'吓得我胆战心寒'之心寒二字，哽咽出之，令人为之心酸。'我苏三，此一去一段，抑扬顿挫，控纵如意，已博得彩声不少。'……唱至'王公子'三字，嫣然一笑，秋波流盼。当此穷凄极楚之中，加此一段表情，而苏三当时之情形，已和盘托出，妙极妙极。……"③

　欧阳予倩因为倾心于京剧令人陶醉的美及改良京剧的抱负而下海做职业京剧演员，但这种一厢情愿的热爱很快在现实面前碰壁了，在商业主义主宰一切的京剧剧场里，他不能不屈从于普通观众的口味、剧场老板的意志等等非艺术的因素，演出他反对的连台本戏、九音连弹、机关戏等。到了五四时期，人生艺术观的改变使他的不满越发强烈起来，他试图从旧营垒中突破出来，对京剧进行改革，南通之行就是一个突破的尝试，但无疑是失败

　①《昨日亦舞台观剧记》，《申报》1923年1月22日。

　②《记欧阳予倩之人面桃花》，《申报》1923年1月19日。

　③《记欧阳予倩之玉堂春剧》，《申报》1923年2月3日。

了,回到上海后他不得不继续做他的职业京剧演员。1925 年他对登台卖艺的生活产生厌倦之情,经卜万苍介绍加入刚成立的民新影片公司,做起电影的编导来,直到 1927 年春才回到戏剧上来。1928 年初在与周信芳等人合演京剧《潘金莲》时,他透露了自己脱离职业京剧舞台的想法,不久真的就彻底告别了京剧舞台,到广州筹建广东戏剧研究所。在职业演剧的种种掣肘中,欧阳予倩根本无法实现自己的艺术理想,这导致他后来明确提出要在职业剧场之外建设新戏剧。

第二节　南通伶工学社与更俗剧场

一、主持南通伶工学社的因缘

1918 年新文化运动的兴起把欧阳予倩从唯美—颓废的人生观中唤醒,他转而提倡"返于空即色"的积极入世态度。在回应黄炎培的《致黄任之君书》中他说:"'聪明为楫爱为河'之句,尤有深感,非予之所敢当也。佛入地狱,所以为爱也。故色即空,非返于空即色,不能成佛。所由之境首在坚忍。盖未有真聪明人不能坚忍者矣。以小慧自炫者何足道哉? 予倩知所勉焉,非予倩之所敢当也。"[1]1919 年初他发表了短篇小说《断手》,是这一转向的一个成果。这篇小说用写实的手法叙述了战乱中阿贵家毁人亡的悲剧故事。在一个暴风雨的夜晚,阿贵同他的母亲陈氏为躲避战乱离家逃难,走到一个市镇上时碰到一个牧师,那个牧师说会设法要北兵不来,他们本就惦念着在家不肯逃亡的媳妇,于是又转头回家。回家的路上,漆黑一团、飘风冷雨,又听到后面有救命之声,他们又惊又怕,摔倒在了一个沟涧之中。阿贵勉强把已奄奄一息的母亲背回家。家中也是漆黑一团,没有人声,母亲却已经断气了。当阿贵在床上摸索火柴时,却在他母亲身后摸出了一只断手——妻子的手。小说至此结束。小说把阿贵一家的遭遇同风雨如晦的黑夜结合起来描写,非常具有表现力,同时通过他们一家的遭遇喻指着动荡中的中国现实,正如小说最后一段所写的:"这时窗外的雷雨,好似汪洋大海吹起万顷的狂涛,把这家人卷了下去。长夜漫漫,只怕没有天亮的时候了。"这部短篇小说也可以看作是欧阳予倩文学创作思想转变的一个标志,一方面仍然是浓重的悲观主义,另一方面写实主义手法的采用表明他开始把题材从传奇转到现实社会人生,态度也从对现实的高蹈转变到直面现实人生。

---

[1]　欧阳予倩:《致黄任之君书》,见《京剧改革的先驱》,江苏人民出版社 1982 年版,第 182 页。

这种积极的人生观重新激发了他建设"真戏剧"的热情。

南通张謇的一个邀请如福音天降，让他看到了实践自己主张的机会。南通是当时中国的模范县，工业、农业、市政建设等各个方面都颇有声名。在实业发展的基础上，张謇意识到文化建设的重要性，认为在文化建设中戏剧具有至关重要的地位，在 1918 年的时候就有在南通建设戏院、培养合适的演员的计划。张謇一直试图劝说梅兰芳来主持其戏剧事业，但未能成功。后来，欧阳予倩世家子弟的身份与改革戏剧的志愿获得了张謇的青睐，被他选中来主持南通的戏剧事业。

1919 年欧阳予倩举家迁往南通，主持了伶工学社和更俗剧场的工作，在那里开始实践建设"真戏剧"的主张，"想借机养成一班比较有知识的演员，去代替无知识的演员。我又想在演剧学生能用的时候，便组织江湖班似的流动团体，四处去表演自己编的戏。其次我想用种种方法，把二黄戏彻底改造一下"①。为实现这一理想，在南通三年多的时间里，欧阳予倩做了种种的尝试，并且取得了一定的成绩。

二、伶工学社：中国第一所新式戏曲学校

欧阳予倩在南通的首要工作是主持伶工学社，培养京剧演员。他制定、实施了不同于旧时科班教育的许多方针、措施，使得伶工学社成为中国第一所新式戏曲学校。伶工学社具有了全新的办学方针和培养目标："1. 南通伶工学社是为社会效力之艺术团体，不是私家歌僮养习所。/2. 南通伶工学社要造就改革戏剧的演员，不是科班。/3. 学社提倡白话文、男女平等。/4. 力图培养出有新文化知识和修养的演员，改革戏剧。/5. 不准打骂学生。"②为了实现这一目标，欧阳予倩在教学内容、形式等方面做了极大的革新。在教学内容上，伶工剧社注重专精与广博的结合，同时努力引导学生关心现实社会。学社于 1919 年 9 月中旬开学，其教学安排为：欧阳予倩主教务兼教戏剧课；宋痴萍教国文、历史；刘质平教音乐；徐半梅教体操；薛瑶卿、陈灿亭教昆曲；吕小卿、周庆恩教武戏；赵玉珊教老生戏；吴我尊教青衣戏等。从中可以看出，学社对文化课、艺术课是很重视的。欧阳予倩上文化课时时常讲授艺术概论、中国戏剧源流以及莎士比亚、易卜生、托尔斯泰、菊池宽等剧作家的历史和艺术，同时还组织学生排演话剧，以在舞台实践中加深学生对西方戏剧的了解。此外，他注重学生社会常识的培养，学社买了很多的杂志，

---

① 欧阳予倩：《自我演戏以来》，《戏剧》2 卷 1 期，第 162 页。
② 欧阳敬如：《父亲欧阳予倩》，中国戏剧出版社 2005 年版，第 40 页。

如《新青年》《新潮》等，提供给学生阅读，让他们了解社会时事。在教学方法和步骤上，废弃了传统的"熏鸭子"的教学方法，采用了比较科学的教学法。比如表演课的教授，先是教授武功基本技术，包括练功与把子两种，每个人都要学；其次学唱白，先从昆曲入手，全体学生共同学唱《天官赐福》；以后各位教师分组教授。学社禁止对学生体罚，课堂教学和舞台实践兼顾，经常让学生给名角配戏或者组织学生在校内小剧场和更俗剧场演出，欧阳予倩还两度带领学生到汉口演出，与陕西易俗社互相观摩交流。伶工学社引人注目地设置了一个音乐班，专习西洋乐器。音乐班共 15 人，学习管乐弦乐和军乐，先设在校内，后来苦于南通没有观摩的机会，迁往上海，由陆镜若之弟陆露莎代管，1922 年因为经费原因被裁撤了。欧阳予倩设立音乐班与他建设新歌剧的设想密切相关。

　　伶工学社学制共计 7 年（学习 5 年毕业，两年实习义务），它的实际存在时间也仅为 7 年（1919 年 9 月到 1926 年秋），欧阳予倩主持的时间不过 3 年多（1919 年到 1922 年底），因此它在培养演员方面的成绩不是很大，它的培养目标也远远没有达到。伶工学社音乐班的学生在被裁撤之后大部分转入中学担任音乐教师，戏剧班解散后从事舞台生活者有 20 多人，其中李金章做了梅兰芳的秘书，林秋雯在北京与杨宝森、马连良等搭班演出，葛次江追随周信芳左右，后来成为欧阳予倩组织的中华京剧团中的一员，为欧阳予倩的京剧改革贡献了一分力量，顾曼庄则参与了欧阳予倩在南京总政治部国民剧场、广东戏剧研究所、福建人民政府文化委员会的工作，等等。

　　在伶工学社开办之初，欧阳予倩就计划了学生的最后工作，那就是在学生毕业和实习之后，全体学生组成剧团，自带背包帐篷去往各城镇，就地搭台或到剧场公演，一边通过职业性的演出谋取生存，一边进行戏剧改革，推行新的文化。这一计划，因欧阳予倩的中途退出而不了了之。

三、更俗剧场：新的剧场经营理念

　　欧阳予倩在南通时还主持了更俗剧场的工作，其工作范围包括审定建筑图纸、制定前后台管理规则并督促实施、组织一个演出班底等。

　　更俗剧场落成于 1919 年 11 月，由工程师孙支厦设计，欧阳予倩指导并审定图纸。剧场主楼呈马蹄形，包括梅欧阁、演员宿舍、门楼、救火会停车场及其他附属建筑。观众厅呈半圆形，纵短横长，分上下两层，设 1200 个座位。台底有十几只特大号砂缸，形成共鸣音响。舞台上空装有横向天桥三道，为布置布景之用，台底有三条纵向通道，内装电灯，演戏必要时可从台下出入。台口上方安置活动铁栏杆，为武戏上栏专用。剧场中另设饮食店，供观众休息,不再在剧场中兜卖食品。这是一个现代化的大戏院,其设备在中国当时属于一流。

欧阳予倩亲自制定了更俗剧场的前后台规则。大致说来,前台规则有:1.对号入座,看戏必须买票;2.禁止随地吐痰、吃瓜子;3.禁止在场中扔手巾把子;4.禁止"叫怪好"、喧哗。后台规则有:1.取消"破台打鬼"的迷信活动(跳加官);2.废除借翼宿星君(老郎)和猖神、财神等迷信活动;3.凡后台人员不得拉门帘看戏;4."更俗剧场"演员用真名不用艺名;5.舞台上不用垫子、演出进行时演员不"饮场"(喝水);6.武行不使用真刀真枪。① 所有这些前后场规则,实质上是要转换演员和观众把戏剧演出当作娱乐活动的心理行为习惯,使他们在演出或观赏时抱着严肃的态度,使戏剧的观演行为成为一种有益于社会人生的严肃性的社会活动。这一理念在当时制定的众多规约中的一条里得到了鲜明的表达,"戏剧精妙处不在锣鼓丝弦之嘈杂,而在言语表情之周密。言语表情周密处,即体贴人情细微处。敢乞静停勿哗,俾全神味"②。京剧一向被当作大众娱乐看待,嘈杂热闹的观演环境乃其一大特色,欧阳予倩的这一改革是要把京剧纳入到艺术的范围,通过严肃、整一的舞台演出给予观众艺术的熏陶。

1919年下半年,由欧阳予倩与薛秉初、查天影商议为剧场组织了一个演出班底。这个班底完全照上海舞台的规格制度,文武角色、场面行当,样样齐全,并吸收了几个话剧人才,欧阳予倩担任后台经理。在主持更俗剧场后台期间,欧阳予倩竭力要使剧场在演出上出现一些新的气象。他编演了很多有思想意义的戏,如《杨贵妃》《人面桃花》以及众多的"红楼戏"等。在演出京剧之余,他还组织话剧的演出,剧场开办之初逐日总有一出话剧出演,大都是春柳社的名作,如《不如归》《家庭恩怨记》《爱情之牺牲》《猛回头》等,他还编演了控诉军阀混战现实的社会剧,如《玉润珠圆》《长夜》《和平的血》《哀鸿泪》等。《玉润珠圆》写的是男女悲欢离合的爱情故事,这是一般文明戏所惯用的题材,但在对题材的处理上已经完全不同以往。它不再沉浸在悲情的渲染之中,也摒弃了浅薄的大团圆结局和善有善报、恶有恶报的伦理观念,而是表达了积极介入人生的生活态度,并且在孩子身上寄予了对未来的美好希望。《长夜》是以天灾后又遭兵灾的灾民为经,织入军阀的内战编成的三幕剧,这个戏"对当时的政客和办赈的绅士颇下一点攻击"③。《哀

---

①　欧阳敬如:《父亲欧阳予倩》,中国戏剧出版社2005年版,第38页。

②　《更俗剧场规约》,转引自《中国戏曲志·江苏卷》,中国ISBN中心1992年版。

③　欧阳予倩:《自我演戏以来》,《戏剧》2卷1期,第171页。

鸿泪》写天灾之际穷人卖儿鬻女、家破人亡,富豪之家仍然挥金如土,演绎了"朱门酒肉臭,路有冻死骨"的社会场景。

欧阳予倩经营更俗剧场的目标是把它变成"通俗教育机关"或"高等娱乐机关",在当时的娱乐化、技艺化的京剧演出环境中,这一理想非常难能可贵,对其艰巨性欧阳予倩自己也心知肚明。他说:"更俗剧场,倩如能支持至五年,必使之为文化之剧场。日下过渡时期,艺术正在萌芽,而资本家又不能相谅,感受痛苦,不一而足。……更俗剧场,下半年必稍更面目。实际成为通俗教育机关,或高等娱乐机关,恐非二三年中事耳。"① 可惜欧阳予倩还没有支持到 5 年就离开了南通,更俗剧场"更俗"的目标没有达到,在1926 年后名字也被改为了"南通剧场"。

在主持更俗剧场期间,欧阳予倩坚决把它与伶工学社结合起来,让它成为伶工学社的演出实践基地。伶工学社学员除了经常与来南通的名角同台演戏之外,还经常进行独立的演出。欧阳予倩的这一原则遭到了更俗剧场中以前台经理薛秉初为首的许多人的强烈反对,他们认为伶工学社学员的实习演出损害了剧场的商业利润。欧阳予倩为此承受了不小的压力。

四、失望地离开南通

欧阳予倩南通之行最后以失败告终,其失败的原因主要有以下两个方面:其一是其新歌剧的建设试图以西方歌剧的形式全盘替代传统戏曲,这一激进的改革理念与实践还远远未能成熟,事实上几年后欧阳予倩本人也意识到这一改革的偏激而做了调整。其新歌剧的建设与其张謇、张孝若甚至其盟友吴我尊等人都发生了不小的摩擦,最后的黯然离去只是迟早的事情。其二是他自己在《自我演戏以来》中着力强调的,即身份的不尴不尬。

张謇办伶工学社和更俗剧场有自己的目的和方法,他说:"改良社会措手之处,以戏剧为近,欲从事于此以有年,而求之不得要领。鄙意大要:一地理历史正旧之谬证,一风俗人事正旧之卑劣粗恶,此言体也。用则一方订旧,一方启新。订旧从改正脚本始,启新从养成艺员始。"② 张謇始终是一个抱着"中学为体、西学为用"的改良主义者,这一思想意识决定了他开办伶工学社和更俗剧场的目的和手段:一方面要借鉴现代的社会文化常识对传统戏曲中的荒唐之处进行修正;另一方面,对传统戏曲中忠孝节义等观念丝

---

① 《欧阳予倩复王泣红书》,见南通市文联戏剧资料整理组编《京剧改革的先驱》,江苏人民出版社 1982 年版,第 125—126 页。

② 《张謇和梅兰芳的通信·八》,见南通市文联戏剧资料整理组编《京剧改革的先驱》,江苏人民出版社 1982 年版,第 213 页。

毫不想触动，形式上也只打算对原有的脚本进行词句音乐等方面的润色改动。张謇还派他的儿子张孝若、他的亲信薛秉初参与了伶工学社和更俗剧场的工作中，他们对戏剧的观念更加的保守。观念上的巨大差异给欧阳予倩的戏剧事业带来了种种的掣肘：在伶工的养成上，欧阳予倩经常受到国文课太多、培养速度太慢的指责，1922年的时候音乐班被裁撤，接着剧场也不再给学生做演出实践；在剧场规则的实行及剧场演出的安排上，欧阳予倩也承受了很大的压力，很多时候也不得不作出妥协，比如让盖叫天在舞台上使用真刀真枪；在剧本创作及舞台演出的改革上，他也感到了深深的沮丧，更俗剧场开办之初，他兴致勃勃地编演了《玉润珠圆》《长夜》《和平的血》《哀鸿泪》等话剧，以社会写实的手法揭露军阀混战之下人民流离失所及社会贫富悬殊的现实，演出后却遭到张謇为首的地方绅士的集体冷淡，《杨贵妃》的演出也让他尝到了失败的感觉。

从身份上讲，欧阳予倩一方面是伶工学社的主任，并受张謇之托全面管理更俗剧场；另一方面他又是更俗剧场后台经理，班底成员之一，性质上仍是一个拿包银的职业京剧演员。为了剧场收入的增加以补充伶工剧社的经费，他不得不每天上台演戏，屈从于商业剧场的规则。这种身份给他的戏曲改革工作带来了很多的麻烦，导致很多的举措都无法彻底实行。比如作为剧场的头牌演员，他完全可以按照行业规矩提取自己的所得，但为剧场收入及伶工学社的补贴起见，他自动调低收入，这样就使得其他的演员也不能不跟着降低收入，这又导致矛盾的产生，等等。他试图培养新式的戏剧从业人员，造就戏剧改革的生力军，他自己却仍然做着旧式的戏曲演员，这样使他所教授的与自己所实践的产生矛盾，也给了反对派以口实，这是欧阳予倩当时的一大苦恼。

1922年底，欧阳予倩带领伶工学社学员从汉口演戏回到南通时，发现更俗剧场已经完全承包给一个髦儿班演出，伶工学社没有了实践场所，他一气之下离开了南通，重新回到上海搭班演出，并同时投入到"爱美剧"建设中。

第三节　参与爱美剧运动

还在南通主持伶工剧社和更俗剧场的时候，欧阳予倩就与茅盾、汪仲贤等人发起成立了民众戏剧社，继续推动着五四新文化运动对现代戏剧建设的期许。民众戏剧社的主要实绩是编辑发行了《戏剧》杂志，发表了很多介绍各国自由剧场运动的文章，欧阳予倩也在这一杂志上分三期连载了其介绍包括意大利的歌剧、法兰西的歌剧、德国的歌剧、英吉利的歌剧、俄罗斯的歌剧在内的"西洋歌剧谈"。

1923 年,在汪仲贤的介绍下欧阳予倩加入了上海戏剧协社,不久他与汪仲贤一起将洪深介绍加入该社。

1923 年到 1926 年是上海戏剧协社的黄金时期,它逐渐成为爱美剧团中最受瞩目的一个,期间的公演也使它在中国戏剧史上获得了非同一般的地位。从 1923 年 5 月第一次公演到 1924 年 12 第八次公演,戏剧协社演出的基本是国内新创的剧目,有谷剑尘的《孤军》、陈大悲的《英雄与美人》、欧阳予倩的《泼妇》《回家以后》、胡适的《终身大事》、汪仲贤的《好儿子》、徐半梅的《月下》。从 1925 年的第九次公演到 1926 年,戏剧协社主要演出了现实题材的西洋戏剧,有《傀儡家庭》《第二梦》《黑蝙蝠》。在戏剧协社的这一阶段,有两件事被载入了中国现代戏剧史册:1923 年洪深导演《泼妇》和《终身大事》时,前者依然男扮女装,后者则完全用男女合演,两相对照,使协社中男扮女装的演出"寿终正寝";1924 年洪深导演的《少奶奶的扇子》采用了写实主义的手法,生活化的表演与写实性的布景、灯光、音响浑然一体,呈现出一种崭新的、统一的舞台风貌,该剧的演出在上海产生了轰动。

对于上海戏剧协社在建设现代话剧上取得巨大成就的原因,洪深认为主要有以下几个方面:1. 委员制组织的合理;2. 责任的平均;3. 劳作的精神;4. 生活的刻苦;5. 社员感情的融洽,给予了洪深完全的信任,使得他能够把从美国带回来的先进的戏剧理念加以实践[1]。欧阳予倩则大力强调戏剧协社的研究实验的性质。在刚加入戏剧协社的 1923 年,欧阳予倩就在公众场合申明了戏剧协社研究实验的精神。他说:"戏剧协社始终抱研究之意。"[2]在 1925 年出版的《剧本汇刊》序言中,欧阳予倩更是把戏剧协社两年来所取得的成就归于其研究实验的精神,他说:"自洪君入社,实行男女合演,计所排演者为:《终身大事》《泼妇》《好儿子》《少奶奶的扇子》共四剧。自演少奶奶的扇子后,新剧男女合演之必要,渐能为人所信,而吾社之试验亦有相当之成绩。盖以为当行,则行之不疑;以为能任,则任之不疑;知其可信,则信之不疑;各竭其才,始终以之,吾辈之责也。凡兹遇合,殊非偶然,积之累之,前程何限。惟一秋之获,劳以经年;名山深曲,比穷跻攀。若谓荒漠难

---

① 洪深编选:《中国新文学大系·戏剧集·导言》(影印本),上海文艺出版社 2003 年版,第 63 页。

② 《戏剧协社排演新戏》,《申报》1923 年 7 月 19 日。

耕,崎岖窘步,怯者所以自阻;非吾社之志也。"① 戏剧协社能够取得如此大的影响与社内的研究空气的浓厚有着很大的关系。

在参与戏剧协社活动期间,欧阳予倩在话剧的创作上也有了突破,从师法日本的"新派剧"转到模仿西方近代剧。创作于 1923 年的《泼妇》是欧阳予倩采用西方近代剧形式来组织情节结构的第一个创作。剧本引入了冲突的结构原则来组织剧情,使全剧显得紧凑凝练。他在春柳社时代的创作遵循的是通俗剧的模式,欧阳予倩在南通时也创作了几个话剧剧本,没有留下完整的本子,但从剧情大概中我们可以发现走的还是通俗剧的路子。我们来看看欧阳予倩在《自我演戏以来》中对其话剧剧本《玉润珠圆》的介绍:《玉润珠圆》写一个男学生一个女学生相爱,同时有个洋行买办千方百计要娶这个女子。他一方面贿买女子的父母,使他们卖女儿,一方面他又诬赖那男学生是乱党。在那青年学生被迫不能不逃走的时候,一对情人惨痛地分别。男的改了名字,加入一个探险团;女的也逃出家去,在武昌一个小学校里当教员。过了好多年,把她这个学校整理得特别好,深得学生的爱护,成绩也异常得显著。男的在探险团里,同伴大半都死了,最后他在生物学上得到很大的发现。回国的时候,到武昌去演讲,在演讲席上遇见了从前的爱人。那时候那个买办已经被人暗杀了。有知道他们的历史的,便都出来希望他们能够在武昌结婚。可是他们不同意。他们以为只要相爱,不必结婚。从此那个男的便和那女的专心致志办那个小学校。他们在末一场收幕的时候说:"我们何必结婚呢? 我们的生命是爱不是结婚。我们的事业就是我们的儿女。如今老年人过去了,中年人也不久就要变老年人的,我们的希望,国家的希望,都在这些小学生身上!"剧作思想内涵虽然打上了五四时代的烙印,但情节结构上巧合、离奇的色彩还鲜明,没有脱离通俗剧的模式。

1927、1928 年,出现了北伐战争、国共分裂、国民政府建立等一系列的政治事件,戏剧协社也出现了危机——内部开始分裂。洪深 1928 年 10 月退出戏剧协社,另组剧艺社。对于退出的原因,他说:"洪深第一个留心到观众中间学生的缺少,有一次把这些情形和包天笑说起,并讲到社员的高兴主义,办事的困难,每次演戏必然赔本等等;包天笑说,'协社本来在现在已成了一个新式的票房,有钱的大爷们高兴的时候,聚在一起玩玩而已;票房没有不赔钱的。'洪深晓得了人家是这样的感想,非常痛心。他本也是协社中发作小市民的坏脾气的一个,至此他才明白,单有一些实践的舞台技术,

---

① 欧阳予倩:《剧本汇刊·第一集·序》,商务印书馆 1925 年版。

是不够的；是必然会走到新式票房那条路上去了；戏剧运动便完全没有意义了！洪深在这时候，失去了自信心，他觉得协社无望，也觉得他自己不能够领导中国的戏剧运动了。"①洪深所痛心的事情其实并不只是戏剧协社独有的，这是爱美剧团体天然的特点。爱美剧团本来就是业余性质的，是戏剧爱好者的自由组织，但在 20 世纪 20 年代的中国，爱美剧作为建设中国新戏剧的一个运动形式，被赋予了重大责任，因此洪深才会如此沉痛并谋求以新的方式来推行戏剧建设。与洪深有着同样焦虑的是欧阳予倩，他也认识到了爱美剧运动在建设新戏剧中的弊端，提出"经过了爱美剧团的一番试验，使人明白靠兴会不能成事，非有坚强不断的运动不可"②。至于以什么样的方式来推动建设的进展，欧阳予倩此时还没有明确，不过新的曙光已经出现了。

第四节　南京之行

　　1927 年，田汉受何公敢的邀请到南京的北伐军总政治部宣传处艺术科主持戏剧与电影方面的工作，随后将欧阳予倩邀去，把戏剧方面的工作托付给他。欧阳予倩接到这一邀请之后，毅然毁了与大舞台签订的合同，加入了革命军的行列。

　　欧阳予倩当时非常兴奋，在《国民剧场的经过》中他说："我们作了多少年国家剧场与地方剧场的梦，总没有机会实现，就连一个小剧场，都组织不起来。这要怪我们文艺界同人力量薄弱。不过在近十年来这样瞬息万变民不聊生的时局之下，我们也实在逼得一筹莫展。观望敷衍是不能免的事实，妥协将就也有不得已的苦衷。不过这是一时的；我们的步伐丝毫没有乱，工作一刻没有停，希望仍然十分热烈，心血时常一样的沸腾，我们在艰难困苦之中，每每感到斗争的兴味，却随时随地负荷着过渡时代的悲哀。／大凡社会事业，总不能脱离政治关系，青天白日旗飞扬到长江的下游，全国的空气，都得着无穷的兴奋，沉闷的社会登时觉得生气勃然。我们大家掬诚致敬，感谢革命军战士，同时加紧着我们的努力，眼见得理想之实现就不远了。／南京是我们的新都，自然少不得些新艺术的装点。革命的纪念塔，要建筑在艺术上面，正人心，培风俗，洗涤现在，启示将来，也舍艺术无所归。我们好比

---

①　洪深编选：《中国新文学大系·戏剧集·导言》(影印本)，上海文艺出版社 2003 年版，第 85—86 页。
②　欧阳予倩：《戏剧运动之今后》，见《予倩论剧》，广州泰山书店 1931 年版，第 124 页。

受监禁的囚徒,苦于饥渴,听见政府有艺术科之设,便似得了自由的门径,怎么不图自效呢?"①戏剧文化的建设离不开社会的稳定与政治的民主,这是欧阳予倩在变局多端的社会里长期戏剧活动中的集中感受,所以看到一个新的、统一的、比较有生机的政权就要建立时自然兴奋有加。同时南京国民政府对戏剧事业的扶持使他看到了实现自己戏剧建设抱负的希望所在,那就是依靠政府的帮助,建设完善的戏剧,发挥戏剧有益于社会的美育功能。

早在五四前后,欧阳予倩就是"美育说"的积极倡导者之一,要求发挥艺术的审美特性,潜移默化地在全社会培养起自由、平等、博爱的精神气质。1927年,他又写了《艺术与革命》一文进一步发挥这一思想,将艺术与革命相比附,以此作为他现实戏剧工作的观念基础。他认为革命是防止人类腐化堕落的防腐剂,是推动人类不断向前进化的动力,是为人类求幸福的。艺术家更是人类革命的导师,因为他们对社会的观察比普通人来得敏锐,他们的思想往往超乎时代。他说:"艺术是社会的导师,是人类幸福的源泉。艺术既能指导社会,自然是超乎现实社会,而以理想中的社会为标准。本这种进取革新的精神,努力奋斗,自然冲破因袭的压迫,一步一步完成我们理想的天国。"②在除旧布新的"革命"精神中他找到了戏剧艺术与现实社会的关联点,同时也论证了他以戏剧家身份参与国民革命宣传的合理性。

除了目标的一致外,这一机会的出现正与欧阳予倩寻求新的道路来强有力地推行戏剧建设的想法契合。南通伶工学社半途而废了,其根本原因在于他与资助者文化观念、戏剧观念的不一致以及他以职业演员来推行新歌剧创造的身份尴尬。戏剧协社在兴盛之后出现内部涣散的状况,这是爱美剧团天生的缺陷,只能无可奈何。欧阳予倩在此时还有更大的烦恼,就是对职业演剧生活失去了信心和兴趣,在职业剧场里他根本无法开展他的京剧改革活动,长期的职业演员生活也使他感到了深深的厌倦。南京国民政府在政治部艺术科设戏剧股的做法,正好契合了他试图转变的愿望。

欧阳予倩在南京的戏剧事业为时很短,但规模初具。短短的时间里,他招齐了一个演剧宣传队,组织了一个国民剧场。演剧宣传队由京剧演员、南通伶工学校的学生、北京艺术专科学校的学生组成,有潘伯英、唐槐秋夫妇、王泊生夫妇、杨泽蘅、黄玉如、顾曼庄、周善同、姜志宪等人。他们花了一个月的时间把府东街一家破旧不堪的戏馆改造成国民剧场,装置设备在当时的南京数第一。这种演出团体与固定的剧场相结合的模式,一方面使得

---

① 欧阳予倩:《自我演戏以来》,《戏剧》2卷3期,第235—236页。
② 欧阳予倩:《艺术与革命》,《申报》1927年7月7日。

剧团有从容磨炼技艺、提高演出水平的场地,一方面可以用剧场的收入补助演出团体,更重要的是长期的经营有可能把剧场塑造为传播文化、影响社会的一个基地,这是欧阳予倩的基本设想。

演剧宣传队在国民剧场只演了三天戏,剧目是话剧与歌剧并重,有欧阳予倩与潘伯英合作的《革命前进曲》、丁西林的《压迫》、唐槐秋的默剧《降魔舞》、欧阳予倩的《荆轲》及两个传统京剧剧目。这个剧目单体现了欧阳予倩"要用艺术来宣传,必先有艺术"① 的主张。《荆轲》中英雄的壮举再加上众狗屠激扬时世的合唱、易水送别时"风萧萧兮易水寒,壮士一去兮不复还"的悲吟,使整个剧作充溢着悲凉慷慨的情绪。欧阳予倩的这个创作显然是激励北伐军将士捐躯赴难的有所为之作,但全剧没有任何宣传说教之词,而是在艺术情感的酝酿与暗示中潜移默化地影响到观众的情绪情感。在孙传芳隔江炮弹不停的轰炸中,国民剧场三天的演出场场满座,可见这个剧目很能引发当时观众的情绪感应。

在将艺术与宣传融合起来的基础上,欧阳予倩还不失时机地开展着自己的京剧改革事业,《荆轲》一剧就是一个体现。剧作歌咏了荆轲等人为了铲除强暴、扶持正义而慷慨赴死的行为,对他们来讲,这是完成自我生命的最好形式。这种以死来进行创造、完全自我生命的意识使得剧作一定程度上具有了唯美主义的气息,从而与传统戏剧中为忠义而不惜生命的抒写具有了完全不同的内涵,是一种现代意识的表现。在形式上,剧作打破京剧固定化的唱词,固定化的七字句与十字句被自由灵活的句式所代替,比如玉姬在消除了对荆轲的怀疑时的一段唱词是:"太子丹遣妾相亲近,从暮春伴你到秋深。妾爱英雄你也离不开红粉,终日里是兰陵美酒赵女琴。妾怕你醇酒妇人英气尽,妾怕你迟迟不敢入西秦。因此上断手来相赠,快到咸阳杀暴君!"从七字句到十一字句都有。在独唱之外,剧作出现了很多的轮唱、合唱及独立的音乐场面,比如剧作第一幕开幕时是这样的:

> 幕启:市酒家。斜面临街。室内放几张旧台凳,几个酒樽,桌上大篮着馔。
> 荆轲、高渐离和狗屠数人横七竖八地坐着饮酒,当垆妇四面周旋。
> 合唱:忧愁难忘!
> 国恨民忧,忍得英雄难受!(大家饮酒)
> 消愁饮酒越勾起忧愁,

---

① 欧阳予倩:《自我演戏以来》,《戏剧》2卷3期,第242页。

大丈夫要凭着血泪洗神州! (重句)

剧作在结构上采用了话剧的分幕手法,布景在传统的一桌二椅的基础上有了更多的写实因素。

欧阳予倩主持的国民剧场只演了三天戏便因孙传芳对南京的炮火轰击而夭折。他在逃亡的艰苦条件下把剧场装备运回上海,试图利用原班人马和原有的剧场设备继续他的戏剧事业,但剧场旁边茶馆倒塌等意外事件彻底破灭了他的计划。

南京的戏剧事业虽然为时很短,但欧阳予倩在其中发现了它的非凡意义。他说:"凡事只要有计划有主张,便不怕失败,南京开演三天,自然有相当的价值,所花的钱也决不冤枉,不久总要为戏剧界开一个新纪元。"[1] 这段话表明他已经确定了国民剧场建设的戏剧道路,并对此充满信心。

与他相反,田汉却通过南京之行获得了完全不同的看法。他以为:"第一我觉得乌合之众是不可以成事的……所以要想做真正的运动,非切实训练出些人不可。第二我觉得艺术运动是应该由民间硬干起来,万不能依草附木。……我们要靠自己的力去实行自己的 Plan (计划)。"[2]

第五节 参与南国社的活动

1927 年从南京回到上海后,田汉进入上海艺术大学,在那里组织戏剧方面的活动。1928 年初他脱离了与上海艺术大学的关系,创办南国艺术学院,他创办这所学院的目的很明确,是以"在野的精神","培养能与时代共痛痒而又有定见实学的艺术建设人才以为新时代之先驱"。[3] 南国艺术学院由于经费的不足只维持了一个学期就停办了,田汉领导着这一帮具有波西米亚气质的天才演员走向了社会,在上海、南京、广州等地举行多次公演,实践着他的"在野的戏剧建设"的道路。从戏剧协社脱离出来自组上海剧艺社的洪深对田汉的领导能力和个人魅力极为欣赏,在 1929 年五六月间正式加入南国社,表明他认同了田汉的在野的戏剧建设道路。

在这些活动中,欧阳予倩保持了与田汉的合作关系,他参加了文艺座谈会和"艺术鱼龙会"的活动,还通过《潘金莲》的演出为田汉等人的戏剧

---

① 欧阳予倩:《自我演戏以来》,《戏剧》2 卷 3 期,第 252 页。

② 田汉:《我们的自己批判》,见《田汉全集》第十五卷,花山文艺出版社 2000 年版,第 117 页。

③ 田汉:《我们的自己批判》,见《田汉全集》第十五卷,花山文艺出版社 2000 年版,第 137 页。

演出活动筹款,南国艺术学院成立后他担任了戏剧系主任,在1928年11月9日的"新南国"成立大会上被选为执行委员。他的合作对田汉的"南国"戏剧艺术建设的兴盛起到了重要的作用。但此时,他与田汉在剧运道路上已经有着不同的打算。他在艺术学院只上过一次课,1928年初的几个月中都在武汉为"湖北妇女慰劳北伐将士会"演剧筹款,并在此期间同李济深、陈铭枢接触并商讨去广东开展戏剧工作的事宜,最后于1928年11月份离开上海去广州,彻底结束了他的职业演剧生涯,走上了国民剧场建设的戏剧道路。欧阳予倩的独幕剧《再见》应当是在武汉期间所创作的,写北伐时候的事情:北伐军与军阀的战争即将打响,何仲平和他的妻子冷意芳仍然留在小市镇搞农民运动以配合北伐军的推进。在他们的对话中我们知道何仲平曾经坐过牢,以前的一个革命同志因为想得到冷意芳竟然告发了他。剧作然后写两个士兵纠缠独自在家的意芳。两个士兵走后,又有人敲门进来,竟然是那个告发过何仲平的陈德钧。他对意芳谈起了告发之事,告诉意芳自己虽然出卖了朋友,但并没有出卖主义,而且这次为着赎罪还加入了革命军。而后何仲平回来,见到陈德钧后拔枪对着他要复仇,知道陈德钧负着护送重要情报的使命后转过来帮他逃走。这个剧显然是急就之章,但从中可以看到欧阳予倩创作理念转变的痕迹。陈德钧在剧中谈到自己告发何仲平的原因时说:"我从前的行为,完全为的是爱意芳,我为了爱她,我不惜去犯罪,我也不管天下人骂我,我真跟疯子一样。"联系到不久前创作演出的《潘金莲》,可以看到陈德钧的这个告白显示其爱情观念颇有潘金莲之风。在《再见》中,陈德钧的这种恋爱被处理成了不堪回首的往事,革命代替了爱情成为值得追求的目标。因此,《再见》不仅是陈德钧对以往唯美主义爱情的告别,也是欧阳予倩与自己的唯美主义观念的告别。

　　田汉对欧阳予倩选择去广州颇有微词。他说:"现在我与予倩分开:他靠政府帮忙,我靠自己。他随政府变迁,自然是过渡的,没有办法的路;但我相信,作戏剧建设的人要信仰自助,要相信自己的力量。不过这并不是常态,戏剧建设是需要帮忙的,不过予倩在广州如何? 虽不完全失败,但有何成绩? 这一点我要注意而不可误会的。"① 正处于转折期的田汉虽然话语之间不免有犹豫支吾,但他对欧阳予倩所选择道路的反对态度还是很鲜明的。对此欧阳予倩也曾撰文为自己辩护:"你以为中国的戏剧运动,是靠政府的力量去做的好呢,还是纠集几个同志过苦日子的好呢? 这是个问题。在这

---

　　① 　田汉:《艺术与时代及政治之关系》,见《田汉全集》第十五卷,花山文艺出版社2000年版,第29页。

一点田汉和我意见不同,他认为无论如何最好不借助政府。他有他很充足的理由。我呢,以为借助政府,效果或者快些。我们一班同志差不多个个都是穷光蛋,卖文不足以维持生活。当当又没东西,每逢一次公演,总是一块两块地去凑,凑不齐便延期。衣服布景一些没有,怎么样呢? 若得到政府帮忙,多少总好些。"① 两人都对对方在戏剧道路上的选择持保留态度,但在戏剧建设的目标上还是一致的,广东戏剧研究所开办时的第一通锣鼓就是由田汉率领他的南国社来打响的。

第六节　广东戏剧研究所

一、戏研所的历程

欧阳予倩去广州主持戏研所可以追溯到 1927 年与陈铭枢② 的结识。在 1927 年主持国民剧场时,经田汉的介绍欧阳予倩与陈铭枢相识,这是他戏剧生命中的又一次"遇合"。欧阳予倩对陈铭枢的评论是:"真如读近代的小说戏曲颇不少,他对于两性问题,说《海上夫人》最为公平。他对于莫

---

① 欧阳予倩:《粤游琐记》,见《欧阳予倩全集》第六卷,上海文艺出版社 1990 年版,第 285 页。

② 陈铭枢(1889—1965),字真如,广西合浦县人,同盟会会员,保定陆军军官学校毕业,参加了北伐战争,攻克武汉后担任十一军军长兼武汉警备司令及总政治部训练处部长之职,参加武汉国民政府,成为实力派人物之一。在国共分裂时他站在蒋介石一边,担任总政治部副主任。1929 年全国整编时改任广东省政府主席,后来在拥蒋倒蒋等问题上与广东军事领袖陈济棠发生矛盾,他是拥蒋派,但实力不同倒蒋派,所以只好选择了离粤赴港的退让之路。1931 年 5 月蒋介石电召陈铭枢到南京,亲自接见他并让他重领十九军,驻兵吉安,任"围剿"红军右翼军总司令。当时国民党高层出现了尖锐的政治斗争,胡汉民几个月前就被软禁,宁粤分裂,汪精卫等国民党左翼都集中在广州商量倒蒋之策。陈铭枢在这场政治斗争中奔波游说,左右调和,最后促成了国民党上海和平统一会议的召开。1931 年冬,上海和平统一会议决定调十九路军到上海负责警卫,陈铭枢任京沪卫戍司令长官。十九路军进驻上海后,"一·二八"事变爆发,日军进攻上海,陈铭枢率部奋起反抗,后来由于蒋介石的妥协退让政策十九路军在孤立无援的情况下不得不退出上海,于该年冬天调防福建。陈铭枢在此事之后走上了反蒋抗日的道路,他于 1932 年 10 月出国考察,1933 年回国后在香港四处活动,积极筹建福建人民政府,1933 年 11 月 20 日福建人民政府宣告成立,但这一事件只有两个月就失败了,陈铭枢流亡海外,仍积极进行反蒋抗日活动,直到 1937 年国共合作全面抗战才重新支持蒋介石,但受到冷遇,抗战末期与谭平山等人组织三民主义同志联合会,反对内战,1948 年中国国民党革命委员会成立,与李济深、何香凝等 16 人担任中央常务委员,1949 年参加了共产党的政治协商会议,担任过交通部长等职,1965 年去世。陈铭枢笃信佛教,对文化事业有浓厚的兴趣,上海神州国光社就是他筹资组建的。

泊桑、萧伯纳、嚣俄(通译雨果)、哥德(通译歌德)等的作品都批评得很中窍要。他研究内典极有心得;所谈出世法、世间法是整个的一件事,颇为精密。他最喜读《出家与其子弟》。在军人中文学趣味如此丰富的,我倒头一次遇见。"① 陈铭枢在回忆录中则说:"自任南京总政治部副主任时(吴稚晖为挂名主任),才开始接触到一些具有现代知识的朋友,其中与何公敢(总政治部宣传处长,在商务印书馆工作过)、欧阳予倩、王礼锡(均同在宣传处工作)等人,交谊最深。"② 可见两个人是惺惺相惜、气味相投。陈铭枢笃信佛教,对文化事业有浓厚的兴趣,上海神州国光社就是他筹资组建的,《读书杂志》是该社的刊物之一,由该刊发起的中国社会性质的讨论成为中国现代思想史上的大事件。在那时,陈铭枢就有兴办戏剧事业的计划,但政局未稳无法实现,后来他被任命为广东省政府主席时便立刻把欧阳予倩邀请到广州办戏研所。

欧阳予倩在主持国民剧场时已经坚定了自己的戏剧道路,即依托政府办戏剧事业,并且充满信心地预言这将为戏剧发展开拓一个"新纪元",陈铭枢的邀请自然立刻被他应允了。

陈铭枢的开明思想、革命精神以及两人之间的友谊是欧阳予倩主持广东戏剧研究所的前提条件,这保证了他能够坚持独立自主的原则和充分实践自己的戏剧理念。

1929年2月16日广东戏剧研究所正式成立,直接隶属广东省政府,每月经费有4000元。戏研所设总务、剧务、编纂三股:总务办理所中杂务、会计等方面的事情,主任为周桂菁;剧务办理戏剧上的设计、表演等方面事情,主任为唐槐秋;编纂办理戏剧文学及出版等方面的事情,主任为胡春冰。研究所成立之时,专门邀请南国社前来打了一通开场锣鼓,并吸引了该社的严工上、吴家瑾、唐叔明、徐志尹等留在所里工作。随之演剧学校跟着成立,2月开始招生,4月1日开学,并积极筹备5月11号的对外公演。就在紧锣密鼓的筹备工作基本妥当,戏研所走上正常轨道时,粤桂战争爆发了,广东省政府以"当此军事时期、库款非裕,政府无暇兼顾"为理由下令停办。不久在香港疗伤的陈铭枢回到广州,对省政府的做法不以为然,在与欧阳予倩沟通之后于6月底将戏研所重新恢复。恢复后的戏研所编制未变,但经费缩减为每月2000元,于是不得不缩小规模,变动最大的一项是演剧学校暂时停办,改为"剧艺实习班",招收有经验的演员入所,以实习演出的方式进

① 欧阳予倩:《粤游琐记》,见《欧阳予倩全集》第六卷,上海文艺出版社1990年版,第281页。
② 朱宗震等编:《陈铭枢回忆录》,中国文史出版社1996年版,第139页。

行培养。后来在欧阳予倩多方奔走之下,演剧学校于 1929 年 9 月恢复,10月进行补充招生。

1930 年是戏研所的黄金时期,省政府的拨款增加到每月 6000 元,戏研所的规模也随之扩大。该年秋天,演剧学校改为戏剧学校,分为戏剧表演系和戏剧文学系两系,其中戏剧表演系又分为话剧班和歌剧班。同时独立的管弦乐队及与戏剧学校并立的音乐学校也于该年先后成立了。1931 年 1 月 27 日,广东省政府还表决通过了在戏研所基础上设立广东艺术院的提议,以许崇清、金曾澄、欧阳予倩三人为筹备员,初步准备设立戏剧、音乐、造型美术三院。与此同时,广东省政府主席陈铭枢向香港、澳门侨商募集股款200 万元,筹办民营广东大戏院,预定他任院长,欧阳予倩任副院长。1931年 5 月,演剧学校第一届学生毕业,经过一个月的研究班学习之后组成了第一剧团,直辖于戏研所,并从 6 月 3 号到 14 号举行了为期 12 天的公演,剧目大都是他们平时公演过的。当戏研所蒸蒸日上的时候,广东发生了宁粤分裂的大事变,陈铭枢被迫离职北上,他的对头陈济棠掌政,戏研所于 1931年 7 月被裁撤停办。在被裁撤停办时,欧阳予倩在研究所的基础上组织了第一、二、三团,打算改为私立的广东艺术院(未挂牌),希望能通过演剧的方式维持机构的继续发展,但后来广东省政府将地皮也收回去了,他不得已在 10 月份离开广州到上海另谋发展。

二、戏剧建设的配套推行

戏研所的进行计划非常清晰,"分五部:(一) 设演员养成所,以造就改良戏剧的基本队伍。(二) 建立小剧场,为研究比较专门文艺的戏剧之实验场。(三) 建立大剧场。(四) 仿照欧美办法建立希腊式可容三万人之露天大剧场,以充分发挥平民精神。(五) 发行戏剧杂志,举关于戏剧的问题,作有系统之研究。"[1] 总括起来说就是以学生为主体的演剧团体 + 固定剧场 + 专门杂志的模式。

演剧团体包括话剧班、歌剧班、音乐学校和专门的管弦乐队,除进行有计划的公演之外,经常参加机关、学校和各社会团体举办的文艺性活动。演剧水平的高低与演员的素质和专业技能息息相关,欧阳予倩在演员的培养上做了极大的努力。他对学生的选拔很严格,在招生通告中特地列举"注意"事项:"因个人一时兴会者;欲以演剧做自己之广告者;因失意而求避难者;趋于颓废而态度消极者;误认戏剧生活为浪漫生活者;不能苦学者,请不

---

① 《戏剧研究所成立纪》,《民国日报》(广州版)1929 年 2 月 19 日。

必来。"① 学生入校一年后,他还会按照科班的习惯,对学生进行甄别,将没有演剧才能和发展前途者调配到其他专业或遣送回家。他注重对演员文化知识和社会常识的培养。他把演剧学校改为戏剧学校的主要原因是看到招进来的演员文化程度整体偏低,于是专门设立戏剧文学系,招收文化程度比较高的学生,同时可以增多文化方面的课程,有利于提高学生的文化艺术修养。在戏剧学校的课表上,国文是每个学期必开的课程,而且占的课时比重很大,此外开设了历史、小说研究、社会常识、美学等课程。在话剧演员专业素质的培养方面,欧阳予倩接受文明戏失败的教训,注重演员台词和形体基本功的训练。研究所订有练功制度,由欧阳予倩亲自安排和掌握,要求话剧班的学生同歌剧班的学生一样,早上一律参加形体训练,主要练习戏曲的传统武功和现代的新型舞蹈,此外还要进行剧本朗诵,以利练声。

　　研究所开办之初,建小剧场和大剧场的计划获得了省政府会议的批准,并预拨 24000 元的建设经费,后来因为经费核减,计划流产。在经费紧张的情况下,戏研所只好在校内练功大厅后座搭起一个小型舞台,将大厅和走廊连接起来,建成了一个大约能容纳 500 观众的临时剧场。

　　戏研所发行了《戏剧》杂志,前前后后出版了两卷共 12 期,此外还与广州《民国日报》合作,办了《戏剧周刊》,断断续续出至 111 期。《戏剧》杂志的撰稿者基本是戏研所的职员,除欧阳予倩外有胡春冰、赵如琳、顾仲彝、关世英等人,杂志主要刊登戏剧创作、外国戏剧史和戏剧理论的译介文章、戏研所舞台演出的检讨等,是一个专门化的戏剧刊物。

三、话剧建设、民族新歌剧创造齐头并进的宏大规划和实施

　　戏研所的目标很明确,"以创造适合时代为民众的新剧为宗旨"②,它所谓"新剧"创造是一个规模宏大的工程,包括话剧建设、戏曲改革、民族歌剧创造三个方面。

　　这一宏大的工程在演员的培养上得到鲜明的体现。戏研所培养演员的目标与南通伶工剧社时期一脉相承,就是要"造就改良戏剧的基本队伍",在其规模完备的时期,这一"基本队伍"由三个方面军组成:话剧班、歌剧班、音乐学校。话剧班培养话剧人才是毫无疑义的,歌剧班则是戏曲改革的后备军,这在下面一段话中说得很明白,"歌剧方面,除掉音乐的改革,绝

---

① 转引自葛芸生、卢嘉《欧阳予倩在广东的戏剧活动》,《戏剧学习》1982 年第 4 期,第 36 页。
② 《广东戏剧研究所附设的戏剧学校》,见《欧阳予倩全集》第六卷,上海文艺出版社 1990 年版,第 419 页。

非一时所能实现外,其他如剧情的内容、剧本的组织、演出法、表演法、舞台装置,以及化装种种,均不难使之面目一新。就是音乐,虽不能很快有全新的创造,也可以随时注入些新的血液,这是有把握的。歌剧班便是根据这个原则,在最短的时间里,使之具体实现的。"① 音乐学校的培养宗旨为"培养音乐专门人才,创造中国新音乐,促成新歌剧之实现"②。这里所谓的"新歌剧"与西洋歌剧指的是同一性质的事物,只是它的音乐形式是中国所固有或在传统基础上新创的。这三种人才的养成难度是不同的,话剧演员的培养相对比较容易,新歌剧演员的培养则最难,所以在戏研所存在的时间里,话剧班举行过 12 次的公演,歌剧班在戏研所被裁撤的时候搬演了一出粤剧《杨贵妃》。

(一)民族新歌剧的研究实验

欧阳予倩心目中的"新剧"包括话剧和新歌剧两种形态,其中新歌剧创造的计划是戏曲改革与民族新歌剧创造同时进行的。在欧阳予倩当时的设想中,民族新歌剧的创造是根本性的、长远的目标,戏曲改革则是民族新歌剧未产生之前暂时性的、多少有些无可奈何的工作,他认为民族新歌剧创造之后戏曲改革工作就可有可无了。欧阳予倩的这一思想贯穿于整个的 20 年代及 30 年代的初期,直到 1933 年到欧洲考察之后才承认两者的并列地位。在广东戏研所期间,欧阳予倩雄心勃勃地把创造中国形态的新歌剧提到了工作议程上来。

早在 1927 年的《谈二黄戏》一文,欧阳予倩就明确地表达了他的新歌剧的创造意图。他说:"如今二黄戏已经近到破产了。固然不妨当古物一般将它保存,不过也决无须惋惜。因为它虽有些好处,已是过时之物,现代的社会决不以这种艺术为满足。我们很热烈地期望有新艺术产生,决不希望费些无谓的光阴去在朽木上加以雕漆。旧戏所靠的是习惯上的符号,(如脸谱马鞭及舞蹈式的动作等) 若是去掉了这种符号,旧戏便不成立,所以我以为若有保存旧戏,无论是昆腔戏、二黄戏或是秦腔戏,应当照它原样一丝不走地保存,并且添编动作,也要完全用它的公式。(有多少人拿写实派的眼光来看中国旧戏,那是错的,有人说旧戏的符号式的动作是象征派,那是格外可怕的) 若要创造新歌舞剧,便需新出机杼,旧式的公式要完全抛弃,只可借用各种好处的精神作为一部分的基础罢了。譬如各种好的旋律,可以

① 《广东戏剧研究所附设的戏剧学校》,见《欧阳予倩全集》第六卷,上海文艺出版社 1990 年版,第 422 页。

② 《广东戏剧研究所附设的戏剧学校》,见《欧阳予倩全集》第六卷,上海文艺出版社 1990 年版,第 428 页。

采取来制我们的新歌新乐。好动作,可以采取来制我们的新舞。"① 在这一新的创造中,音乐是关键,它要在中国原有音乐形式的基础上创造出新的音乐形态,使它能够胜任编制一定篇幅的戏剧化的音乐作品的任务,因此欧阳予倩提出:"治本的办法是将中国古今的音乐算一回总账,根本整理一下,再把各处民间音乐,集拢来铸过一下,改造乐器,厘定乐谱,订正标准音,参考西乐而编制中国的和声。"② 在戏研所创办之初,欧阳予倩就积极开始了这一方面的工作。他经常聘请音乐专家到所中讲授乐理音律,并且在所里设立了研究性的组织——音乐会,会员多是音乐专门家,每周都开演奏会,众多的名家都在这里演出过,如何育斋、罗九香、罗友梅、饶碧初、饶淑枢、丘鲁庵等。在 1929 年 9 月演剧学校第二次招生中专设音乐班,预备招收 10 名学员。稍后于此,在 1929 年 12 月欧阳予倩就托付马思聪组建管弦乐队,在召集人手方面费了一番周折后于第二年夏天正式组成,成为当时中国仅次于上海公共租界市政厅乐队的最好乐队。随后音乐学校也建立了,同戏剧学校不同,它的学制是弹性的,学生只有在规定的各科成绩都合格后才能毕业。为创造这种新歌剧,欧阳予倩在创作上也做了努力,1929 年创作了《刘三妹》就是这样的一部新歌剧作品。

(二) 话剧的研究实验

戏研所开办期间进行了多次有计划的话剧公演,演出的剧目大致有英国飞利浦斯的《未完成之杰作》(孙师毅译)、法国萨都的《最后的拥抱》(欧阳予倩改编)、顾仲彝的《同胞姊妹》、日本前田河广一郎的《贼》(欧阳予倩译)、日本山本友三的《抚儿难》《梅萝香》(顾仲彝改译)、苏格兰巴雷的《一百二十五两银子的脸子》(顾仲彝改译)、哥尔多尼的《女店主》《可怜的裴迦》(曹靖华译)、班诃的《白茶》(曹靖华译)、亚穆伯的《千方百计》(曹靖华译)、日本菊池宽的《父归》《海之勇者》、法国小仲马的《茶花女》、特列恰柯夫的《怒吼吧中国》(陈豹隐译)、契诃夫的《蠢货》、谷崎润一郎的《空与色》(欧阳予倩改译)、歌德的《史推拉》、德国舒以得邦的《皮革马林》、王尔德的《招认》、亨顿的《自由的范西》、高尔斯华绥的《有家室的人》(胡春冰译)、腊皮西的《迷眼的沙子》、日本小山内薰的《男人》(田汉译) 以及欧阳予倩的《屏风后》《黑龙江之鬼》《潘金莲》《小英姑娘》《白姑娘》《杨贵妃》等。

戏研所一位职员对他们的公演情况做了以下说明:"最初,平均一个半月公演一次,近来约一个月一次。从 1931 年起决定每月演两次。照莫斯科

---

① 欧阳予倩:《谈二黄戏》,《小说月报》中国文学研究专号,1927 年。
② 欧阳予倩:《戏剧改革之理论与实际》,见《予倩论剧》,广州泰山书店 1931 年版,第 61 页。

艺术剧场每个戏排练的时间往往到七个月以上,不过在我们这种情形之下,不能不要快些。"①从这段话中可以看出他们以莫斯科艺术剧院作为演剧艺术上的衡量标准。在这种比较紧张的排练时间中,欧阳予倩特别注意质量的把关,"无论如何,戏未到演出水平就绝对不见观众"②。戏研所第一次公演不售票,专门邀请各界人士免费观看,第二次开始以售票的形式演出,票价为每张4角,而南国社前此演出的票价在1元到2元之间。低廉的票价使得戏研所的演出首先在学生中迅速扩大了影响,中山大学、岭南大学、国民大学、中大附中等等学校的师生在初期成为主要的观众,后来影响逐渐扩大,观众遍及社会各个阶层。

在公演之外,戏研所还大力推动广东的学校戏剧建设,使得广东话剧活动大大活跃起来。在戏研所的影响下,剧社的组织和话剧的演出如雨后春笋般在广州的许多学校中出现。在此期间内先后成立的剧社有蓝白剧社、前锋剧社、远东中学剧社、广州女师剧社、执信女校高二班话剧社、培正中学四二六剧社、培道女中剧社等,演出了《孔雀东南飞》《未婚的母亲》《蠢货》《忘记了礼帽》等出色的剧本。各校剧社还联合搞起了长达十几天的全市大、中学校话剧比赛表演大会,掀起了全市话剧活动的高潮。欧阳予倩、胡春冰经常担任学校各种戏剧比赛的评判员,还直接发起组织"广州学校剧团联合会",通过这些方式引导学校戏剧朝健康、积极的方向发展。欧阳予倩对自己在广州的戏剧工作作了充分的评价,他认为:"广州呢,(戏剧)在近来两三年当中已经赶上了上海。"③

在短短的两三年内,广东戏研所在当时也成了与南国社、国立北平大学戏剧系并列的三大戏剧建设中心,为新戏剧建设的推进作出了很大的贡献,正如熊佛西所说的:"过去的北方的戏剧系,南方的南国社及广州的戏剧研究所,在戏剧运动的启发上,都不能说没有相当的贡献。近两年来南北各地的戏剧空气比较的活跃,未尝不是这几个团体遗留下来的影响。"④在他们的努力下,新戏剧被作为"艺术"之一种看待,它的独立价值得到了尊重,"综合说"也被当作戏剧舞台艺术的本质被广泛接受,于是曾经被看

---

① 《广东戏剧研究所附设的戏剧学校》,见《欧阳予倩全集》第六卷,上海文艺出版社1990年版,第433页。

② 陈西名:《广东戏剧研究所的前前后后》,见阎折梧编《中国现代话剧教育史稿》,华东师范大学出版社1986年版,第97页。

③ 予倩:《第一次公演以后》,《人民日报》1934年1月7号。

④ 熊佛西:《中国戏剧运动的新途径》,见《熊佛西戏剧文集》,上海文艺出版社2000年版,第825页。

作"王八、戏子、吹鼓手"的戏剧被纳入艺术的殿堂,极大地推进了新戏剧的发展。

戏研所在话剧舞台表演方面也进行了积极的探索。为适应广东观众的欣赏习惯,他们大部分话剧演出都是用粤语,并在理论上探讨总结着用方言演话剧的问题。在演剧方面他们也进行了一些实验,比如《无名战士》上演时便加配了音乐,以试验音乐与戏剧的结合问题,同时还采用了立体派的布景。

四、与政治的纠葛

政府出资兴办文化机关、资助文化事业,这是古今中外历史的常态,但因政权性质的不同会导致资助目的、管理方法、给予艺术家的自由度等方面的差异。广东省政府资助欧阳予倩办戏剧研究所的主要目的是改良粤剧、辅助宣传,而且当时国内局势还不大稳定,各派政治力量之间为攫取更多的实利时和时战。在戏研所存在三年多的时间里,广东正是多事之秋,因此将属下的各方面力量整合起来的要求是显然的。在20年代末30年代初,广东民国政府的一个宣传重点便是反帝,欧阳予倩创作了宣扬反抗洋人暴行的《小英姑娘》《车夫之家》等。《小英姑娘》以一个恋爱纠葛开始,王皮匠、李皮匠同时爱上店主的女儿小英,小英喜欢王皮匠,而她母亲则要将她许配给她不喜欢的李皮匠。王、李本是好朋友,又在一起做事,因小英送糖果之事开始了一番醋意十足的谈话,当小英母亲正式决定将小英许配给李皮匠时,他们之间爆发了争执,正当相持不下时老皮匠乙带了传单进来,说洋人打死了工人、抓了学生,号召大家"齐队"。于是事情发生了意料之外的转机,王、李讲和,去反抗"欺压我们"的人。他们回来时,李皮匠受了重伤,王皮匠立刻死了,小英因王皮匠的死发现"什么都完了",自己只有融入世界中去才有价值,"妈!可怜的妈,从今天起,小英不是你的了!(兴奋)世界是小英的了!"她发狂似的跑出去了。从情节、冲突的组织安排方面来看剧本有很大可指摘的地方,但把它当作一个寓言来读则自有其意义。剧作前半部分写自由恋爱与家庭包办婚姻的冲突,这是五四时代的个性解放的主题。但这一冲突还处于展开阶段时外来的侵略和压迫便把它切断了,在这一新的时代主题面前,个人、家庭的重要性都退居其后,小英姑娘只能迎刃而上,把自己交给了"世界"(即民族的解放斗争)。《车夫之家》写一个车夫家庭接踵而来的苦难:儿子重病,车夫拉车却连车租都赚不够,根本没钱给儿子治病,女儿却在此时被东家解雇了,而他们的容身之所因为要盖洋房而被征用,马上要拆迁了。当车夫终于借了一点钱回来时,他的儿子已经死了,小买办和印捕正带人强行拆房。剧作遵循了比较严格的写实手法,人物的对话合乎其身份地位,同时也展现了不同年龄层人物的思想状态,如车夫妻的麻木、怯懦,车夫女的刚烈。

随着 1931 年九一八事变、1932 年一·二八事变的相继爆发,民族矛盾逐渐成为时代的主题,作为一个始终关注现实的作家,欧阳予倩写了《上海之战》《苦斗》《不要忘了》《九一八到一·二八》等剧作,投入到民族抗战的鼓动宣传之中。

1930 年夏天,为了纪念广州沙基惨案,欧阳予倩主持上演了苏联剧作家特列恰柯夫创作的反映万县惨案的《怒吼吧中国》。他在一篇对此剧的评论文章中更立场鲜明地表达了他的斗争抵抗主张。他说:"我们的市场为帝国主义者所占有,我们的生活为帝国主义者所操纵;我们一天到晚都在挣扎呻吟之中,要说是希求他们的人道慈悲,那永远是个荒唐幻梦,除了一致起来大家团结和他们抵抗,是没有第二条生路的。"①

但总的来说,欧阳予倩在广东的三年基本坚守了独立、自由的戏剧家身份,并且在不长的时间里使自己的戏剧建设理念初具规模。

在戏研所地皮被广东省政府收回以后,欧阳予倩实施了他开办戏研所之初就预想好的方案,即在已经培养好的新式演员的基础上组建职业性的演剧团体,在谋生的同时进行新戏剧的建设,以继续他的戏剧事业。

1931 年底,他联合应云卫、顾仲彝、广州戏研所的唐槐秋及属下的学生准备在上海创办现代剧团,并打出了"复兴上海话剧"②的旗帜。他的这一计划首先受到了已经投向左翼的田汉、洪深的冷遇,随后筹办好的舞台装置、服装等被上海"一·二八"事变的炮火摧毁。在这种不利的情形和意外的打击之下,欧阳予倩选择了出国考察,以对西方戏剧艺术进行了解。

第七节　中央人民艺术部

一、思想的转变与福建事变的参与

广东戏剧研究所的裁撤及 1932 年"一·二八"事变的爆发,导致欧阳予倩的政治态度发生了一个改变。在主持广东戏剧研究所期间,他对成立

---

①　欧阳予倩:《演〈怒吼吧中国〉谈到民众剧》,见《欧阳予倩全集》第四卷,上海文艺出版社 1990 年版,第 109 页。

②　《欧阳予倩扬言要／上海话剧运动复兴／活动得要人的洋钱／美其名曰:职业化》,《文艺新闻》1931 年 11 月 23 日。

之初的南京国民政府是有好感的,希望这个政府能够使国家的政治、经济、文化各项事业得到发展,但戏剧事业的受挫及"一·二八"事变的亲历使他对蒋介石国民政府的性质发生了怀疑,这成为他后来参与福建事变的主要原因。

"一·二八"事变爆发时,欧阳予倩正在闸北筹办现代剧团。战火一起,闸北首当其冲,他从广州带到上海的书籍、衣物、京剧行头及剧团的家具等等全部被毁,他本人和几个学生在日本友人内山完造的帮助下才从战区逃到了法租界。这一事件对他刺激很大,欧阳山尊回忆了事件后他与父亲欧阳予倩待在一起时的情况,"我们经常躺在床上一夜一夜地聊天,他和我讨论蒋介石的不抵抗主义;谈论全国抗日救亡的形势;谈论人民对十九路军抗日的热情支援。这时,父亲正阅读一些介绍苏联的书籍,读完之后让我读,还介绍我读《士敏土》《石炭王》《屠场》等进步小说。"① 此时他的朋友陈铭枢及其周围的文人因淞沪抗战的刺激由拥蒋转到了反蒋的政治立场上来,汪精卫也来到广州,积极进行倒蒋活动,这些都不能不影响到欧阳予倩。1932 年 10 月他同陈铭枢一道去欧洲,在游记中写道:"在羁情旅绪中,追抚和大家同受过的创痛,或者不至于流于空幻;而且新的刺激源源不断,更使我对于暴力的反抗增加强度,必有一部或者全部与我最近的回忆合流,反映在作品上面。"② 这是他对一个朋友指责他在国家危难时候逃避责任时所做的回应,从中可以看出欧阳予倩正处于一个思想的转变之中。

他的政治态度的转变在他的作品中得到了明显的表现。《同住的三家人》是欧阳予倩 1932 年在上海的戏剧事业受挫之后回到广州所写的,同他之前那些人道主义鲜明的创作相比,剧作对现实进行了尖锐的批判,并且表达了反抗的决心。剧作还通过人物的对话和其他人物的上场把一个更大的世界——那个导致他们贫困的不公平社会包容进来,织布女工阿勤讲述了纸币兑换的秘密,汽车夫阿云则讲述了李十五不可告人的发家秘密,而这些都同政府的政策法令有直接的关系,因而剧作批判的现实针对性很强。剧作还通过阿明的态度及王素薇最后的选择表达了反抗的意志。这一年他还与王平陵合作创作了《苦斗》,发表在《大陆杂志》第一卷第五期。剧作一共四幕,写朝鲜志士安汉英、李雪华在日本进攻东北的时候毅然加入义勇军

---

① 欧阳山尊:《我的父亲欧阳予倩》,见武宁主编《毕生追求真善美》,春风文艺出版社 1998 年版,第 26 页。

② 欧阳予倩:《游欧琐记(一)》,《读书杂志》3 卷 2 期,第 2 页。

之事。剧作有很大一部分内容在讽刺汉奸和在国难之际依然寻欢作乐的军官。

　　1933年,在福建事变爆发之前欧阳予倩创作了《上海之战》《九一八与一·二八》和《讨渔税》,后两个剧作则将批判的锋芒直接指向了蒋介石政权本身。《上海之战》发表于《矛盾月刊》五六期合刊,共有八景:第一景写日司令、美司令、英司令秘密交易,美司令、英司令同意了日司令吞并上海的阴谋;第二景写日本领事对中国市长提出了很多的无理要求,中国市长被迫妥协;第三景写日司令要日本领事再提中国军队撤出租界的要求;第四景写蒋光鼐发表抗敌讲话;第五景写日本学生、工人的反战情绪;第六景写士兵争着要去炸敌人的炮车;第七景五个决死兵发表誓言;第八景为十九路军官向士兵解释退兵的原因。在1956年的《欧阳予倩剧作选》中收录的《不要忘了》是《上海之战》的改编本,从八景变成了十六景,出现了工人、绅士等新的角色,这些改动应当是在新中国成立后所为。《九一八与一·二八》已经散佚,《讨渔税》发表于1937年的《东方杂志》,在福建省人民政府机关报《人民日报》中对这两个剧作的情况都有报道,"(欧阳予倩) 不久将以其尚未发表之佳作《九一八与一·二八》、《讨渔税》两剧出演,前者为时事话剧,即自'九一八'国难爆发至'一·二八'淞沪光荣抗日战起之时事速写,全剧约三万言,对日帝国主义之压迫与生产大众之反抗以及南京政府卖国事仇的丑态,均暴露无余。后者为被压迫者的呼号给土豪劣绅的直接教训,此系氏将旧剧本《打渔杀家》所改编为一惊心动魄之新歌剧。"① 关于《讨渔税》的内容,欧阳予倩自己作了概括,"我所改编的《讨渔税》,写梁山豪杰利用被压迫农民等的反抗情绪,挂起替天行道的杏黄旗,结果接受招安,都去做官,反过来残杀同党。阮小七愤慨难忍,而事无可为,便隐姓埋名打鱼自活。他又成了家,养了女儿桂英;中年以后态度更为消极。他想求苟安而不可得,横被土劣蹂躏,不得已弃家报仇。"② 剧作最后,倪荣与李俊率领村民接应萧恩父女,杀退了官兵和家丁,桂英唱道:"人生本是大战场,古往今来斗得忙。强盗得胜把福享,软弱受侮遭祸殃。不是你死便我丧。"李俊接唱:"其间无从互商量。"可以看出这个剧作将矛头指向了以蒋介石为首的国民政府,把他们比作受招安之后的梁山豪杰,其原来的宗旨已经变质了。言下之意是南京国民政府已经背离了三民主义的宗旨,其实是失败了,现在应当

---

① 《欧阳予倩筹组人民剧场　将表演其佳作〈讨渔税〉等剧》,《人民日报》(福建)1933年12月5日。

② 欧阳予倩:《二黄戏改革的可能性》,见苏关鑫编《欧阳予倩研究资料》,中国戏剧出版社1989年版,第300—301页。

兴起新的彻底的国民革命。这个意思在李俊和倪荣劝萧恩重举义旗的对话中表达得很明显,"李俊:这是用得着我们的时候了。那些农夫们有话说不出,我们应当替他们说;有气出不得,我们应当帮他们出气啊! / 萧恩:以前大兴梁山的时候,还不是聚了许多贫苦的农夫们,说是替天行道,要使他们脱离苦海,共享太平;想不到后来反叫几个为头的作了官,弟兄们白受了苦…… / 李俊:以前他们是欺骗了乡下人,帮他们升了官,发了财,他们就变坏了。如今我们,岂是他们之比? "① 欧阳予倩创作的这个剧本,对当年 11 月福建事变的爆发已经有所暗示了。

1933 年 11 月 20 日福建人民政府成立,欧阳予倩以湖南省代表的身份参加了成立大会。大会印发的会场口号是:"1. 保障人民权利;2. 实行农工解放;3. 实行生产人民政权;4. 组织人民革命政府;5. 否认一切卖国密约;6. 打倒帝国主义;7. 打倒蒋介石;8. 打倒卖国残民的南京政府;9. 扑灭蒋介石走狗蓝衣社;10. 打倒以南京为中心的国民党系统;11. 打倒日本帝国主义,收复东北失地;12. 反对对日妥协,取消塘沽协定;13. 中华民族解放万岁! "② 这一口号实际上是孙中山"民族""民权""民生"三民主义在新形势下的阐发,他们改元换号,表明了重新进行国民革命的意愿,是国民党内左翼力量及一些民主党派意志的表现。在福建人民政府正式成立之后的 11 月 24 日,陈铭枢等人发起成立了生产人民党,欧阳予倩于 1934 年 1 月 2 号由陈铭枢、梅龚彬介绍加入该党。

二、非常时期的戏剧建设

在 1933 年福建人民政府中,欧阳予倩被推举为教育行政委员会委员,主持中央人民艺术部,筹建人民剧场,打算在城台各设人民剧场一所,分为一区二区,试图来实践他的国家剧场的梦想。

在动荡的时局、喧嚣的炮火中,欧阳予倩于 1933 年 1 月 6 日组织了人民剧场的第一次公演,演出了《航空捐》《买卖》两剧。《买卖》是完全以写实的方式演出,由刘元饰宋四维,施寄寒饰陶近朱,武笑影饰梅可卿,启南饰梅希俞,刘元桂饰阿金,刘元汀饰潘雪圭,由于这些演员都没有舞台经验,演出效果不尽如人意。在这次公演之后,欧阳予倩又组织了《买卖》一剧的演出,在表演上进行了精心的琢磨,演出效果自然好起来了。《航空捐》是一出即兴剧,以夸张的手法揭露蒋介石及其领导的南京国民政府利用航空救国

---

① 引文均见《东方杂志》版本。

② 郑澄桂:《一九三三年福建事变若干史事徵考》,《民国档案》1994 年第 1 期,第 41 页。

的口号欺骗民众、剥削民众的丑恶面目。剧作时空转换非常自由,基本的舞台装置是一张桌子两把椅子,好几个场面根本不用布景,人物、地点及飞机等道具都是符号化的,用一个"当"字来表示当铺,飞机则是纸扎的,其整体风格偏于夸张。这次公演之后,欧阳予倩积极筹划排练下一个剧目——《抗斗》,除此之外他还打算在恰当时机上演他新编的京剧《渔夫恨》,但因局势的变化这些计划都没有实现。

在筹办公演的同时,欧阳予倩还设想非常时期戏剧建设的种种形式,如知识分子爱好戏剧者的联合表演;工农剧团之组织;编新戏指导闽班表演;设立戏剧学校等等。他认为最紧要的工作是设立戏剧学校,培养具有革命意识的新的戏剧人才。但事变的失败让他的计划成为泡影。

在革命的非常时期,欧阳予倩的戏剧活动主要是为鼓吹革命意识做宣传工作,但他对作为工具的戏剧艺术本身的完善仍然没有忽视。他强调说:"要有相当的形式来表现——作品的技巧;表演的方法;光、色和音乐的应用;这些都要苦心努力做不断的研究,行不断的试验。"[1]上面所讨论的《航空捐》就是这一追求的一个例子。

欧阳予倩参与福建事变,在嘈杂混乱、险恶的环境中积极组织着戏剧的常规演出,筹设正规的人民剧场,根源于他的国家剧场的梦想。在1927年革命势力的蓬勃发展,一个统一的国家的即将建立时,他曾经这样浪漫想象道:"演剧宣传队的计划,我已经怀了将近十年的。我的意思是要组织一个团体,用相当的时间,授以演剧的技术,于是预备些旅行用具,率领着他们到乡下去演戏,一面表演,一面再随时训练。每到一处,我们便将那地方的人情风俗,民生状况,客观地记载下来,随时发表。我们也不打旗帜,也不标主义,好像就是一个普通的江湖班,使民众容易同我们接近。我们可以利用音乐、歌曲、舞蹈、默剧、户外剧、二黄戏种种,作媒介钻进民众里面去。我们一面演戏给他们看,一面可以将我们所编的歌曲,随时教给小孩子们唱,这样只要行三五年,我们的团体建筑在民众间的基础必然巩固,真善美的种子种在民众心中必然渐渐地发生嫩芽,这便是革命的一大势力。"[2]在这里,他把新戏剧建设与一个现代化的民族国家的建立构建为一个对应的关系。1929年主持广东戏研所的时候,他有建立希腊式的户外大剧场的设想,企图使戏剧与民众的日常生活发生紧密的联系。福建事变中主持中央人民艺术部其实是他前两个梦想的实践,试图在一个新的政权下实现国家统筹办

---

① 　予倩:《第一次公演以后》,《人民日报》(福建)1934年1月7日。

② 　欧阳予倩:《自我演戏以来》,《戏剧》2卷3期,第242—243页。

全民剧场的计划。

1934年1月15号福建事变失败,欧阳予倩被列入通缉名单,被迫流亡日本,直到该年夏末才在叶楚伦的帮助下取消了通缉令,回到国内。福建事变的参与对欧阳予倩后来的戏剧事业产生了不利的影响。作为蒋介石国民政府的反对派,他无法获得必要的资助来开展他的戏剧事业,因此从1934年夏末回国直到1937年抗战爆发,他主要从事着电影工作,在新华影业公司、明星影片公司编导了《新桃花扇》《小玲子》等多部影片。在电影工作之余,他主要以专职导演的身份参与到戏剧的建设中去,为复旦剧社、中国旅行剧团、上海业余剧人协会导演了许多艺术水准很高的戏剧作品,如《日出》《雷雨》《欲魔》等,在蓬勃的职业演剧浪潮中继续坚持着以"专门戏剧家"身份从事戏剧事业的信念。

第八节　组建剧团的尝试

卢沟桥事变爆发之后,中国进入了全面抗战的阶段,欧阳予倩随即创作了《青纱帐里》《曙光》来唤起民众的抗战意识。《青纱帐里》写热河某村一个普通自耕农家庭因为不愿接受奴化教育不断受到伪警察、伪村长刁难,在日本兵要烧他们房子的时候忍无可忍,在一个叫李大鹏的义勇军帮助下杀死日本兵和警察,揭竿而起。剧作第三幕写他们受日本兵围困,然后联合其他的义勇军部队,打算突围。对于写这个戏的意图,欧阳予倩在1938年的改编后记中说:"《青纱帐里》表现义勇军艰苦卓绝的精神,同时指出在敌人统治下民众的悲苦和挣扎的艰难,希望大家及早自卫,希望大家能明了除了抗战到底没有丝毫妥协的可能,没有一线的和乎可以希冀。敌人一面用轰炸屠杀造成恐怖的空气,同时千方百计想骗我们投降,投降后的悲惨境遇比被轰炸还要难受,关于这点,在第三幕里曾经借李大鹏的口里加以说明,不过没有形象化,还嫌不够。"[①]《曙光》是一个独幕剧,写"八一三"抗战开始后一个月上海租界中一家人对抗战的不同反应,朱永安及朱二太太全部心思在怎么为保全自己的财产和个人安危做打算,刚从北京逃难来的朱永安表弟李自明夫妻、朱二太太的儿子朱希武以及汽车夫则毅然站在了民族大义的一边。剧作最后是:

---

① 欧阳予倩:《〈青纱帐里〉改编后记》,见《欧阳予倩全集》第一卷,上海文艺出版社1990年版,第435页。

外面歌声洪亮,朱希武和李自明、冯玛丽三人一同走出去。朱永安撑持着站起来,很愤怒的样子,捏紧拳头望着窗外。朱希武的母亲靠窗站着,如不胜情。朱太太坐在椅上不动。窗外的歌声和汽车声渐渐远去,大炮的声音还在断续地响着。——闭幕

显示双方走上了不同的人生和社会道路。

在这些急就章之外,欧阳予倩在抗战初期的更大手笔是对京剧改革的实验。

一、中华剧团:战火中的京剧改革实践

"八一三"淞沪战争爆发后,上海话剧界救亡协会于 8 月 17 日成立,后来又有一部分戏曲艺人加入,于是在 10 月 7 日扩大为上海戏剧界救亡协会。欧阳予倩在前一机构中担任了副主席,参与了救亡演剧队的组织工作。在后一机构成立时,他被推选为歌剧部的常务理事之一,大力呼吁戏曲界参与抗敌救亡的工作,并有在协会旗帜下组织剧团的打算,1937 年 11 月成立的"中华剧团"就是这一打算的唯一成果。剧团的核心人物是欧阳予倩,其主要成员金素琴、葛次江,也都是上海戏剧界救亡协会歌剧部的常务理事。同话剧界的 12 支救亡演剧队比起来,它的成立总算是聊胜于无。

欧阳予倩认为剧团的任务是:"就表演的本身加以改革,和利用我们固有的优秀技术,充分为民族国家尽力。"① 即要把京剧艺术的改革与抗战情绪的鼓动同等对待。同深入到内地及上海的工厂、农村、抗敌前线等非常场合进行移动性的演剧宣传的救亡演剧队不同,中华剧团则仍然坚守剧场这一戏剧演出的常规战地,一开始在卡尔登剧场演出,从 1937 年 11 月 12 日到 11 月 22 日日夜两场演出《梁红玉》,从 11 月 23 日演到 30 日日夜两场演出《渔夫恨》和《人面桃花》。1937 年 12 月 10 日开始移到新光影戏院演出,首先演出了改良的《玉堂春》,同时加演传统剧目,有《柴桑关》《凤还巢》等,基本两天就得轮换一个戏码演出,后来又移到更新舞台演出。到 1938 年 4 月 12 日,欧阳予倩被迫离开上海时剧团就解体了。

欧阳予倩在此期间编导了京剧《梁红玉》《桃花扇》《玉堂春》,还连带把他 1933 年创作的《渔夫恨》搬上了舞台。在这些剧作中,《梁红玉》《桃花扇》的现实针对性非常鲜明。《梁红玉》写梁红玉克服三从四德等重重对女性的

---

① 欧阳予倩:《起来,旧剧界的同志们》,《抗战戏剧》(半月刊) 第 2 期,1937 年 11 月 16 日,第 42 页。

束缚,发挥自己的聪明才智帮助韩世忠取得黄天荡战争的胜利,并且通过战争幕后战略观念的谋划和冲突,说明了全民抗战的重要性。郭沫若在看了《梁红玉》之后写了《汐集·看〈梁红玉〉》一首曰:"昔有梁红玉,今看金素琴。千秋同敌忾,一样感人心。"《桃花扇》通过对李香君之"贞"的塑造来达到表彰气节,针砭奸诈的目的。剧作在传达出深沉的、哀痛的离乱之感时更彰显了誓死不屈的民族气节,在抗战的环境中给予观众以回肠荡气之感。

在以戏剧艺术来鼓动抗战情绪、民族气节的同时,欧阳予倩在京剧的创作和演出上也做了大量的改革。创作上他以西方的情节构造模式对传奇的结构体例作了重大的改动,同时唱词唱腔、情景设置等方面也做了程度不同的改造,舞台呈现方面也做了种种的革新。他特别强调演员对剧中人物情感的体验,比如金素琴扮演的萧桂英体贴入微,表情出神入化,有一次演到"别家"时竟然因为悲伤过度在舞台上晕了过去。他还尽可能地通过舞台布景、装置的巧妙运用来辅助演员的表演,《梁红玉》和《玉堂春》的演出广告史无前例地打出了编导、灯光、布景、设计人员的名字:前一剧编导欧阳予倩、灯光毕志萍、布景虞世侯、设计徐渠,后一剧编导欧阳予倩、舞台毕志萍、灯光毕志萍、凌波、监督张彦堃。中华剧团的演出让观众耳目一新,在上海引起了一定的反响。

中华剧团实践了欧阳予倩的京剧改革设想,但种种条件的限制也影响着其艺术追求的真正实现,其中包括演员的素养、剧场的设备及前后台管理、观众的欣赏习惯等。在这几次演出中,批评家一致对演员的素养提出了批评。除了金素琴姐妹及欧阳予倩南通伶工学社时候的学生葛次江等少数人表现还不错外,其他的演员在体贴剧情方面非常的差,要么只是表演程式,要么演得过火,损害了剧情的统一连贯,更不用说传达剧情的微妙之处。如《桃花扇》有"眠香"一场,侯朝宗在喜筵上故意装糊涂,而让郑妥娘、苏昆生等人对之进行善意的嘲弄,非常活泼地进行了侯李的婚礼,改变了传统京剧中以一套牌子吹打的过场戏来表演婚礼的程式。葛少岩扮演侯朝宗演到这里时异常的做作,无法把侯朝宗微妙的心绪表现出来。在中华戏团的演出中,卡尔登时的剧场环境最好,后来移到新光影戏院、更新舞台时,剧场环境就要差多了:灯光的配置和变换很凌乱,锣鼓场面仍然出现在台侧,案目经常与观众发生争吵等等。观众看戏时仍然抱着低级娱乐的心态,有的演出开始之后很久才入场,有的则在剧场中聊天。

欧阳予倩组建中华剧团坚持在上海剧场中以传统剧目与新编剧目搭配的形式进行职业演出有其用心,即企图通过该团的演出示范影响当时上海戏曲界,把他们吸引到抗战救亡及戏曲改革的道路上来。中华剧团中的金素琴就是一个例子,她在上海各剧场也一直是挂头牌的旦角,在欧阳予倩的影响下对戏剧改革运动发生了浓厚的兴趣。她说:"当我在舞台上演到金山击鼓的一段,我咬着牙用尽气力敲鼓。我的心正像南市的房子一样,同被焚烧着。我几乎忘记了剧中人的身份,大声地喊出口号来。从此以后,我的心里起了一种重大的变化。我对我的职业发生了一种新的信念。我认为《梁红玉》的上演,是我头脑转变的开始。"①1940年,金素琴恢复中华剧团,并率团西上、途经香港、越南等地演出,辗转来到桂林、重庆。在重庆期间,金素琴和杨畹农时常切磋梅派艺术,并成立了以原中华剧团人员为基础、金素琴领衔主演的丽华平剧团。在艰苦的条件下,为抗日军民演出。该团除演《霸王别姬》《四郎探母》等梅派戏,原中华剧团的保留剧目如《渔夫恨》《新玉堂春》《梁红玉》等戏也经常上演。田汉在1943年写有《赠金素琴》:"千里归来柳欲丝,却怜春雨损腰肢。漓江不减黄天荡,正待蛾眉举战旗。"将金素琴直接比拟于梁红玉。一年后,田汉又写有《次郭沫若韵赠金素琴》:"解意风和雨,随身剑与琴。中原犹板荡,终不负初心。"他所说的"初心"即金素琴演出《梁红玉》之后所表白的心志。

二、中华艺术剧团:对职业剧团商业化倾向的改造

抗战爆发后,许多剧人组织了救亡演剧队奔赴前线和内地,唐槐秋则继续坚持着他的职业化的戏剧道路。他率领着中国旅行剧团从上海到武汉,然后又到了香港。在香港时,由于话剧演出市场的狭小,资助人见无利可图就撤资了,剧团的经济危机引发了其内部长期潜存的矛盾,最后导致以姜明、李曼林等为首的20多人集体脱离"唐家班"。他们邀请欧阳予倩出面主持社务,于1938年12月9日正式成立中华艺术剧团。

欧阳予倩当时正在香港为中旅排戏,被动地卷入到了这一事件当中去。他本没有在香港长待的打算,1938年4月离开上海的时候香港只是他去桂林的一个中转站,应马君武之邀去桂林进行桂剧改革才是他的目标。但由于桂林政治形势的不利以及其桂剧改革思想与马君武有摩擦,故在桂林待了4个月之后他不得不又一次回到香港,并把这里作为他暂时的憩脚之地。在香港,他靠写电影剧本为生,同时受唐槐秋邀请为中旅排戏。他首先选择和排演的剧作《流寇队长》,没想到这一剧作刺激了剧团成员对唐槐秋不满的发作,一定程度上成为中旅分裂的导火索。事件发生后他被请来

---

① 金素琴:《新的信念》,见上海社会科学院文学研究所编《上海"孤岛"文学作品选(下)》,上海社会科学院出版社1986年版,第251页。

做调解,但双方都不让步,在调解无效的情况下欧阳予倩站在了姜明、李曼林等人一边,宣布要帮他们,同时拒绝了唐槐秋希望帮他重整"中旅"的请求。这一事件使得两位有着 30 年交谊的老朋友之间产生了深刻的矛盾,唐槐秋在文章中愤懑地说:"予倩老大哥:槐秋没有杀人,没有放火,没有做汉奸! 为什么这样绝人呢?"① 欧阳予倩在这个事件上的立场和行为主要出于以下两个方面的原因:一是他本来就对职业演剧的商业倾向非常反感,认为现代戏剧建设的开展必须抛弃艺术与金钱并重的二元主义道路,坚定地走建设戏剧本身的一元道路。二是他对唐槐秋个人及其组织剧团的动机和方式有看法,他说:"平心而论,槐秋的确有作领袖的才能,但是他看手腕似乎比艺术还重。他从来不看书,不重理论,对于政治、社会、教育方面的问题都不感兴趣,专以江湖豪杰劫勒党徒的手段,笼络几个技术比较优秀的演员,虽一时有如异军突起,久而久之,失了重心,变成了空虚的躯壳,这是很可惜的。"② 现代戏剧建设理念的不同导致了两位现代戏剧的先驱个人感情上的摩擦,这在任何事业建设中都会产生,不足为奇。

欧阳予倩主事之后把剧团组织管理方式改为理事制,并实行了一些新的举措:首先,他强调了演员个人素质的养成,每日按时起床,然后排戏一直到夜晚,试图把他们从前的不良习惯改正过来。其次是经常请人讲学,建立研究的机构,培养学术的气氛。中华艺术剧团短短的存在时间里开办了多次的读书会与座谈会,先后聘请过徐悲鸿、胡春冰、陶行知、许地山等人做过演讲:徐悲鸿讲关于构图的问题;胡春冰讲怎样在现在干戏剧;陶行知讲戏剧与教育的关系,等等。在计酬方式上采用点薪制,团员间的点数差别不是很大,成绩特著者才会增加点数,这是革除明星制同时兼顾公平的一个举措。财务上完全公开,提出"中艺是大家的中艺,而不是个人的中艺"的口号,希望最终能够达到全体演职员的自治。改组后的中华艺术剧团基本每月举行一次公演,成立 8 个月的时间里正式公演过 6 次,演出了欧阳予倩为他们导演的大大小小十几个剧目,内容主要是关于抗战救国的,其中《流寇队长》《魔窟》《钦差大臣》反响最好。为了能够在香港生存,欧阳予倩还在中艺基本队伍之外成立了粤语组,成员有很多是他广东戏剧研究所时的学生。欧阳予倩的这些举措目的很明显,一是要把过于商业化的中国旅行剧团纳入到抗战建国的轨道上来,发挥戏剧审美教育的作用;一是进行戏剧本

---

① 夫质:《"老将"唐槐秋对外发表谈话》,《戏剧杂志》1939 年 1 月 1 日,第 34 页。

② 欧阳予倩:《后台人语·之四》,见《欧阳予倩全集》第六卷,上海文艺出版社 1990 年版,第 345 页。

身的建设，继续推进新戏剧事业向前发展。他说："我们所支持的是抗战与建国，所谓戏剧工作，就是每一个戏剧家，把精神体力献给抗战建国的表现。我们尽可以用种种的方式……来宣传抗日，同时也要用研究的、含蓄的、开阔的、建设的精神在工作中逐渐建立起中国的新戏剧。"①

可惜因为香港话剧基础薄弱，观众不多，职业团体很难立足，同时团员们对民主的自治习惯一时也没适应过来，内部时不时出现摩擦，中华艺术剧团只坚持了 8 个月的时间便有无能为继之感。恰好新疆的盛世才和桂林当局都对欧阳予倩发出邀请，要他去主持当地的戏剧改革事业，于是欧阳予倩在征得团员的同意之下把他们全部转入了大地影业公司，自己又踏上了去桂林的路途，开始了他戏剧生涯的又一个段落，在办职业剧团和依托某个机构办戏剧两个选择中，他倾向于后一种。

抗战初期是戏剧运动的躁动期，战前的戏剧发展完全被打断了，大部分话剧从业者及一些戏曲演员都奔赴前线、后方以戏剧演出来做抗战宣传，欧阳予倩也同他们一样投身到了伟大的民族救亡运动中。他在此期间创作的《曙光》《青纱帐里》《梁红玉》《桃花扇》等，都是鼓动民族气节、宣传抗战之作。但是他始终坚持把发挥戏剧的潜移默化的感化作用作为开展戏剧工作的原则，因此戏剧艺术特别是舞台表现的整一性受到他高度的重视，不管是话剧的演出还是戏曲的改革都是如此。为达到以完美的戏剧艺术来感化人心的作用，戏剧本身的磨光便成了必要的工作，他主持中华剧团和中华艺术剧团从组织形式到具体剧目的选择排演上可以说都是以此为旨归的。

依托某个机构进行戏剧的研究实验是欧阳予倩推行戏剧建设的首选方式，但他对组织职业剧团并不是完全没有兴趣。1937 年职业演剧热潮兴起时，是他与马彦祥主编的《戏剧时代》首先发起了对该现象的讨论，该刊把推进戏剧职业化运动并在此过程中理顺职业戏剧运动本身特点以及它与创作界、外部社会的关系当作其讨论的主要议题。在 1946 年田汉发起的"话剧复兴运动座谈会"中，他仍然对"劳资制"的剧团组织形式持反对态度，提倡"同人制"，认为"'同人制'有时也有纠纷，但只要主持人有坚定的主张，把目标、步骤认得清，今天还不乏能共患难的人"②。欧阳予倩提倡"同人制"目的是要把职业演剧同新戏剧本身的建设结合起来，使得新戏剧在中国获得真正稳固的基础。他组织中华剧团和中华艺术剧团的最终目标就

---

① 欧阳予倩：《中艺第六次公演感言》，《申报》香港版 1939 年 6 月 28 日。

② 《话剧复兴座谈会》，《新闻报》1946 年 11 月 18 日。

在这里。话剧的发展虽然在 30 年代中后期打下了一定的基础,但它的繁盛还只限于以上海为中心的少数几个大城市,在中国的其他地方职业演剧必须承担开创之任务,正如夏衍在 1943 年说的:"(职业剧团)一方面已经是商业经营的剧团了,而他方面,我们因为在戏剧建设中的'现代化'还没有完成,所以肩上也还是挑着一份剧运的担子,这是我们的'转型期'的特征之一。"① 对于戏曲改革来说,以新的职业演剧方式来消除以京剧为代表的地方戏演出中的商业化、娱乐化更是一个重要的历史任务,中华剧团就是这样的一个尝试。从上述讨论可以看出,欧阳予倩组织中华剧团和中华艺术剧团也可以说是国民剧场建设道路的一个延伸。

第九节　在广西的七年

　　欧阳予倩离开上海到达香港不久,便接受马君武的邀请,到桂林去参加他们的桂剧改革工作。当时马君武与白鹏飞、陈俊卿等人组织了广西戏剧改进会,正在从事桂剧改革工作。欧阳予倩到桂林之后,便开始为戏改会所属的桂剧剧团排《梁红玉》,在排演方式、剧本形式、表演方式方面都对桂剧做了大刀阔斧的改革,最后公演的结果却盛况空前,连演了 28 场,为广西各界人士所瞩目。但这种大幅度的桂剧改革与马君武等组织戏改会的本意是不一致的,他们需要的是局部的革新,把旧本中思想意识与时代不符的及词句不通的地方加以删减改动,形式上尽量保持桂剧的地方特点,欧阳予倩进行的则是从内容到形式方面的根本改革,并且力主多排演新戏。另外欧阳予倩到桂林的时候正是广西"六一"运动失败不久,政治形势比较紧张,对左派分子不大欢迎,欧阳予倩的反蒋立场自然会引起当局的警惕,因此欧阳予倩在桂林待了 4 个月之后便不得不又返回了香港。

　　到了 1939 年的时候,广西的政治空气又产生了新的变化,桂系部队在抗日前线的骄人成绩使他们有了与蒋介石政府分庭抗礼的资本,又重新接纳了不少的左派人士,民主的气氛也逐渐浓厚起来。欧阳予倩导演《梁红玉》的成绩也已经奠定了他在桂剧改革中的地位,因此在马君武重新担任广西大学校长,无暇管理戏改会的时候,广西当局就立即让白鹏飞出面再次邀请欧阳予倩来桂林主持桂剧改革工作,并且给了一个广西省政府顾问的头衔。欧阳予倩很快接受了邀请,开始了在广西的戏剧建设事业。

---

　　① 夏衍:《论正规化》,见《夏衍全集·戏剧评论卷》,浙江文艺出版社 2005 年版,第 175 页。

一、主持广西戏剧改进会

(一) 戏改会的组织模式

1939 年 11 月,欧阳予倩担任了广西戏剧改进会会长,对原来"戏改会"所属的桂剧团进行了整顿,正式命名为桂剧实验剧团,兼任团长。当时桂剧的著名演员如旦角谢玉君、李慧中、方昭媛、尹羲;生角刘玉轩、王盈秋、彭月楼、贺木生;小生秦志精、肖砚清;净角白凤奎、肖仲达、何建章;丑角李百岁、廖方全、刘万春,都加入了该剧团。在实验剧团原有的演出基地南华戏院不幸焚于大火之后,他又组织兴建了以演桂剧为主的广西剧场,在剧场结构、照明、布景等方面都有新的改进,可以容纳近千人。欧阳予倩还于 1941 年 12 月筹设戏剧学校,原计划分话剧、桂剧两组,实际上只办了桂剧组。戏剧学校 12 月招生,次年 2 月正式开办,因经费困难,只招了演剧、音乐两科共 24 名学生,成为一所新型的培养戏曲演员的专业学校。桂剧实验剧团与广西剧场是欧阳予倩进行桂剧改革试验的基地,桂剧学校则是培养戏剧改良队伍的基地,欧阳予倩以此组织方式进行着他的桂剧改革。

(二) 桂剧改革的示范

早在 1938 年 4 月应马君武之邀来桂林排演桂剧《梁红玉》时,欧阳予倩便把排练场当成了桂剧改革的实验场,对舞台面、唱腔唱词、文武场面都做了大量的改革。1939 年接任广西戏剧改进会会长之后,更是全面主持了桂剧的改革工作。对欧阳予倩来讲,桂剧改革与京剧改革的性质一样:突破过于简陋僵化的程式,灌输入适时代为人生的内容,把耳目声色之娱的技艺化追求改造为审美教育之一种。当然保存桂剧本身的特点也是一个必然的要求,但比起前一任务来讲则次要得多、简单得多。欧阳予倩对桂剧改革的具体构想包括三个部分:桂剧剧本的改编整理;演出形式的改革;桂剧改革人才的培养。

欧阳予倩的桂剧改革在剧目方面以创编新剧目为主,改编的剧目有《桃花扇》《人面桃花》《梁红玉》《黛玉葬花》《木兰从军》《长生殿》(此剧因桂林沦陷未能排练公演),此时他还创作了现代题材的时装桂剧《广西娘子军》《搜庙反正》。此外,欧阳予倩选择了一些较有意义的桂剧传统剧目进行整理,有《关王庙》(《玉堂春》的一折)、《抢伞》(《双拜月》的一折)、《断桥会》(《白蛇传》的一折)、《烤火》(《少华山》的一折)、《打金枝》《拾玉镯》。剧目整理方面的工作主要是把一些迎合观众的庸俗调情的内容删去,代之以健康、积极、高尚的情绪,如《烤火》把原剧中倪俊与尹碧莲因寒冷抢夺火盆的场面改为两人互送火盆;《关王庙》写苏三冒雪到关王庙赠送银两给王金龙,歌颂一种高尚的爱情等等。现代题材的创作直接表现了抗日时期的战争生活,不仅在剧场里演,还经常到街头去演出,以配合抗日宣传,相对来讲,这些剧作还是比较粗糙的。最受观众欢迎的还是他的改编剧目《梁红玉》《桃花扇》,前者连演 28 个满场,后者连演三十几个满场。

演出形式方面的改革包括对表演的改革、对音乐的改革、对化装和舞台装置的改革、对排演制度的改革等。1938 年在桂林排桂剧《梁红玉》时,欧阳予倩是一句一句地教演员念台词,每一个身段、每一个动作都替演员们选择,力求每一个动作与前后动作甚至全部动作的联系,而每一个人的动作都与其他人的动作发生联系,同时根据剧情安排演员的舞台地位,排列成种种不同的画面,在场面上也根据表演的需要重新制定提纲,前后费了一个多月的时间才把这个戏排好,与话剧导演所担负的功能没有什么两样,因此他成为在戏曲领域实际担负起导演职能的"第一个人"。① 著名桂剧表演艺术家尹羲在表演上的巨大成就的取得与欧阳予倩的悉心指导是分不开的,她说:"就我个人而言,从过去机械地照搬师傅的动作,逐步做到为塑造剧中人物的性格而表演一招一式,一颦一笑,这完全是欧阳老师手把手地教出来的。"她举了《人面桃花》中杜宜春游春归来送父亲杜知微出门的一个片断为例:"老父过桥时,上身一闪,好像要掉下桥去似的。杜宜春见此情突然惊叫一声'啊!'在叫'啊!'的同时,两肩自然地往上提,接着便焦急不安脱口而出:'爹爹,过桥你要小心了!'杜宜春一直望着爹爹平安地过了桥,然后再慢慢地将往上提起的双肩收回到原位,并转过身来面向观众,仿佛身上的一块石头落下了地。"② 戏曲音乐方面,欧阳予倩做了比较现实的、稳妥可行的革新。首先是器乐方面的改进。中国音乐长期以来以声乐为主,器乐为辅,崇尚自然之音,认丝不如竹,竹不如肉,因此戏曲里的器乐与西方相比更显寒碜,它的主要功能在于对声乐的衬托、补充,给动作表情以节奏等,无法像西方器乐那样联合起来产生自己独立的组织和表意功能。在桂林的时候,焦菊隐是桂剧改革的积极参与者之一,主张对桂剧场面加以改进,他观察到欧阳予倩导演的《梁红玉》和《桃花扇》在器乐方面的成功做法,"试看欧阳予倩先生所导演的《梁红玉》及《桃花扇》,其场面的伴奏,较旧有戏剧紧凑得多,就是一明例。这固然因为剧本精彩,演员也经过他仔细的训导,而他对效果音乐特别注意,音乐提纲重新制定,乐师也作单独的训练,也是他成功的重要原因之

---

① 李紫贵:《李紫贵戏曲表导演艺术论集》,中国戏剧出版社 1992 年版,第 14 页。
② 尹羲:《欧阳予倩与桂剧改革》,《戏剧》1990 年第 2 期,第 116 页。

一"①。在声乐方面,欧阳予倩在积极向昆曲、京剧、其他地方剧种及西方的歌剧学习借鉴,增加合唱、轮唱、帮腔等,以丰富桂剧音乐的表现力。桂剧与京剧、湘剧同源,比京调素朴,但表现力有些欠缺。欧阳予倩在保持桂剧音乐特色的同时大胆吸收其他剧种的唱腔曲牌。他在排《梁红玉》时,有意识将 [折桂令] 和 [八仙会蓬莱] 这两支昆曲牌子,在音调和节奏上略加改动,融进桂剧音乐中,使音乐气息磅礴浩大。在《玉堂春·会审》一场中,他将京剧音乐运用到桂剧唱腔:起唱用桂剧的 [北路赶板],紧接其后的衬腔"呐……"是借鉴京剧的,然后紧接桂剧的 [八板头],中间有一大段一问一答的唱,是桂剧唱腔中以叙事见长的 [吊板],直到最后的煞句"纵死黄泉也甘心",又引进京剧味较浓的拖腔,自然流畅,又较好地抒发了苏三内心的感情。在《渔夫恨》的音乐设计中,欧阳予倩借鉴歌剧的手法,将桂剧唱腔处理成合唱、轮唱和咏叹调等多种演出形式。在萧桂英演唱的"听爹爹述往事……"一段唱中,起句开头用桂剧的 [南路起板],结尾处先用京剧"干煞"的方法,然后重复一次,改用湖北楚剧《百日缘》中七仙女哭董永的旋律,使行腔低回凄婉,比较准确地描述了萧桂英的心情。② 在化装和舞台装置方面,欧阳予倩也做了许多有益的改革。他将桂剧旦角梳的"粑粑头"改为"古装头",把画嘴唇只画"一点红"的习惯改为按各人嘴唇的线条自然画,等等。舞台装置上用布幕来取代"检场",并且在适合的剧情段落采用了实景。《梁红玉》中出现了星星、月亮、城壕、营幕和战船,《木兰从军》中出现了引人注目的实物"中华纪念碑"。

(三) 推行桂剧改革方式的争论

欧阳予倩在桂剧改革的步骤上仍然坚持了他一贯的做法,就是以示范性的演剧团体与固定的非商业化的剧场的组合来进行稳妥的研究试验。他在战时环境中的这种做法遭到了田汉等人的批评。田汉抱怨他没有将桂剧改革建设推广出去,形成大气候。曾经做过新中国剧社负责人的李文钊也说:"以桂林说,当时除'广西剧场'外,还有'桂林戏院''南华戏院''启明戏院''高升戏院''东旭戏院'在经常同时上演桂剧。然而桂剧改革建设,却一直不出'广西剧场'的大门。就对上述这些近在眼前的剧院和剧团也不发生影响,更谈不上交流互助。这些剧院,依旧天天在演旧剧。这不是一个广泛的改革建设,而是只此一家,别无分店地把桂剧改革,成为'广西剧场'

① 焦菊隐:《桂剧之整理与改造》,见丘振声、杨荫亭主编《欧阳予倩与桂剧改革》,广西人民出版社1986年版,第182—183页。

② 尹羲:《欧阳予倩与桂剧改革》,《戏剧》1990年第2期,第117页。

的专利事业。这种自己局限着，不能扩大影响，不能展开建设的做法，是不能不令人惋惜的。"① 欧阳予倩当时主持广西戏剧改进会，拥有固定的广西剧场，办了桂剧学校，完全有条件推行他的戏剧改革方案。

对于他没有这样做的原因，田汉说是"偏于自用"，李文钊说是"太拘谨，太过于自信"。其实主要原因还是在于欧阳予倩对那种"运动式"的推进戏剧发展的方式不欣赏，他喜欢组建自己的剧团和剧场，在其中进行戏剧方面的研究试验，在此基础上推出尽量完善的戏剧舞台作品，逐渐地将影响扩展出去。另外一个原因是他认识到自己的改革方案并没有完全成熟，在音乐和布景方面都存在着很大的问题，不愿采取运动的形式推广。田汉的做法就不同，他天生喜欢以"运动"方式开展戏剧活动，在武汉时期就开办了有 700 多名旧戏曲艺人参加的"留汉歌剧演员战时讲习班"，并在此基础上组织了两个平剧队、10 个汉剧队和 10 个楚剧队，作为抗日宣传的力量。后来在长沙、桂林，他都采取了类似的做法，为推进这个建设，还在 1939 年将全副精力投入到戏曲创作中，收获了很多"旧瓶装新酒"式的长篇巨制，成为"革新旧剧的'江湖老大'"②。

欧阳予倩的这种做法使他与抗战戏剧建设的主流产生了分歧，在抗战的"旧剧"改革浪潮中处于边缘化的位置。

二、主持广西艺术馆

1940 年 3 月 3 日广西艺术馆在桂林成立，它是由广西省政府设立，徐悲鸿主持了组建工作。徐悲鸿因为这时在重庆建立了美术学院，就把艺术馆移交给了欧阳予倩。艺术馆规模很宏大，刚开办时设有美术部、音乐部、戏剧部三部，后来增加到五部：总务部、研究部、美术部、音乐部、戏剧部。按省政府的宗旨，艺术馆主要从事艺术教育和抗战建国宣传，其任务是：培养推行艺术教育的干部；以实际行动，有系统地研究各艺术部门的理论和技术，以及推行艺术教育的方法；利用各种艺术作抗战建国的宣传。欧阳予倩主持期间特别强调艺术馆的研究示范性质，在第一年的工作总结中就强调说："据予倩个人的意见，以为这个组织应当多注重学术方面，要从实际的体验来建立理论。所以应当打开门，面对着现实从事于进一步的研究。因为是在战时，工作方面不能说没有应急的措置，在作品方面尽可能当力求慎

---

① 李文钊：《欧阳予倩在广西》，见丘振声、杨荫亭主编《欧阳予倩与桂剧改革》，广西人民出版社 1986 年版，第 387 页。

② 董健：《田汉传》第六章第四、五节，北京十月文艺出版社 1996 年版。

重,决不宜粗制滥造敷衍了事。所以我们想从研究方面多作点功夫,等到有了结果,便也可以供文艺界的参考,也可以应社会的需要贡其一得。"①欧阳予倩后来在艺术馆中专门设立了研究部,以实现他的宗旨。对研究性质的强调成为艺术馆一个可资宝贵的经验,他的继任者对此充分接受,"研究部一定要健全起来,欧阳先生领导艺术馆的经验已证明了。如果艺术馆单单是一般的演剧与美术展览,这种工作只能作为示范与普及的作用,假使忽略了本身的提高与创作的话,艺术馆就会流于一般的剧团无异,不能在普及中提高"②。从1940年创办以来,各部在演出、辅导演出、创作及研究方面都有不菲的成绩。

在话剧活动的开展方面,欧阳予倩也力图贯彻示范性的演剧团体加固定剧场的模式。艺术馆戏剧部附设了一个话剧实验团,其阵容可观,曾拥有叶仲寅、石联星、许秉铎、严恭、黄若海、童一厂等著名演员及杜宣、汪巩等研究人员。艺术馆的馆址本是借用的,没有自己的剧场,在没有拨款的情况下欧阳予倩大胆地以贷款的方式筹建了包括一个剧场在内的新馆,新馆于1944年2月15号正式宣布建成,意味着大后方唯一的专供话剧演出的、新型的、非商业化的剧场的诞生。从1940年9月到1942年4月,演出大小剧16出,103场,观众达166000人。演出剧目有《战地鸳鸯》《越打越肥》《国家至上》《在旅馆里》《心防》《起死回生》《日出》《故乡》《忠王李秀成》《半斤八两》《人命贩子》《走出愁城》《独裁者》《面子问题》《这不过是春天》《天国春秋》,近半数是欧阳予倩导演的,其中《忠王李秀成》最卖座,共演出23场,观众达30000人,约占当时桂林人口十分之二。他们还于1942年到衡阳、柳州等地举行过旅行公演,演出了《天国春秋》《面子问题》《走出愁城》等剧。在1944年为时3个月的西南剧展中,他们承担了大会的筹备、组织、日常事务等工作,并且演出了《旧家》《屏风后》等剧。复员后的1946年,艺术馆在剧场被毁、人员缺乏的情况下,做了许多小规模的演出,演出的大部分是独幕剧,有《桂林夜话》《言论自由》《赵钱孙李》《等因奉此》等,除此之外还演出了多幕剧《小人物狂想曲》《面子问题》等。

对欧阳予倩在桂林的作为,风子颇动声情地说:"每一个干戏的人都和欧阳先生一样,有一套理想和梦。而理想范围总不出有一个自己的团体,和一个自认为理想的剧场。欧阳先生从年轻干到老,不但有了一个剧团,而且

---

①　欧阳予倩:《省立艺术馆的工作概况》,《建设研究》1941年7月15日,第13页。

②　殷之濂等:《广西省立艺术馆三十五年度各部工作报告》,见《桂林文史资料》第四辑,第173页。

是两个以上的剧场都落成了。"① 建设固定的话剧剧场是话剧界经常性的呼吁,但只有欧阳予倩最终实现了,这一方面是因为他的埋头苦干精神,另一方面他的国民剧场戏剧建设道路为此提供了可能。

三、西南剧展:戏剧界交流研讨的盛会

从一定意义上说,西南剧展也是欧阳予倩研究实验的戏剧建设精神的一个体现。研究者一般把这次剧展放在抗战剧运的背景下来阐述其意义,认为它是"抗战剧运的大检阅""国统区抗战剧运的大总结""抗战剧运彻底成熟的里程碑"②。其实到了抗战后期,戏剧界发源于战争的亢奋、热情已经平复下来了,在重庆、桂林等地职业化的演剧热潮重新燃起,抗战初期的大一统的戏剧建设路向出现了分化,怎样开展戏剧建设重新成为重大的问题,因此把这次剧展同欧阳予倩的戏剧生涯联系起来观察完全合理,也能凸现这次剧展另外的含义。

西南剧展由广西艺术馆主办,欧阳予倩担任筹委会主任和常委会主任,他对这次剧展的性质和目的有明确的表述:"我们所希望的是使戏剧成为教育,成为学术,成为富于营养的精神的粮食,成为化除一切腐旧的不良习惯的药石。我们希望[在]这一次的大会里产生一个学会以及研究的机构,更深入地互相讨论一切问题;希望产生一个互通声气的刊物;希望彼此间获得更深切的了解,把共同的信念更坚强地建立,把大家的力量集中以贡献于国家民族,以迎接伟大的胜利。"③

这一性质和目的在剧展内容上得到了体现。剧展主要由三部分组成:演出展览、资料展览、戏剧工作者大会。演出剧展自 2 月 15 日开幕至 5 月 19 日结束,历时 3 个多月,共演出 179 场,剧目有话剧 23 个、歌剧 1 个、京剧 29 个、桂剧 8 个、活报剧 7 个、傀儡戏 5 个、民族舞蹈 14 个、马戏 9 个、魔术 10 个,另外桂林文协组成了一个由田汉、韩北屏、孟超等人参加的剧展演出批评团,对剧展中大部分剧目的演出做集体讨论后写出文章加以评论。资料展览于 3 月 17 日至 4 月 6 日在广西艺术馆新址举行,展出了十多个团体、80 多人的 1000 多件文献、照片、模型、剧本、图表等:有从春柳社到抗战时期话剧建设整个过程的资料图片;有戏曲资料,包括脸谱、孤本秘本、戏曲改革的图片等;有各个剧社的资料,包括剧本、舞台模型、演出照片、实用的

① 凤子:《我的怀念》,见《台上・台下》,中国戏剧出版社 1985 年版,第 88 页。
② 邓小飞、吴立德:《试论西南剧展在抗战戏剧史中的地位》,《抗战文艺研究》1983 年第 2 期。
③ 欧阳予倩:《关于西南第一届戏剧展览会》,见《西南剧展》,漓江出版社 1984 年版,第 42—43 页。

舞台装置发明等。戏剧工作者大会从3月1号到3月17号在艺术馆举行，它以团队工作报告、各地剧运报告、专题演讲、论文宣读、提案讨论五种形式对抗战7年来的剧运成绩、方向、内容、形式等进行了交流探讨，举办了"戏剧建设路线"问题、"如何创造民族歌剧"问题、"改革旧剧"问题3个座谈会，大会还通过了10条剧人公约：认清任务、砥砺气节、面向民众、面向整体、勤研学术、磨炼技术、效率第一、健康第一、尊重集体、接受批评，在大后方戏剧界产生了广泛的影响。

　　从这三方面的内容看，学习观摩、学术探讨的意图非常明显，而这种学习、探讨背后的价值取向也是明显的，那就是回到新戏剧建设本身。这在戏剧工作者大会的讨论主题以及参展剧团的构成上可以看得很明显。剧展期间的三个座谈会分别以戏剧建设、新歌剧建设、戏曲改革为主题，实际上是中国新戏剧建设的全部内容。西南剧展中桂剧参演的三个团体是广西桂剧改进会的桂剧实验剧团、启明科班和桂剧学校，演出剧目为《木兰从军》《人面桃花》和经过不同程度加工整理的传统剧目《牛皮山》《女斩子》《献貂蝉》《李大打更》《失子成疯》《抢伞》等，实际上成了"桂剧改革实绩的一次检阅"①。

四、被迫离开广西

　　1944年湘桂大撤退时，欧阳予倩率领艺术馆部分工作人员疏散到桂东地区的八步、昭平等地，继续做着抗战宣传工作。他在那里加入了民盟，同张锡昌主持了11月1日创刊《广西日报》（昭平版）的工作，发表了许多大胆自由的言论，其中心内容是对民主的呼吁。如1945年元旦，欧阳予倩在该报发表《第八个年头》一文中说："目前已经快到山穷水尽了，政治上的作风必须改变。第一要实行民主……全国的民众正在渴望着一剂灵药——民主。"② 投入到了抗战末期民主建设的大潮中。日本投降后，欧阳予倩率广西艺术馆的工作人员返回桂林，当时艺术馆已经完全被毁，他在焦土上重新开始了艺术馆的建造工作。此时他还参与到战后的民主运动中，创作了独幕话剧《桂林夜话》、默剧《言论自由》等表达他对民主的向往、对压制言论自由行径的抨击。《桂林夜话》又名《归来夜话》，在初冬冷月下断垣颓壁的桂林城一角，黄浩然感叹着桂林居然成了废墟，其女黄秀成追随出来问这问

① 丘振声：《桂剧改革实绩的一次检阅——桂剧在"西南剧展"中》，《学术论坛》1984年第5期。

② 转引自赵锡骅《民盟史话：1941—1949》，中国社会科学出版社1992年版，第126页。

那,引发了他的更多感慨,还作了一首绝句"冷月清光浸废墟,桂林焚劫竟无余。新城闻道从头建,滓秽如山待扫除",表达他的期望。在父女俩谈话间,一个妇人拿着一把菜刀冲过来朝着路过的一个公务员模样的男子就砍,男子赶紧架住她的手并认出她是以前的邻居王大嫂,因为一连串的打击:丈夫在战前被街长公报私仇当逃兵抓了,不知下落;桂林大溃退的时候一双儿女丢了,行李也光了;归来后好不容易积攒的房子被拆了,谋生用的水桶和锅也被充公,有些神经不正常,要找人拼命。不久王大嫂的亲戚董荷平赶到来找她,正好与董浩然认识,讲起了他逃难所经历的危险,还讲述了其乡间"董大哥"的故事。这个剧本是王大嫂的悲惨遭际与文人政治表达的一个结合,黄浩然的感叹中有很多对现实政治的表达,如"阻碍交通的粪草堆容易扫,阻碍进步,阻碍文化发展的粪草堆却不容易扫。街上的粪草堆,扫了最多是无意识地再倒,思想和制度方面的粪草堆,不单是一层层加高,而且还要当宝贝来保存。有些人最爱把发了霉的东西捧出来压迫大家接受,还把坟里头的枯骨供在神龛上,强迫人当神圣来朝拜,要是有人反对这种做法,明里即使没有什么,难免就要遭暗算。"董大哥的故事则可以看作是一个政治寓言,讲董大哥通过开赌、贩鸦片发财后用种种手段谋得了族长一职,独断专行,遭到一班小辈的反对,双方斗争很激烈。抗战开始后,董大哥借着抗战的名义将自己的人与反对他的人一起组织成自卫队,一方面打敌人,一方面又借着敌人的手杀害原来反对他的人。他的倒行逆施激起了全村人的公愤,大家联合起来最后将他扳倒了。政治表达加上对现实黑暗的展示,《桂林夜话》表现出尖锐的现实批判性。《言论自由》一共有 8 个场景,抨击政府的特务统治。

1946 年 5 月 4 日,由文协桂林分会、文化界联谊会、师院学治会及妇女界美术界共同发起,开了一个纪念会,林砺儒、穆木天、欧阳予倩等先后发言。欧阳予倩在讲话中提到了美国的孤立派,也提到了胡佛。与会的一个青年靳为霖更加以补充,说胡佛之流是打着救济的招牌来进行某种政治阴谋,所以要警惕。他们的言论立刻遭到当局的打击,发酵成所谓的"面粉有毒"事件。这一事件之后,欧阳予倩就请假到上海去,他在上海对《新华日报》记者发表了反对内战、反对独裁、要求民主、要求进步的谈话。这个谈话,重庆《新华日报》把它登载出来了。他的这些活动和言论引起了国民党的强烈反弹,《中央日报》广西版发表了署名"尚公"的文章对他进行猛烈的攻击。在此形势下,欧阳予倩不得不辞去了艺术馆的工作,靠变卖部分家当和朋友的接济才返回上海。

从 1939 年到 1946 年,欧阳予倩在广西桂林待了 7 年,在桂剧改革和话剧建设等方面作出了很大的成绩。

桂林的 7 年是欧阳予倩国民剧场戏剧建设道路的充分实践,他实践着戏曲改革、话剧建设两翼齐飞的计划,在戏曲改革中将编、导、演各个方面的问题进行了充分深入的探讨和实践,话剧建设中则明确提出了建立民族导演体系的目标。7 年之中,除去 1944 年疏散、1945 年的复员中近两年的折腾,能够静下心来的工作时间也有四五年,是他主持广东戏研所以来最稳定的一个戏剧建设时期,因此所取得的收获也最丰。桂剧的改革、话剧民族化的实践以及西南剧展的操办都有着引人注目的成就,特别是其桂剧改革已经是在实践着一种新的戏曲美学形态,并且略显雏形,可以说是现代戏曲的先声。

桂林时期欧阳予倩发人深省地提出了"磨光"的戏剧建设口号,在抗战的躁动中坚忍地实践着这一口号。他以广西戏剧改进会和广西艺术馆为依托,开展经常性的戏剧演出,以其精湛的演出把众多的观众吸引入剧场,为桂林文化城的形成作出了很大的贡献。以欧阳予倩为中心的桂林的戏剧活动与重庆的职业演剧相呼应,造就了大后方戏剧演出的辉煌。

第十节 新中国成立之后

1949 年国共两党局势基本明确时,欧阳予倩应当是满怀欣慰的,蒋介石的国民政府要失败了,一个新的人民共和国就要成立了,当潘汉年、许涤新、夏衍三人离港赴北平酬报接管上海的工作时,他与孙瑜等 16 人联名写了《电影政策献言》,提供新中国电影事业参考。不久他被新的政权邀请从香港北上参加第一次文代会和政治协商会议的筹备工作,7 月 2—19 日他以常务主席团成员身份参加了中华全国文学艺术工作者代表大会,9 月 21—27 日以无党派民主人士身份参加了中国人民政治协商会议,10 月 1 日又参加了中华人民共和国开国盛典。1950 年 4 月,他被任命为中央戏剧学院第一任院长。在 1950 年上半年的工作报告中他提出:教学工作要走向正规化;演出团体要提高演出质量,加强业务学习;创作方面要尊重创作规律,强调技术的学习;音乐工作方面要创造民族的歌剧音乐,解决歌剧舞蹈的音乐问题。这些表明他在继续自己以前在戏剧教育和艺术馆工作方面的思路。

1950 年,为响应斯德哥尔摩世界和平的号召,欧阳予倩满腔热情地创作了新中国的第一个舞剧《和平鸽》,以宣传和平、反对侵略。这部两个小时长的舞剧在舞蹈团、音乐组等的集体分工合作下 50 天就赶排出来了,欧阳予倩显然为新的集体的干劲所激动，他写了《集体力量完成集体的艺术》一文表达他的欣慰感，"用舞蹈这一艺术形式，传达人民革命的感情，是我们舞蹈团的企图，但并没想到用五十天赶出一个要演两个小时的大型舞剧。可是居然赶着如期完成了。最初认为不可能的事，以集体的力量，一致的步骤完成了！这是偶然的吗？不是。这完全是有计划的，一切按着预定的进度表进行的。"①

　　欧阳予倩兴奋得太早了，《和平鸽》在北京演了几场之后便被否定了，从此便销声匿迹。从当时的一些批评中我们可以读出许多有趣的信息来，发现欧阳予倩文艺理念与新的文艺政策并不合拍。《文艺报》在1950年的第三卷第二期和第四期分别发表了钟惦棐的《论〈和平鸽〉》和焕之的《评舞剧〈和平鸽〉的音乐》，对《和平鸽》进行了讨论，批评了该剧舞剧洋化的倾向。两篇文章还批评了舞剧的创作方法。钟惦棐指出舞剧第二场、第三场和第六场场面和结构处理有失误，过多地展现了战争阵营的活动，而没有正面表现和平的声势以及和平如何深入人类最高的感情中去的事实；焕之认为舞剧音乐在人民时代感情的表现上很不强烈。两篇文章一致认为出现上述毛病的原因在于作者没有掌握延安整风以来在解放区推行的新现实主义的创作方法，没有接受新的世界观的洗礼。钟惦棐说："欧阳予倩先生在这一创作中之所以付出了莫大的激情，这自然一方面是由于他尚未经过文艺在解放区更加深入实践的阶段。"②焕之也说："主题思想在音乐上表现得无力的原因，是技术不够呢还是创作方法上的缺陷？我认为是后者。"③

　　在1951年11月北京文艺界整风运动中，中央戏剧学院成了受批的典型。作为中央戏剧学院副院长并主持党的工作的张庚检讨说："两年来我们学院的工作犯了严重的错误。这个错误的性质是什么呢？是严重地脱离政治、脱离实际、脱离毛主席的文艺方向，让小资产阶级思想甚至资产阶级思想占了上风。在这次北京文艺界的整风学习中，我们学院的错误是一个典型，因为它是严重地、集中地表现了小资产阶级的文艺思想。"④欧阳予倩也从学院的教学工作、创作和演出两个方面做了检讨。他说："本院两年以来在工作中犯了很大而且很多的错误，不管是教学方面、创作和演出方面，都表现了脱离政治、脱离生活、脱离实际和自由主义、形式主义等严重的现

---

① 欧阳予倩：《集体的力量完成集体的艺术》，《人民戏剧》1卷6期，第24页。

② 钟惦棐：《论〈和平鸽〉》，《文艺报》3卷2期，第27页。

③ 焕之：《评舞剧〈和平鸽〉的音乐》，《文艺报》3卷4期，第19页。

④ 张庚：《坚决纠正错误，实现毛主席的文艺方向——在中央戏剧学院文艺整风学习动员会上的报告》，见《文艺工作者为什么要改造思想》，人民文学出版社1952年版，第75页。

象。"① 创作和演出方面的问题就包括他自己创作的《和平鸽》,他还在检讨中做了严肃的自我批评:"我是个典型的小资产阶级知识分子。尽管我也曾坚决地参加反帝反封建的斗争,一贯反日、反美、反蒋,但是我一向是站在小资产阶级立场做斗争的。从 1933 年到现在,尽管间接直接接受着中国共产党的指示和领导,但是我的立场根本没有什么变动,以前我心安理得站在自己的阶级立场上,最近三年来,才逐渐从思想上明确了立场是可以转变的,也就逐渐在转变。"②

一、修改旧著与重述历史

在新的文艺观的强大压力之下,欧阳予倩自动地对自己的创作和历史地位做巧妙的掩饰和调整。这一掩饰和调整主要表现在两个方面,一是对自己著述的修改和重新解释;二是重述历史。1956 年和 1959 年人民文学出版社先后将欧阳予倩的部分话剧剧本结集为《欧阳予倩剧作选》和《欧阳予倩选集》出版,后者在前者的基础上增加了《潘金莲》一剧,同时对《桃花扇》做了大量的修改。1980 年出版的两卷本《欧阳予倩文集》实际上是在 1963 年由"欧阳予倩文集"编辑委员会编定的,包括 13 个话剧本、8 个京剧本、4 个桂剧本、1 个歌剧本,它以 1959 年的选集本为底本,删去了《潘金莲》一剧,新收录的部分剧作也作了修改。另外他的一些单篇作品如《桃花扇》也先后获得出版。回忆录《自我演戏以来》在 1959 年重新修订出版,并把他 50 年代中期写的《回忆春柳》等 4 篇文章附在后面。作者在修订版前言中说:"当时想到哪里写到哪里,有的记错了;有的排印错了;有的措词不当;有的谦虚得不得体;自己没有校过。这次出版曾酌量加以订正,以求真实。有些不易明了的地方,一一加注或补充说明。至于有关过去时期我的思想见解的部分完全照旧。总的看来,修订的部分很少,力求保存初稿的面貌。"③ 话虽如此,作者其实煞费苦心地做了增删修补的工作:一种形式是页下作注:或补充介绍文中提到的人物,或作重新阐释;另一种形式是在文中增删一些比较敏感的地方。欧阳予倩在五六十年代重述历史的文章有作为《自我演戏以来》附录的《我怎样学会了演京戏》《我自排自演的京戏》《回忆春柳》《谈文明戏》四文以及回忆录《电影半路出家记》。这些文章为我们

---

① 欧阳予倩:《学习增加了我的勇气和信心——在中央戏剧学院文艺整风学习大会上的报告》,见《一得余抄》,作家出版社 1959 年版,第 24 页。

② 欧阳予倩:《学习增加了我的勇气和信心——在中央戏剧学院文艺整风学习大会上的报告》,见《一得余抄》,作家出版社 1959 年版,第 35—36 页。

③ 欧阳予倩:《自我演戏以来》,中国戏剧出版社 1959 年版。

提供了关于作者自己以及中国现代戏剧和电影的大量史料,弥足珍贵。同时我们也看到,在当时的社会、文艺思潮的压力之下,这些文章中有许多的自我检讨的地方,对自己的艺术经历也做了重新的解释。欧阳予倩的这些修改和重新阐释,主要是对自己先前秉持的思想立场、美学观念和戏剧道路做自我批评和掩饰修改。

欧阳予倩对自己思想立场进行掩饰修改的重点放在是 20 世纪 20 年代末 30 年代初这一阶段。在 1959 年的选集本前言部分,作者对自己的创作意图做了明确的解释,强调这些剧作基本上是出于揭露国民党的黑暗而写的:"《屏风后》里面提到的道德维持会,当时广州的确有类似那样的一个会。我一九二九年到广州见到许多阔人盖洋楼逼着穷人搬家,就写了《车夫之家》。像《买卖》里那些怪物也是我所常见的。"① 为了表明这个创作意图,作者对作品也作了一定程度的修改。独幕剧《同住的三家人》初发表时将剧情发生的时间标为"现代",而在选集本中则明确标为"一九三二年",并且增加了近一页篇幅的文字来介绍主人公王素薇的父亲、哥哥及母亲所遭到的迫害。剧作中遥远而模糊的背景事件在此也得到明确的叙述,如将她哥哥的死叙述为:"她哥哥因为没有钱,不能受高等教育,便在一家铺子里帮生意,在一九三一年十月十日,因为参加民众抗日运动,在永汉路被警察当场枪毙了。"与此相呼应,在《我自排自演的京戏》中,欧阳予倩对自己20 年代末 30 年代初的思想脉络作了如下描述:"我从编'潘金莲'起创作思想有所转变,写出了一些暴露国民党反动统治的短剧。由于'一·二八'事变的刺激,我的思想向前跨了一步,认识到只有工农、只有中国共产党能救中国。但并不懂得什么是革命的人生观;也不懂得应当转变立场,更不懂得立场可以转变。我明确了艺术是革命的武器,但由于没有政治的指导,不懂得如何充分运用这个武器。"② 1963 年编定、1980 年出版的两卷文集将田汉写的《他为中国戏剧奋斗了一生》作为序言,把欧阳予倩思想的发展历程盖棺论定为:"予倩从一个旧民主主义者成为新民主主义革命家,终而成为一个马克思主义者,成为党的战士。这是他思想发展的必然。而他从个人奋斗参加到党的战斗集体以后,他的文艺论著和创作的确换了一个面目,焕发出新的光辉!"③

在美学观念方面,欧阳予倩重点检讨了唯美主义的倾向,其次是对自

---

① 《欧阳予倩选集·前言》,人民文学出版社 1959 年版。

② 欧阳予倩:《我自排自演的京戏》,见《一得余抄》,作家出版社 1959 年版,第 243 页。

③ 田汉:《欧阳予倩文集·代序》,中国戏剧出版社 1980 年版,第 19 页。

己创作中娱乐因素的掩饰。《自我演戏以来》在《戏剧》杂志连载时有这样一段话："我受了镜若的影响，颇以唯美主义自命，我所演的戏无论新旧，大部分是爱情戏，这一半是因为自己角色的关系，我从来没有在台上演说过，也没有编过什么志士剧。我心目中所想的就是戏剧——舞台上的戏剧。我不信艺术能在任何种目的之下存在，这一层在当时便有许多人反对我。"①在新版本中便把"也没有编过什么志士剧"这一敏感的语句删掉了，以掩饰自己把艺术置于政治之上的观念。同时，作者在这一条目下加了一个长长的注，解释这一追求的原因。他说："我之所以倾向'纯艺术'的想法，约有如下几种原因：(1) 演新剧的时候虽常提起社会教育，但如何通过戏剧进行社会教育并没有好好研究过，也弄不清楚其中存在些甚么问题，及至演了京戏，不懂得怎样才能把这种戏同社会教育联系起来，当时我是把艺术和宣传对立起来看的，我认为像《黑籍冤魂》那样的戏只是宣传，不是艺术，因为从中听不到唱功，也没有甚么好的表演。(2) 当时有人反对我演《馒头庵》，却要我演《归元镜》一类宣传佛教的戏；还有人劝我编《割肉疗亲》之类愚孝的戏；我都以唯美为理由拒绝了他们。我对迷信和封建道德是坚决反对的。(3) 坪内逍遥曾把艺术分别比作醇酒和药酒二类：认为醇酒是滋养品；药酒必定有副作用。我颇受这个说法影响。五四运动以后，我从日文书里读到一些左翼的艺术论述，对艺术的作用，看法有些改变，直到参加南国社的时候才明白艺术是武器。"② 这个注释大力为自己的唯美主义倾向辩护，说是不得已的选择。在 1957 年的重述之作《回忆春柳》和《谈文明戏》中，欧阳予倩干脆对此作了检讨和批评。他说："春柳同人有个最大的缺点，就是不自觉地走上了艺术至上主义的道路。"③"可以说我们关心政治关心教育都很不够，不知不觉走上为艺术而艺术的路。"④

作为在氍毹场上摸爬滚打了十几年的艺术家，欧阳予倩一直尊重和强调艺术的娱乐品格。在崇尚金刚怒目式的审美品格的五六十年代，他把一些轻喜剧如《宝蟾送酒》《白姑娘》摒弃在剧作选之外，同时对收录的一些作品作适当的修改。1956 年版的《欧阳予倩剧作集》收录的话剧《桃花扇》为欧阳予倩 1947 年为同名京剧本的改编本，是作者为"新中国剧社"在台湾演出改编的，采用分场的结构体制，到 1957 年出单行本时就改成三幕九场的结构，内容也有了大的改动，选集本和两卷的文集本收录的就是这个修改

① 欧阳予倩：《自我演戏以来》，《戏剧》1 卷 5 期，第 212—213 页。
② 欧阳予倩：《自我演戏以来》，中国戏剧出版社 1959 年版，第 75 页。
③ 欧阳予倩：《回忆春柳》，见《欧阳予倩全集》第六卷，上海文艺出版社 1990 年版，第 173 页。
④ 欧阳予倩：《谈文明戏》，见《欧阳予倩全集》第六卷，上海文艺出版社 1990 年版，第 198 页。

过的本子。修改后的本子删去了许多正面表现阮大铖、马士英之流虚伪狡诈、附庸风流的喜剧性场面,加强了对以李香君为代表的歌女乐工的崇尚节义、相濡以沫的品质和情谊的展现。原本更接近孔尚任"借离合之情,写兴亡之感"的创作宗旨,场面转换频繁,修改本则极力要为正面人物塑像,删去了好些场面,对一些关键的场面则浓墨重彩地叙写。如李贞丽代替李香君出嫁一场,原本叙写得很简单,而修改本则在李贞丽上轿之前铺写众姐妹的依依惜别之情。修改本对李贞丽这一烟花女子进行了重新的塑造,一改原作中的自私势利,其形象变得光辉起来,以其世故和自我牺牲的精神保护了主人公李香君。另外两个烟花女子——郑妥娘和卞玉京也随之在风流放荡之外带上了崇高的色彩。因为这些改变,剧作的风格也由诙谐悲凉变为沉咽悲壮。与1948年文化出版社的版本相比,《忠王李秀成》第二幕、第三幕有了一些改动,主要是把一些家庭场面作了删减,不让骨肉之情、儿女之情来冲淡、减损李秀成的英雄气概。

　　欧阳予倩还在1959年创作了《黑奴恨》,其意图是:"现今,在美国,黑人还是受到严重的歧视和压迫。黑人的生命财产、基本人权都无保障。殖民主义者蹂躏非洲惨无天日,可是非洲的劳动人民也和其他殖民地的人民一样,已经觉醒,掀起了蓬蓬勃勃的民族解放运动,使帝国主义者手忙脚乱,浑身发抖。但他们决不甘心就此放手,还在一面施用阴谋诡计,一面肆行屠杀,还有就是甜言蜜语的欺骗。我以对被压迫者深切的同情,对殖民主义者极端的愤慨写了这个戏。"[1]可见这是配合反帝反殖民主义意识形态宣传而作的。剧作有两条线索,一条是哲而治的反抗,在韩德根的暴虐中他选择了逃亡,把几个黑奴组织起来杀死了追捕他们的韩德根等人,最后到了加拿大,过上了稍微合理一点的生活;一条是汤姆人道信仰的破灭,他一开始以为人人都有同情心,可以得到感化,因此在得知被卖时选择了留下来,但在新的主人李格利的残暴下他的反抗性不断加强,最后在死的时候认识到了奴隶主的本质。显然作者试图通过这两个人物所选择的道路及其命运的对比来暗示出正确的道路,那就是反抗和坚决的斗争。

　　对自己所经历的戏剧道路,欧阳予倩也按照当时意识形态的标准作了自我批评。在《回忆春柳》和《谈文明戏》两篇文章中,他对文明戏的历史进行了梳理和归纳,认为在第一阶段存在着春柳社和春阳社两个系统,前者有唯美主义倾向,虽然也比较注重社会问题,但没与时代结合起来,政治观念薄弱,而后者则与时代紧密地结合着,发挥了很好的战斗作用。作为春

---

①　欧阳予倩:《黑奴恨·后记》,《剧本》1959年11月,第69页。

柳社的社员之一,欧阳予倩作了自我批评和否定。他说:"我们的艺术理想究竟是什么? 达到这个理想的策略和步骤应当如何? 从来没有详细地讨论过。我们只是想演正式的悲剧正式的喜剧。依镜若的想法把团体巩固起来,介绍一些世界名作。这不但是在那个时候行不通,后来一直也没行通。中国的话剧是按照另外一条道路发展的,那就是:利用新的戏剧艺术形式,结合中国社会发展的丰富内容,承继中国戏剧的优秀传统,因时因地用各种不同的、生动活泼的方式推进运动,建立为中国广大群众所喜闻乐见的、为人民服务的话剧艺术。五十年来的经验证明了这一点,我们那时候不懂、也不可能懂。"①欧阳予倩承认通过戏剧运动来推动戏剧发展是中国戏剧发展的正途,其实也就将他从前的戏剧实践全部否定掉了。他的两篇回忆京剧生涯的文章《我自排自演的京戏》和《我是怎样学会演京戏的》写的都是五四之前的事情,对自己长达30年的京剧改革却说不适合在这里谈,显然是在回避与当时轰轰烈烈的戏改相左的观点和做法。

二、戏剧教育与艺术研究

从1950年4月2日中央戏剧学院成立始,一直到1962年去世,欧阳予倩一直担任中央戏剧学院院长一职。在1959年写的《中央戏剧学院十年》中,欧阳予倩将学院的发展分为三个阶段:第一阶段从1950到1952年,教学与演出、创作并重,教学上开办了一年制普通科和二年制本科,演出团队和创作组织有歌剧团、话剧团、舞蹈团、管弦乐队及音乐室、创作室等。第二阶段从1953年到1957年,学院改组为专业的话剧学院,演出团队和创作组织被剥离出去,建立的四至五年制的本科,设表演、导演、舞台美术、戏剧文学四个系。学院的教学模式全面模仿苏联,进行专门化的教育。第三阶段从1958年开始,受大跃进影响,建立了劳动锻炼制度,加强了艺术实践,大搞创作活动。在这三个阶段中,欧阳予倩最青睐也最得心应手的应当是第一阶段,因为这与他主持广东戏剧研究所和广西艺术馆的模式有相似之处。因此在1950到1951年间,他刚劲十足,不仅亲自创作了舞剧《和平鸽》交给舞蹈团演出,还对各个演出团体和创作组织的具体工作亲自指导和过问。

在其后专门化的戏剧教育阶段中,欧阳予倩主要抓了话剧演员的形体训练及台词训练两个基本功的训练。1953年,中央戏剧学院筹备开设大学本科,他亲自主持创设台词课,为此他经常向罗常培、老舍、吴晓玲等专家请教,并且安排自己的助手贺健拜曲艺前辈谭凤元为师提高台词修养。1957

---

① 欧阳予倩:《回忆春柳》,见《欧阳予倩全集》第六卷,上海文艺出版社1990年版,第174页。

年 3 月 23—25 日,他亲自主持召开了聚专家 130 余人于一堂的首次舞台语言(训练)研讨会,会前他写了台词教学大纲(片断)的说明,指出念好台词的重要意义、中国语言的特点及学习中的一些基本要领,并特别强调舞台语言应该是语言的典范。在此基础上,终于制定出了比较全面的台词教学大纲。他经常告诫学生要加强形体训练,并且设想向传统戏曲学习以设计出一套比较系统的训练法来。他说:"为着培养话剧演员,应当以传统的形体基本训练方法为基础,并参考苏联戏剧院校的形体训练教学内容,制定合乎需要、切实可行的一套教材。目的:是为适合于话剧演员应用。内容:学习传统的方法,充分利用传统的素材,并参照苏联的先进经验,编制成套的,由易到难,循序渐进,合乎生理的规律,并合乎戏剧艺术要求的教材。"[1] 可惜这一设想在他去世的时候也没有制定出来。李伯钊 1962 年在悼念欧阳予倩的文章中写道:"您自己苦心筹建了两个教研组——台词和形体训练,都是话剧演员的基本功夫。您对于祖国的语言、文字的修养造诣甚高,您是第一个用马克思主义的语言学写出了台词的教学大纲,与语言学家罗长培等终日相聚,侃侃议论,采取了各家所长,避免了不必要的累赘。您综合了古代舞蹈、戏剧表演、芭蕾舞的精华,提出了一套较为完整的话剧演员训练方法和循序渐进的舞蹈动作。"[2]

在戏剧教育之外,欧阳予倩把很多的精力放在了艺术研究的工作上。

1949 年 7 月 27 日中华全国戏曲改进会筹委会成立,欧阳予倩为主任;1950 年文化部组建戏曲改进委员会,他也是委员之一。因此在 1949 年、1950 年间,欧阳予倩写作和发表了有关戏曲改革的多篇文章,包括《关于改造京剧的商榷》《关于旧戏改造的几小点》《漫谈京戏改进的一二事》《略谈唱工》《再谈唱工》等来阐释自己的戏曲改革经验以及推行大规模戏曲改革的策略等问题。在这些文章中,欧阳予倩重申自己内容与形式综合改革的意见:"新的戏剧,必须有新的、进步的内容自不消说。新的、进步的内容必须有新的、进步的形式方能表达,也是自然之理。"[3]他还专门谈到了演员的嗓子训练问题,期望能够发展中国的声乐艺术。对于解放区的歌剧实践,欧阳予倩把它定位为"话剧加唱",一方面肯定了它的历史必要性,"在人们革命的进程中,从国外输入的话剧不克尽其所长,而旧戏又不能急切彻底改造,担负起反帝、反封建和阶级斗争的任务,话剧加唱应当是最适合客观

---

① 欧阳予倩:《话剧向传统学习的问题(续)——在中央戏剧学院讲课的记录》,《戏剧学习》第七期,第 35 页。

② 李伯钊:《悼欧阳予倩同志》,见《李伯钊文集》,解放军出版社 1989 年版,第 159 页。

③ 欧阳予倩:《漫谈京戏改进的一二事》,《文艺报》第 3 卷第 4 期,第 12 页。

需要的形式";另一方面指出:"不过这只是最初的创造形式,并不是固定的形式。更进一步的创造就在跟着。"①应当在编法、演法、作曲法和唱法方面作新的改进。后来考虑到推行戏剧运动的便利,欧阳予倩提出了一个折中的方案,即内容先行的改革,"思想内容的改变,就必然影响到形式和技术。但是为了普及改革运动,我们在编写剧本的时候,(一) 不妨尽量利用旧有形式,化腐朽为神奇,照顾旧演员的习惯和舞台条件。(二) 登场人物不宜过多。角色用得多,一时凑不齐,便难于上演。(三) 旧戏舞台应用布景虽然已经有 30 多年,可是至今还没有找到一个适当的用法。能作新的设计,新的尝试,当然很好,不过我们的剧本最好还是写成不用布景也能演的形式为便。(四) 因为深深感觉旧戏的音乐不够用,因此就想到增加些新的曲子,甚至于想创作些新的音乐。这个用意很好,但是旧剧演员和乐师多半连工尺谱都不认识,新曲子不能增加效果,反而易生阻碍。(五) 词句应当力求顺口。有些剧本的唱词,或衬字衬句用得太多,或韵脚不叶,以致难于上口,便不易推行。"②

　　中央戏剧学院文艺整风运动之后,欧阳予倩意识到了自己的观念与主流意识形态并不吻合,因此他后来很少就戏曲改革发表具体的看法,转而从学术角度进行经验总结和案头研究。他先后写了《我怎样学会了演京戏》《京戏一知谈》《我自排自演的京戏》等文章,他还编了《中国戏曲研究资料初辑》一书,收录了他自己的《京戏一知谈》《试谈粤剧》两篇长文。在序言中他说:"我们整理遗产就是要向我们丰富而优良的现实主义传统学习。首先要弄清楚我们祖先究竟创造了些什么,要彻底懂得它,给予正确的评价:肯定什么是精华,如何吸取应用;什么是糟粕,如何去掉;要这样做就必须占有资料,然后加以整理和鉴别,使人知所去取。更重要的是要为戏曲改革运动和创造新歌剧提供正确的参考材料。"③在研究的基础上,他对中国传统戏曲在声腔、编剧、表演等方面的特点进行了总结归纳,提出了很多有价值的观点。

　　欧阳予倩在这一时期也开始了对自己话剧从业历程的回忆和记录,1957 年他与田汉、夏衍、阳翰笙联名在《戏剧报》第七期上发表《举办话剧运动五十年纪念及搜集整理话剧运动史料出版话剧运动史料集的建议》,他的《谈文明戏》被收入第一辑,他的《回忆春柳》也在这之前发表。另外,

---

①　欧阳予倩:《略谈唱工》,《文艺报》第 1 卷第 5 期,第 10 页。

②　欧阳予倩:《关于旧戏改造的几小点》,《人民戏剧》创刊号,第 24 页。

③　欧阳予倩:《中国戏曲研究资料初辑序言》,见欧阳予倩编《中国戏曲研究资料初辑序言》,中国戏剧出版社 1957 年版,第 21 页。

他担任了中国舞蹈工作者协会主席一职。他构想设计了从唐代入手上溯先秦下及两宋、辽、金、西夏、元明清的系列中国舞蹈史研究,并在生前主编了《唐代舞蹈》一书,撰写了其中的引言、总论、结语和《剑器》篇,其他各篇都是在他指导下由董锡玖、王克芬和孙景琛等执笔写的。著名文化史专家阴法鲁指出:"欧阳予倩同志对中国舞蹈史的看法,已经形成了系统的论点。"①

---

① 阴法鲁:《唐代舞蹈序》,见欧阳予倩主编《唐代舞蹈》,上海文艺出版社 1980 年版,第 12 页。

第三章 "注重一地一时效果"的戏剧创作

欧阳予倩对自己戏剧创作的评价一直很低调,1948年的时候他说:"至于编剧,我曾写过几十个剧本,多为紧急应变之作,注重一地一时的效果,不够创作的精密准备,我是否能被称为一个好的作家,我不敢轻于自信,这或者也是'作家自白'没写成的一个理由。"①到了1956年的时候,欧阳予倩对自己的创作干脆来了个自我否定:"我所写的剧本都是为了当时要演匆匆忙忙赶成的。数量不算太少,质量却是很差。如果世界上有写了几十个剧本还不能成为作家的,我就是一个。"②"注重一地一时的效果",欧阳予倩对自己戏剧创作的概括是准确的,它不仅表明了欧阳予倩戏剧创作的观念和状态,也指出了其戏剧创作的主要特点。

欧阳予倩的"紧急应变"之作确实占其创作的很大一部分,有的是应舞台需要之急而发,如众多的"红楼戏"、《人面桃花》、1947年的话剧版《桃花扇》等,有的则是应事件之"变"而发,如1931年九一八事变、1932年"一·二八"事变期间的《上海之战》《苦斗》《不要忘了》《九一八到一·二八》,抗战初期的《青纱帐里》《曙光》《救国公债联弹》,抗战末期的《可爱的桂林》《桂林夜话》《言论自由》,新中国成立初期的舞剧《和平鸽》等。即使是那些似乎不那么"紧急应变"的创作,相对于其他剧作家的创作状态来讲也都可算是"速成"之作,长时间的潜心之作几乎没有。这种创作状态对其作品的质量确实或多或少会有影响,特别是对那种为应事件之"变"而创作的作品来说尤其如此。这对欧阳予倩来说是个无奈,在其职业戏剧演员生涯时代,他不得不应付商业剧场中观众口味变化、剧目更替频繁的压力,在专门戏剧家的时期,他不得不集社会活动家、戏剧活动组织者、导演、剧作家于一身,再加上社会的动荡,一张平静的书桌对他来讲是一个无法企及的愿景。

在这种不利的情况下,欧阳予倩开拓了自己的方向:从审美上讲,他总是以悲剧的或者喜剧的方式去捕捉和传达时代情绪;从取材上来讲,他或者汲取传统小说、戏曲、话本、历史以及传奇故事等等材料予以新的改编,或者

---

① 《文艺生活》1948年第9期,第4—5页。

② 《欧阳予倩剧作选·前言》,人民文学出版社1956年版。

将社会乱象以精悍的讽刺笔墨予以展现；从技巧上讲，他注重舞台效果的营造，通过重复、衬托、对比、讽刺、直接明快的告白等等方式激发观众的情感反应。

第一节 红楼戏及其他

欧阳予倩早期的戏曲创作以"红楼戏"著称，计有《黛玉葬花》《黛玉焚稿》《晴雯补裘》《馒头庵》《宝蟾送酒》《鸳鸯剑》《王熙凤大闹宁国府》《摔玉请罪》《鸳鸯剪发》等，其中以《黛玉葬花》《宝蟾送酒》《馒头庵》三剧最受欢迎。此外，他还根据历史编了《卧薪尝胆》，根据冯梦龙的《情史》编演了《申屠氏》，根据聊斋故事编演了《晚霞》《青梅》《嫦娥》《胭脂》等。

唯美—颓废主义在欧阳予倩的戏曲创作中特别是"红楼戏"中得到了鲜明的表达。《红楼梦》小说本身就有着浓厚的"颓废"色彩，李欧梵先生认为："如果这本小说中所表现的是一种颓废意境，那么其外在的表现是'废'———一切皆已败落，而这个败落过程是无法抑止的，是和历史上的盛衰相关。其内在的表现却是'颓'———一种颓唐的美感，并以对色情的追求来反抗外在世界中时间的进展，而时间的进展过程所带来的却是身不由己的衰废，不论是身体、家族、朝代都因盛而衰。"① 欧阳予倩红楼戏正是在"外废内颓"这个层面上做文章。

春柳剧场时期的社员之一杨尘因曾经对《红楼梦》和欧阳予倩的《馒头庵》做了如下评论："佛云色即是空空即是色，曹雪芹演红楼梦一书，洋洋数十万言，严守二语之范也。即以宝玉说之，出而通灵，殁而入幻，其来无端，其去无迹，著者之意，早将空色二语隐于笔尖。惜读者甚少解妙谛，大多从十二钗中寻烦恼，幻出无量数之怨女痴男，抹煞著者婆心，反自增一重魔障。……按馒头庵智能与秦钟约会一事，人多目为秽亵，第接演秦邦业父子相继而殂，正可写色空二语之真，以囊括红楼全部之主旨。慧哉，予倩，与我同心。"② 杨尘因认为欧阳予倩改编的《馒头庵》抓住《红楼梦》"色空"的主旨，认为欧阳予倩以秦邦业父子相继而殂的结局来接续智能与秦钟稍显秽亵的约会可以警示"大多从十二钗中寻烦恼，幻出无量数之怨女痴男"的读者，并有力地传达出"色空"的意义。在传达"色空"这一外在的"废"方

---

① 李欧梵：《漫谈中国现代文学中的"颓废"》，见《中国现代文学与现代性十讲》，复旦大学出版社 2002 年版，第 51 页。

② 杨尘因：《欧阳予倩之馒头庵》，见杨尘因《春雨梨花馆丛刊二集》，民权出版部 1917 年版。

面,杨尘因对《馒头庵》的解读是对的,但欧阳予倩显然也在把玩着内在的"颓",将少年男女之间的暧昧做了铺张。

1949年以后,欧阳予倩的各种选本及全集中的《馒头庵》剧本已经被改得面目全非,与原初的本子相差很大。《戏考大全》和杨尘因的《春雨梨花馆丛刊》都载有《馒头庵》剧本,两者在字句上有一些小小的出入,基本还是一致的,保存了剧本的原样。这里把《戏考大全》前的剧情概括抄录如下,以见其大概:"智能本卖弄风骚,不能苦守禅戒,自宝玉秦钟二人见之,入庵调情,智能遂来得正好,惟两人皆纨绔少年,接待颇难,只得左应右酬,不少轻重,与勾栏一般手段。当时智为二人肆扰不休,屡欲脱身不得,卒施小计,借讲笑话中,做蝴蝶飞之状,远飏而去,二人始归。惟二人心中,宝玉不过半真半假,究竟宝于脂粉丛中之阅历多,眼界广,智能虽骚,尚不足乱其心曲。而秦钟则反是,已窃寐求之矣。既归,黄昏又私出,暗中摸索,至庵寻尼。自二人去后,智尼本在做种种妄想,谓宝玉太奢侈,将来彼弃旧恋新,还是秦家稍清贫,转可靠,因决志向秦。是方洗杯碗,痴想入神,竟失手落地,碗碎方警醒。适秦蹑手蹑脚至,两情想洽,遂私下成交。不料秦之情形,及其黉夜私出,早为宝玉窥见,知非好意。宝乃尾秦往,入庵四索,野鸳鸯竟被撞破。宝玉故恐吓作势,卒乃拉秦去算账。此中暧昧,亦为智尼识破,而心疑之。讵天不方便,好事多磨,秦自是晚,夜行多露,归后即染重病,卧床不起。智尼日盼望,却总是青鸾信杳,黄犬音乖,望之数日不能耐,乃日往秦府门前探视,因为书童秦禄察破,故与盘问,智又假正经。秦禄揩油不着,憾之,因转假殷勤,谓公子嘱候师太入相会云,以给之。智尼堕其计,入门房以俟。一面,秦禄即入秦钟父秦老太爷前放风行唆,将秦钟在馒头庵与智尼私会,因之染病夹阴,现在智尼又每日来门前窥探,被小人用计骗入等情,和盘托出,尽行告诉。秦邦业自然大发雷霆,立命将妖尼唤入,大肆叱骂,并送县驱逐出境,以免良家子弟之堕落。既将智能发办讫,又呼儿子至,不顾死活,痛打一顿。但年老之人,究竟不禁气闹,因此一场发怒,秦老太爷自己遂先少陪,呜呼哀哉了。秦钟雪上加霜,又兼惭悔交并,其病势之加重至九分九,自亦不待言。宝玉得报,因与有算账之交情,急往握手作最后之别。迨宝玉慰病去后,秦钟病即大渐,未几即绝,盖智尼已羞恶自尽死,此时乃被其索命而去也。"[①] 剧作如杨尘因所说的,"写色空二语之真",秦钟逝世前所唱的一段反二黄明确地表达了这个意思,"苦相思害得我哭也无泪,到如今万念了心已成灰。还清这风流债魂兮忏悔,从此后

---

① 钝根编次、大错述考:《戏考大全》第五册,上海书店1990年版,第1039—1040页。

弃红尘大限同归。"① 在这一"废"的大背景之中,剧作增强了对色和情的渲染,如宝玉、秦钟与智能的打情骂俏、秦钟与智能的私期密约、宝玉故意的捉弄等等,这从《戏考大全》的概述中可以感受得到。

如果说《馒头庵》把玩的是"色",欧阳予倩的《黛玉葬花》《黛玉焚稿》《晴雯补裘》等剧则铺张着痴情、悲情、怨情。

《黛玉葬花》由张冥飞和杨尘因合编而成,欧阳予倩在舞台演出的过程中又改过两次。周剑云比较了梅兰芳的本子与该本的异同,他说:"第言词白,两本无可轩轾。惟反二黄一段,予倩全从葬花着想,立意灵空,炼句雅洁。畹华则尘根未断,绮障不空,念念不忘于宝玉,虽高尚不逮予倩脚本,而按诸实际,宝黛二人心心相印,亦似应有此想也。"② 这里提到欧阳予倩的本子共三幕,应当是欧阳予倩在张冥飞和杨尘因合编本基础上的初次改编本,该本子的反二黄一段为:"林黛玉把花锄无限凄怆,繁华尽花事了难怨东皇。可怜你经过了一年冷淡,可怜你消受得几日风光。可怜你软红尘芳魂四散,可怜你温柔性付与汪洋。说甚么护花枝金铃十万,说甚么渡花魂宝筏一航。侬葬花人道我落了情障,要知道侬与花一样下场。我这里赋招魂泪和花葬,夜漫漫春寂寂地老天荒。"③ 梅兰芳的本子中反二黄一段出现在林黛玉葬花后独归途中听到梨香院传来"良辰美景奈何天"的歌声时,"若说是没奇缘偏偏遇他,说有缘这心事又成虚话;我这里枉嗟呀空劳牵挂,他那里水中月镜里昙花;想眼中哪能有多少泪儿,怎禁得秋流到冬,春流到夏!"④ 这两段话基本代表了两个剧作的立意,即一个是"立意灵空",一个是"尘根未断,绮障不空",两剧同样张扬林黛玉的痴情,但欧阳予倩的剧本有一个"废"做底色,梅兰芳的本子则就情说情,不脱戏曲生旦戏的传统。

《黛玉焚稿》作于 1917 年,写黛玉香消玉殒之事,在五六十年代《红楼梦》被看作反映封建社会没落的伟大作品的情形下,该作也自然而然地被当作反封建的作品来解读,曲六乙的解读就很有代表性:"葬花是黛玉意识到自己青春黯淡、命多乖戾的开始,这易于描绘她的多愁善感的心情。而最能体现她与旧社会决裂的叛逆性格的,则是临死前的焚稿。欧阳予倩的

① 杨尘因:《春雨梨花馆丛刊二集》,民权出版部 1917 年版。
② 周剑云:《梅兰芳之黛玉葬花》,见周剑云《鞠部丛刊·粉墨月旦》,交通图书馆 1918 年版,第 22 页。
③ 凌善清、许志豪:《新编戏学汇考·卷之八》,大东书局 1926 年版。
④ 《梅兰芳全集》第二卷,河北教育出版社 2000 年版,第 73 页。

《黛玉焚稿》就是为了在舞台上完成她的性格而写的。"①我们再来看看欧阳予倩同时代的人是怎么解读这个作品的:"林黛玉之才貌,实为贾府姊妹中之翘楚,贾宝玉亦格外钟情,独惜执拗之天性,不能陶镕,于是自恨自怜自悲自叹,周旋晋接之间,苟有语言拂逆者,动辄以两泪交流为结束。贾府中人,由上而下,由尊而卑,无一不称黛玉之性情古怪。黛视薛宝钗之落落大方,大有区别。贾母及王夫人之疼爱,遂成有口无心,即王熙凤不用掉包之计,亦难收婚姻之效果。黛玉丧命,实则自取之咎,非熙凤之罪,更非贾母及王夫人之罪也。黛玉不知责备自己,至弥留之际,大呼宝玉数声,所谓至死不悟者矣。然黛玉于无意之中,闻傻大姐之言,顿失知觉,匆匆至宝玉卧榻前,不发一言,相对痴笑。回潇湘馆,未曾入门,已先呕血,喘息不定,将宝玉所题之手帕,平素所作之诗稿,悉举而投诸火。其情其境,诚属可恨可怜可悲可叹矣。"②两个评论都联系了《红楼梦》中的上下文加以评论,后一种理解更接近于欧阳予倩的原意。正如后一评论所述及的,剧作强化了黛玉的痴情,同时,剧作最后传达了浓郁的人生悲剧意识:"春写愁秋写怨缠绵惝恍,好一似蚕自缚麝惜脐香。先只说木与石双栖有望,到今日大梦醒魂断潇湘。呕心词断肠句不堪重唱,倒不如付灰蛾一样消亡。"

关于《晴雯补裘》,欧阳予倩在《我自排自演的京剧》中说:"《晴雯补裘》是张冥飞编的。原只有《补裘》一场,我在后面加了三场,一直演到晴雯死。"③而《鞠部丛刊》所收录的欧阳予倩之《晴雯补裘》明确标明为"谯北杨尘因编",郑逸梅在《艺林散叶》中也说该剧为杨尘因所编,可见是欧阳予倩记忆有误。欧阳予倩说该剧原只有"补裘"一场,《鞠部丛刊》所收录的剧本一共有三场:第一场晴雯上场的唱词交代了她与宝玉的关系非同一般:"可叹我似落红随风飘荡,怎禁得宝二爷惜玉怜香。未跳出烦恼坑又堕情网,叫我相思债怎样去偿。"后面写麝月对她的挤兑以及她晚上小心照料宝玉之事;第二场写贾母赠宝玉孔雀金丝的宝裘;第三场写晴雯病中为宝玉补裘。晴雯在剧中一直处于深沉的伤感和无尽的忧愁之中,补裘是在补自己的"前世孽缘",可怜补裘虽"了却心头愿",却落得口吐鲜血昏死过去,在这一场的结尾,晴雯唱出了自己的悲凉心境并对自己的未来有一个宿命式的预言:"可怜我负韶华心高气短,可怜我如飞絮傍水和烟。可怜我十五载春

① 曲六乙:《欧阳予倩与红楼梦》,见苏关鑫《欧阳予倩研究资料》,中国戏剧出版社1989年版,第392页。

② 钝根编次、大错述考:《戏考大全》第五册,上海书店1990年版,第691—692页。

③ 欧阳予倩:《我自排自演的京剧》,见《欧阳予倩全集》第六卷,上海文艺出版社1990年版,第272页。

愁秋怨,可怜我一夜里骨碎心寒。猛然见旧衣襟血花点点,怕只怕衣可补人寿难延。"欧阳予倩说他"在后面加了三场",因为没有见到相关资料,具体内容不知怎样,只可能是比前面的内容更悲凉了。

欧阳予倩的《鸳鸯剑》没有剧本留存,演的是尤三姐的故事,梅兰芳在其回忆录中说荀慧生演的《红楼二尤》把它包括在了其中。①《红楼二尤》中尤三姐的戏主要在第二场"串戏"、第四场"思嫁"、第五场"受聘"、第六场"明贞"中,写尤三姐自看戏后,爱慕柳湘莲,将心愿诉之老娘与尤二姐。贾琏自愿为媒,寻到柳湘莲提亲。柳湘莲允婚,并以所佩鸳鸯剑作为聘礼。其后因误信薛蟠之言,疑尤三姐与贾琏已有暧昧,往贾府索剑退婚。尤三姐为明心迹,掣鸳鸯剑自刎。柳湘莲悔之不及,疯癫而去。欧阳予倩后来回忆此剧说:"我最爱演的一出就是《鸳鸯剑》:我很喜欢尤三姐那样的性格。贾琏那家伙想把她姊妹当粉头取乐,她敞开来一闹,闹得他弟兄只好夹着尾巴逃走。可见她是有主意的,斩钉截铁的,人穷志不穷,可是在贾家那样的环境里,她也只有枉死。每次我演和贾琏使酒一场总是淋漓尽致,挥洒自如;演到自刎的一场,总不由得十分激动。这个戏原来是我在长沙办文社的时候,用话剧的形式编的,改成京戏话多而唱少是个缺点,因此不如《葬花》等戏卖座。"② 这个回忆与《红楼二尤》中的相关内容很吻合,可见梅兰芳的说法是有根据的。

《宝蟾送酒》为轻喜剧,《戏学汇考》收录了全剧并做了详细的介绍:"此剧出《红楼梦》小说中,谓有妇人夏金桂者,薛蟠之妻,薛宝钗之嫂也,蟠因犯事入狱。金桂生性淫荡,不耐独宿,属意于蟠之族弟蝌,因命其婢宝蟾于昏夜送果肴酒食至书房以觇蝌意,并令撮合。讵知宝蟾亦一伶俐风骚之丫鬟也,先故意做作不肯往,经金桂再三央求,又许以特别之酬谢,始欣然受命,至书室中叩门入内,告以来意。蝌貌虽美,而行甚方正,故作不解风情,婉言拒却。宝蟾恐无以复命,多方相蹒,不肯出门,兼先作毛遂之自荐,纠缠至晓,蝌终不为动。宝蟾不得已收拾杯盘扫兴而返。其剧演至此止。普通小生花旦合演之剧,大都彼此目挑心许,如磁引针,独此剧则旦益卖俏,益勾引,而小生益恭谨,益书呆,演来既好看,而又不伤风化,良脚本也。"③ 欧阳予倩本人编的剧本从来没有发表过,但这个剧本流传很广,很多旦角都演过,甚至加进去了一些露骨的色情表演。《戏学汇考》收录剧本中有宝蟾调

---

① 梅兰芳口述,许姬传,许源朱整理:《梅兰芳回忆录》,团结出版社 2005 年版,第 275 页。

② 欧阳予倩:《我自排自演的京剧》,见《欧阳予倩全集》第六卷,上海文艺出版社 1990 年版,第 272 页。

③ 凌善清、许志豪:《新编戏学汇考·卷之八》,大东书局 1926 年版。

戏薛蝌的一些文词,如唱"小宴·惊变"中的"态恹恹轻云软四肢……",甚至有"[唱快板] 看二爷只生得潘安美貌。不由我宝蟾女魂魄飞消。我这里走向前将他搂抱。(小生白) 你要怎么样。(旦白) 二爷吓 [唱] 我与你红罗帐鸾凤相交。"演起来色情意味是避免不了的,不知这是原本就有还是别人演出添加的。

相比于其红楼戏,欧阳予倩的聊斋戏主要是为适应观众的口味而创编的。徐海萍在回忆南通更俗剧场的文章中说:"话剧演过一两个月,观众渐感无趣,《红楼梦》戏虽有艺术价值,一般观众不易了解,就改演《龙凤环》《双蝴蝶》《霍小玉》《卖花三娘子》等小本戏,并且编排了许多聊斋戏如《晚霞》《青梅》《仇大娘》《胭脂》《嫦娥》等。"①红楼戏与聊斋戏观众群的不同在朱双云的《新剧史》中也有讨论:"《红楼梦》虽为名著,然其声名远不如《聊斋》之普及,读此书者,大抵骚人墨客,至于妇孺乡曲、走卒贩夫,不特未见其藉,抑且未耳其名。所以排演《红楼梦》剧,往往不得善果。此乃历试皆然,并非好为谰语。"②而"演《聊斋》剧,必能叫座。盖以《聊斋》一书,声及于里巷,妇孺乡曲,耳名已久,苦于目不识丁,不能展卷而读。一旦演为戏剧,其有不争先快睹者乎?……于是各剧社不演《聊斋》则已,演则座辄为满。此非理想之言,盖由实验而得者也。"③在欧阳予倩所编聊斋戏中,《青梅》《嫦娥》是其中比较叫座的两个戏。秋帆看过《青梅》后写诗道:"炎凉世态本寻常,道德于今日坠亡。孝子岂因标榜出,畏人窥见咱糟糠。/不求济世难成佛,别有深心岂怨郎?色相牺牲缘底事,为他人作嫁衣裳。"④从此诗可见欧阳予倩的《青梅》是忠实于原著的一个改编。其《嫦娥》则参照了神话,将狐仙和相面等等都做了删改。

欧阳予倩这一时期的文明戏创作没有剧本留存下来,郑正秋的《新剧考证百出》保留了他的一些创作或改编的"本事"或剧情,单独创作或改编的有《茶花女》《秋海棠》《浮云》《王熙凤大闹宁国府》《田七郎》《神圣之爱》,分别与陆镜若、马绛士、张冥飞、管小髭合编的有《一缕麻》《恨海》《亡国大夫》《怨偶》。这些剧作大部分是哀情戏,主人公或者自杀,或者被杀,或者因病而亡,其他的主人公则因此而出家或万念具灭:《怨偶》写素湘为隐姑姑之丑事嫁了自己所不喜欢的人,遭受虐待,郁郁寡欢,终致自杀而死;《王熙

① 徐海萍:《从西公园剧场到更俗剧场》,见《京剧改革的先驱》,江苏人民出版社1982年版,第110—111页。

② 朱双云原著,赵骥校勘:《新剧史》,文汇出版社2015年版,第169页。

③ 朱双云原著,赵骥校勘:《新剧史》,文汇出版社2015年版,第170页。

④ 秋帆:《观〈青梅〉剧有感》,见《京剧改革的先驱》,江苏人民出版社1982年版,第62页。

凤大闹宁国府》中尤三姐在王熙凤的淫威之下吞金而死;《恨海》中张棣华和陈仲蔼在经历了乱世的悲哀后先后出家,等等。在这种情天恨海的浮沉中,除了《怨偶》安排一位侠客手刃仇家祭奠于素湘墓前,套用了冤仇报应的传统处理方式外,其他的或者大力表彰爱情的坚贞或者表达出离弃世事的倾向。《一缕麻》《秋海棠》与《茶花女》属于同一风格,抒写爱情的坚贞和哀情的无以为诉,《恨海》等剧则透露出浓重的悲观情绪,表达了离弃世事的意图。这种离弃世事的观念在《浮云》得到了直接的表现,这个剧本从名字上就显示出世事变幻,不可粘执的意思,其"本事"是:"余适庵淡于荣利,躬耕自给。其女揖光,适富家子龙戟门。以乃父勤劳农事为风,思以货利歆动之,乃厚赠之,俾得安享,遂盛饰与从归宁。适庵闭门不纳,揖光夫妇惭沮自去。久之,戟门以奢侈破产。适庵乃招之同居曰:'今而后汝二人黄粱梦醒,可以从予隐矣。'"① 这出戏直白地表达了道家那种视富贵如浮云的淡泊思想,同时也通过揖光夫妇的遭遇表达了外物不可恃的观念。《神圣之爱》剧情大意如宗天风所言:"乃二女合恋一男,而男独钟情于一女,而此女已先为他人所钟情;彼一女拯钟情于男,而男不爱之。厥后男与钟情者结婚,而以彼一女介绍于彼男子,然彼一女不愿。虽以己之钟情者,已与他人结婚,而己之爱情,不以之稍减。然彼先钟情于女子之男子,乃由愤而妒,觅得男而欲以枪毙其命。适男之不爱女子赶至,以身蔽男,而代男死焉。"② 从中可以看出这出戏的唯美主义气息也是很浓的,剧中用如下的台词:"凡爱之一字,须他不爱我,而我爱他;又须我爱他而他虽不知,我不能以此而不爱他;越是他不知我爱他,我越须爱他,方是真正的爱呢!"表达了一种唯美主义的爱情观念。对于该剧的演出,宗天风有评论说:"唯予倩演来稍微过火,如以假道学者见之,必谓其形涉淫荡也。"显然,宗天风比道学家要开明得多,但是他的评论中依然传达出了对这种表达爱的方式的隔膜。

　　对于1912—1919年文人及其作品中普遍弥漫着的幻灭感及其审美价值,刘纳做了如下的评论。她说:"从中国古老诗歌传统中拈来的'叶'的比喻特别恰当地表达了这一批文人对于命运的自我体认。'叶'的比喻的恰当还在于这批文人与他们笔下的主人公对于厄运毫无担当与反抗的力量,因而,他们所感受、所描述的千般酸苦、万种凄凉,都停留于'叶'一般轻飘

---

① 郑正秋、张冥飞:《新剧考证百出》,中华图书集成编辑所1919年版,第32页。
② 宗天风:《春柳之神圣之爱》,转引自张殷《春柳剧场几台剧目演出考》,《戏剧艺术》2011年第3期,第21—22页。

的哀和怨,却并没有导引出深沉的悲剧领悟。……他们所传达的命运感至多只丰富了对'悲伤'这一普遍性情感的认知,刚刚接近了形而上层次的边缘,便回归于古老的盛衰之论和盈虚之理,在无奈的悲吟中失却了实现意义深度的可能性。"① 她认为这种普遍弥漫的幻灭感类似于世纪末的情绪,对现实社会人生极度失望,也不指望未来,流连徘徊于感伤的情感漩涡。她对这些作品完全沉迷于"古老的盛衰之论和盈虚之理"颇不以为然,认为这导致了作品深度的丧失。其实这也正是一种中国式的颓废,以佛教的色空观念作为外在的"废",对感伤和风月世界的把玩是内在的"颓",体现了苦中作乐的享乐主义审美态度。这种苦中作乐的享乐主义审美态度是对现实社会的不满和抗争,是对传统文学"哀而不伤、怨而不怒"的"温柔敦厚"美学追求的反动,有着其积极的意义。

直到 1918 年新文化运动的兴起,欧阳予倩才开始试图摆脱唯美—颓废意绪的影响而高歌猛进了,但唯美主义对他的深层次影响始终是存在的,《潘金莲》的创作是一个表征,始终坚持戏剧的艺术本体地位也是明证。

第二节 从爱情喜剧到讽刺剧

包括文明戏时代的《运动力》在内,欧阳予倩在话剧领域一共创作了 12 部喜剧。他是一位有着高度理论自觉的戏剧实践家,在喜剧创作上也是如此。他在《戏剧改革之理论与实践》中专门讨论了喜剧,把喜剧分为高喜剧(High comedy)和低喜剧(Low comedy)两种,其中高喜剧又分为社会喜剧(Comedy of Manners)和性格喜剧(Comedy of Character)两种,低喜剧则分为小笑剧(Farce)、用颠倒错乱的方法作的嘲笑剧(Burlesque)和随便取笑的剧(Extra Vacancy)三种。欧阳予倩青睐的是高喜剧中的社会喜剧和性格喜剧。欧阳予倩所说的社会喜剧(Comedy of Manners)正确的翻译应当是风俗喜剧,这是他的一个误译,但从他以果戈理《钦差大臣》为例来说明这种类型的喜剧可以看到他确实是在谈论社会喜剧而非风俗喜剧。欧阳予倩认为喜剧的发生机制和艺术手法主要来自于否定:"戏剧的笑大抵出于人格的否定。譬如一桩事弄得很紧张,好像有山雨欲来之势,到了完结,原来是一场笑话;或者一个人物起初好像很伟大,末了却是很小;这种办法,观众大失望必定发笑。以为真的忽然是假的,以为大的忽然是小的,出

---

① 刘纳:《嬗变——辛亥革命时期至五四时期的中国文学》,中国社会科学出版社 1989 年版,第 142 页。

其不意把捉住观众的心灵,突然又一放松,所以觉得舒服。"①纵观欧阳予倩的喜剧创作,可以发现他的否定主要指向上流社会中出现的种种不合理现象,而为了达到这种否定,他采取了种种的艺术手法加以呈现:一是让喜剧人物自我揭露,通过类似于传统戏剧中小丑自我丑化的方式呈现自我不合理的存在;二是通过插科打诨的方式相互揭露;三是以巧合的方式撕破喜剧人物的伪善,"以为真的忽然是假的",或者让剧中其他人物直接将喜剧人物拉扯下来,"以为大的忽然是小的"。

《泼妇》《回家以后》两剧属于五四问题剧,探讨了五四时代比较尖锐的社会现象和社会话题:离婚。五四时代,随着自由恋爱的倡导和在一部分在现实中的实现,引发了与之相关的离婚问题,社会上特别是在受过教育的人群之中出现了大量的离婚现象,成为当时一个受广泛关注和讨论的社会现象。对此,新文化运动倡导和传播了与"自由恋爱"相关的另一个新的观念:自由离婚,并且将离婚问题意识形态化:"其一,自由离婚,是新道德对旧道德的战胜;其二,自由离婚,是妇女解放的一个标志。由此,离婚便不仅仅是家族和私人的事,而成为关乎妇女解放与国家民族文明进步之大事。"②欧阳予倩的《泼妇》可以算得上是演绎这一意识形态的典范。《泼妇》可以概括为"纳妾风波",陈慎之因为在银行做了副经理,在外面有很多的应酬,习染了社会上普遍的纳妾习气,背着于素心偷偷纳了个妾,他的这个行为得到了其父母的支持,于是全家总动员,试图说服于素心接受此事。陈慎之从一开始便感到底气不足,在妹妹调侃他说以前不是说过永不讨小的时候,他回答说:"哥哥如今是要充人物的了,岂有不讨姨太太而能称新人物的吗?哈哈!(一半玩笑的口气——这是现在自己掩饰短处的一种方法)"在于素心知道纳妾之事之时他试图做的只是想溜之大吉。他的同盟军——母亲吴氏、姑母、妹妹陈芷祥——同样遭受纳妾之事,她们作为纳妾事件的参与者同样底气不足,而作为纳妾事件环境的一部分则本身就成为喜剧因素的一部分。因此,双方还未发生冲突之时陈慎之他们就已经处于被嘲弄的境地,而冲突的到来最终变成了一个闹剧式的事件,"(指儿子)他不是你们私有的,他是国家世界公有的,我决不忍心拿将来有用的国民,放在这种家庭里,在这种欺骗的父权之下,受那种欺骗的教育,使他变养成一个罪恶的青年!要知道让一个清洁无瑕的儿童,去受罪恶的熏陶,是作母亲的罪恶,与其让他将来不好,不如让他就在目前干干净净地死在他母亲的手里!(持刀

---

① 欧阳予倩:《戏剧改革之理论与实际》,见《予倩论剧》,广州泰山书店 1931 年版,第 44 页。
② 杨联芬:《"自由离婚":观念的奇迹》,《文学评论》2015 年第 5 期,第 17 页。

欲刺,大家大惊,素心笑)我那里忍心就杀了他?宝贝!我也没有闲工夫说废话了。(向王氏)妹妹!我们去罢!(拉着王氏下,素心把颈饰掷向慎之说)爱情的保证品啊!(王氏作无奈状随下)"①。

同样探讨离婚这一重要的社会问题,《回家以后》则没有了《泼妇》中因为意识形态化而带来的简单明快,显得要沉痛和犹疑得多,甚至被认为有开倒车之嫌。《回家之后》在1924年12月演出后就引发了广泛的争论,持续两月有余,相关的文章有周建人《中国的女性型》《吴自芳究竟是家族主义下的女性型不是》《关于〈回家以后〉最后的几句话》、雪《吴自芳与娜拉与阿尔文夫人》《再谭谭〈回家以后〉》,章锡琛《吴自芳的离婚问题》《逃易归高的〈回家以后〉——答季融五先生》《吴自芳与东方的旧道德》,等等。周建人讥讽吴自芳"又温和,又能干,伊能平稳地解决有妻再娶妻的难问题,伊能不妒,并且能够和其夫虽然全然没有爱情,却能干地在他的家里管理事情,侍奉公姑,如菟慈的没有了根而能寄生在麻干上一样",认为吴"是家族主义下的女性型"。章锡琛批评《回家以后》是"挂了新招牌而提倡复古思想"的作品,褒奖的是女性在家庭中逆来顺受的劣根性。章以易卜生笔下的两个女性,娜拉和阿尔文夫人《群鬼》为对比例证,指出《回家以后》的吴自芳,与独立自主的娜拉完全不同,而与缺乏独立人格、自欺欺人的阿尔文夫人没有两样。②香港的文学史家司马长风也认为欧阳予倩喜爱"旧道德的女子",只不过他对这一价值立场则持赞赏态度:"这在打破传统,蓄意革新的当时,是极为罕见的表现。无怪洪深狐疑的评道:'这出戏,演得轻重稍有不合,就会弄成一个崇扬旧道德讥骂留学生的浅薄东西',洪深显然是戴着当时的有色眼镜来看这出戏。在笔者看来,欧阳氏笃意写实,他喜爱旧道德的女子,讨厌伪洋婆子,一点也没有掩饰。这幕戏除了主题的不同流俗,情节自然而紧凑,对话精辟,恰合当事人的身份和临场的气氛,为任何同时期其他剧作所不及。"③杨联芬也认为《回家以后》确实具有"复古"色彩,并通过考证认为其原因在于这个剧作乃是欧阳予倩以其妹妹"遇人不淑"的真实事件为本事而创作的,因此"成为欧阳予倩创作中十分'偶然'的个例"。④

---

① 《剧本汇刊》第一集,商务印书馆1925年版。

② 转引自杨联芬《五四离婚思潮与欧阳予倩〈回家以后〉"本事"考论》,《新文学史料》2010年第1期,第80页。

③ 司马长风:《中国新文学史》上卷,昭明出版社1980年版,第222页。

④ 杨联芬:《五四离婚思潮与欧阳予倩〈回家以后〉"本事"考论》,《新文学史料》2010年第1期,第83页。

　　与上述观点不同,洪深在《中国新文学大系·戏剧集》导言中说:"欧阳予倩的《回家以后》,是一部反映湖南乡间'书香人家'的生活的喜剧;在那时候的中国,这样轻松的喜剧,还算是首创呀。戏中这种不负责任的恋爱行为,无论在哪一种社会里,都是不对的;本可以成悲剧;但作者是从吴自芳的观点描写的;她会这样聪明地对付,观众们便不难相信剧本所暗示的自芳的胜利,所以成为一个喜剧了。这出戏,演得轻重稍有不合,就会弄成一个崇扬旧道德讥骂留学生的浅薄的东西。"① 洪深的这个评论对我们分析《回家以后》很有启发:首先,这个剧本应当是悲剧的题材,但都被作者处理成了轻松的喜剧;其次,成为喜剧的原因在于作者视点的选择,即主人公为能够聪明地应付现实的吴自芳;再次,剧中主人公的对立面陆治平不应当被当作攻击嘲笑的反面形象来看待;最后,《回家以后》不是崇扬旧道德的作品。

　　对此问题作出判断的关键在对吴自芳这一人物形象的认定。我们知道,于素心和吴自芳都是作者塑造的理想的女性形象。于素心是一个典型的新女性,受过新式教育,与陈慎之自由恋爱、结婚、生子,追求独立、自主、自由、平等的生活方式。吴自芳则出身于书香门第,饱读诗书,有种种的中国传统美德,如周建人所说的温和、能干、孝顺、体贴等等。从这一方面说,两个人似乎是分别代表着新道德和旧道德这一二元对立的价值体系,但细读原文我们会发现,两个人在核心的价值立场上是相通的。吴自芳外在表现上的种种似乎与传统女性没有差别,但实质上她有高度自觉的一套行为的逻辑,她对婚姻的态度与常人不同:"我常常想,结婚跟离婚,都不过是一种形式,我是从来没有在这种形式里求幸福。世界这样大,难道没有别一个境界能够容得下我们。"她所说的别一境界是这样的:"我爱种花,爱养蚕,爱读书,自然有好多世界,在我这方寸之中,我又何求于人,又何求于你。"因此她与陆治平的婚姻确实同于素心与陈慎之基于爱情的婚姻不同,后者追求的是"把我的躯壳跟灵魂全交给你"的境界,而她则是:"我本不求人怜,也就不受人怜。本来没有求人的地方,也就没有失望的苦楚。治平没有回家是怎么样? 他回家以后又是怎么样? 豆棚瓜下不适于金迷纸醉的人物,锦绣繁华也不适于乡村的女子。"在她眼里,当时流行的所谓爱情"不过是热闹场中的一句俏皮话。我不幸认识几行字,就在书里报里见着多少女人都死在这种俏皮话底下。"她的爱情观念从下面的话中可以看出:"我看你不见得爱她,我也不愿意恨你。你要是爱她,你就不会骗她。我要是恨

　　① 洪深编选:《中国新文学大系·戏剧集·导言》(影印本),上海文艺出版社 2003 年版,第69—70 页。

你,除非我从来就不爱你。"从这些话语中,我们可以听到其早期作品《神圣之爱》中唯美式爱情的回响。可以看到,吴自芳行为逻辑的核心是博爱,她对陆治平祖母吴氏的孝顺即出于此:"我最佩服祖母的为人,她老人家辛苦一生好容易使儿女都能自立。我不要说是孙子媳妇,就算是邻居,我也愿意常来安慰她老人家。"在她眼里,陆治平的洋媳妇玛利是一个"可怜的女子"。博爱也是五四时候倡导的西方价值观的一种,吴自芳显然不是旧道德的代表。如果仅仅看到吴自芳孝顺长辈、体贴能干就贴上旧道德的标签,那么新女性于素心似乎也有着旧道德的因素,她自己做糟鱼给长辈,替婆婆做鞋子、衣服,每天都要去看望公公婆婆,连其婆婆吴氏都说:"你是真孝顺,真贤惠,又替我作衣服,作鞋,还要送菜来给我吃,在家还要料理小孩子,自己还要念书,太忙了,也得休息休息。"于素心行为中的这些因素显然是经过新价值重估之后的自觉行为,吴自芳的行为同样是在博爱等新价值体系重估下的自觉行为,只不过她对传统行为方式的汲取更多一些,她们虽然在外在表现上有种种的不同,但其实质都是发自自觉意志的行为,与五四的个性主义价值观念一致。

《回家以后》中陆治平从国外回来本是要与吴自芳离婚,因为"我自从跟自芳结婚,我觉得她对许多事都莫名其妙,所以我跟她的爱情本来不甚浓厚"。但回到乡间之后,他的想法发生了游移:"我回家以后又发现了自芳不少的好处——是新式女子所没有的好处。"他的这种转变使自己变得十分的被动,一开始的时候要极力掩饰自己在外面娶了洋媳妇的事实,洋媳妇闯入乡间事情败露之后费力地想把事情解释清楚,他临走前说的话可以看出他的沉痛心情:"过去的事不能消灭,未来的事也难于限量。唉,男女的关系好像南极探险。今天的事是我一生的大转机,从今以后,我认准我努力的路径了。"而吴自芳的宽恕和宽容则让事件朝喜剧性而不是悲剧性的方向发展。从喜剧角色角度看,陆治平和陈慎之两个人在其他各个方面有着很大的相似性。两人都是留学生,都做了"不负责任的恋爱行为",陈慎之纳了妾,陆治平背着家里在外面娶了一个洋媳妇,他们在剧中的主要动机也因此而起:陈慎之试图在父母、姑母、妹妹的帮助下让妻子于素心接受他纳妾的行为,陆治平则在回家以后发现自己真正的爱情所在,于是试图隐瞒自己在外面娶妻的事实。更重要的是,不管是陈慎之还是陆治平在实现自己动机的时候都处于道德、情理上的不安状态,因而在实际的行为中处处被动、时时尴尬,而这也是两剧喜剧效果的主要来源。

由此,两剧的主要纠葛便发生在坚持五四新文化价值观念的女主人公与同样受五四新思想洗礼但不知不觉犯了有违该逻辑的错误的男主人公之间。由于男女主人公在价值观念上没有根本的分歧,因此他们之间的纠葛没有构成尖锐的冲突而导致悲剧的结局,而是发展成了爱情喜剧的模式。与《泼妇》和《回家以后》不同,欧阳予倩1929年之后的喜剧创作呈现出了犀利明快的讽刺剧模式。

《屏风后》《国粹》《买卖》《越打越肥》《旧家》等都是讽刺喜剧,取材于正在变动的现实社会中的丑陋现象,通过种种手法予以暴露,取得讽刺的效果。这些讽刺喜剧在中国现代喜剧创作中有着重要的地位,张健把它命名为"写实型的社会讽刺喜剧"。他说:"20世纪30年代写实型社会讽刺喜剧创作中艺术品格最高的是欧阳予倩的作品。作为中国现代喜剧一位重要的建设者,他早在1913年就已经开始了讽刺剧的尝试,在其后的三十年间,他的讽刺喜剧之作不断出现,并产生了重要的影响;事实上,他不仅是1930年代、而且也是整个现代中国写实型讽刺喜剧的代表性作家。"①

《屏风后》由两条线索组成,一条是明线,一条是暗线。明线现实地展示道德维持会会员赌牌、狎妓、说下流话的场面,这是自我揭露和相互揭露;暗线则由忆情的诉说展开了一个始乱终弃的故事,在康扶持推开屏风的一刹那所有的人才发现原来他们心存敬畏的道德维持会会长康扶持就是抛弃忆情母女的人,这是撕破。明线中的自我揭露和相互揭露表现在一方面调侃传统的道德观念来为其当下的行为掩过饰非,另一方面将传统的礼仪专做嬉戏之用。他们说打牌是"外国的牌,中国人打,是物质文明与精神文明的结晶!"在上海租界内与忆情母女逢场作戏则是"孔子圣之时者也""社会情形不熟,怎能够维持风化呢?"众人当中的赵自我揭露最直接:"人家的道德,是要维持名誉,我的道德是骗骗女人就够了。"他提倡"旧道德"的原因在:"我最恨的是留学生,他们什么也不会,就会什么爱呀情呀地吊膀子,专和我们老头子作对,所以我感觉到中国的旧道德真有提倡的必要!"剧作还展示了道德维持会一干人等劝进康无垢与明玉分作皇帝、皇后以及将明玉做大总统的请愿场面。这些语言和行为上的自我揭露和相互揭露淋漓尽致地展示了道德维持会的虚伪。明线的这种揭露都是自我表演,是对传统戏曲中丑角的表现方式的借鉴。而对康扶持这一最重要丑角的展示则是通过撕破。相对于以康无垢为代表的道德维持会一干人众以丑的真面目现身,康扶持则是典型的伪君子,隐藏得非常深,连身边的人都被瞒过。他在剧作差不都要结尾的时候才出场,发现了其他人打牌的事情后做了一番训斥,并谆谆教导说:"我平常怎么对你们说,要维持社会道德,应当先维持自

---

① 张健:《中国现代喜剧史论》,北京大学出版社2006年版,第171页。

己的道德,要维持社会的风化,应当先敦自己的品行,你们应当身体力行才是。"他的这一表现,在剧作开始时就通过其他人的言语侧面预先暗示了出来。而紧接着他的这一表现,作者就让忆情从屏风后出来指认出他就是先前故事中对她始乱终弃之人,其伪君子形象一刹那间即轰然倒塌。这是欲抑先扬的手法,"以为真的忽然是假的,以为大的忽然是小的",从而达到讽刺的效果。

明线的自我揭露和相互揭露与暗线的撕破组合在一起,表达出了作者对传统道德虚伪性的强烈讽刺。赵姓职员在康扶持准备移开屏风时说的一番话可以看作是剧作主题的点睛之笔:"不要看这屏风小,几千年的道德全靠这屏风,会长你要去掉这个屏风,你就是破坏道德!你要维持道德,你就应当先维持这屏风。"这个剧作在革命的时代场景下延续了五四时代对传统的批判。

《买卖》的表层情节是一个诡计和圈套由实施到完成的过程,买办陶近朱和梅希俞为了丰厚的利润急于想要同军方代表宋四维签订一份合同,为在同行竞争中获胜他们设下了一个美人计,以梅希俞之妹梅可卿为诱饵来讨宋四维的欢心。剧作主体部分写陶近朱和宋四维如何用礼物、金钱以及买卖哲学诱惑、说服梅可卿并使她最终答应陪宋四维去天津。陶近朱是彻底的买卖哲学的信奉者,从口头到行动都毫不掩饰。陶近朱很坦率地说:"老实说,世界上什么都是买卖,不过像诗人艺术家那种买卖,据我看起来所谓什么作品就好比假药的广告一样。"他以赤裸裸的物质利益来衡量男女之间的关系,"有的女人欢喜艺术家;有的女人欢喜吃臭咸蛋,分明有点臭,可是要说格外鲜。我决不劝她不吃臭咸蛋,我只叫我那广东厨子作一碗鱼翅,用银碗盛着,往她面前一放,臭咸蛋马上离她的手,她的影子马上就倒在鱼翅碗里。"为了稳住并说服女学生梅可卿同意与宋四维去天津玩,他插科打诨、玩弄种种伎俩,使尽了浑身解数,成功之后他"(等他们走后,关起门。一个人高兴得跳起来)'那小子怎么会知道你在这里?'哈哈,我用了一点小聪明,他就上了我的当了。——'随后马上就到',我才不去呢。这才是买卖里头套买卖,我的买卖成了!我的买卖成了!"他完全是一个丑角化的人物。

剧中的两个大学生梅可卿和潘雪圭也是作者讽刺的对象,只不过同陶近朱的自我暴露不一样,剧作对他们身上喜剧性因素的展示采用的是撕破的手法。剧作一开始便通过其哥哥之口说了梅可卿和潘雪圭的个性人品,一个是"脾气很高傲,而个性又很强",另一个诗作得很好,也是"人格高尚,个性十分强"。梅可卿上场后以进步学生自居,显示出瞧不起买办和官僚的姿态,"提倡国货",发出"真想不到国民革了命,在青天白日底下女子还是要卖"的批评,但在陶近朱和宋四维的死缠烂打中却是犹抱琵琶半遮面,在羞答答、半推半就中试了衣服、改了与朋友的约,最后在陶近朱导演的潘雪圭闹剧之后跟宋四维到天津去了。梅可卿在羞答答中完成了自己假象的撕破,其恋人潘雪圭则在闹剧中完成假象的撕破。他的出场是陶近朱设计的一个阴谋,自己却毫无察觉,刚一上场便大义凛然地对陶近朱进行训斥:"陶近朱,你这下流无耻的臭买办!我曾经警告过你,叫你放明白些,你非但不理,而且格外胡作非为;前次你引诱她去逛西山,今日你又把她引到这里来。""你想把她当作货物去献给那些军人,去巴结官僚,便好完成你那卖国奴的勾当。"在陶近朱要打电话告他污蔑时,便试图去掏衣袋中的手枪,还没掏出来便被宋四维夺下,其应对完全是神经质的。在宋四维软硬兼施下,他最后只能是"哼!(气着走了出去)"。

《国粹》是一出六场的讽刺喜剧,作者在这里实践了新的结构手法,全剧没有统一的情节,而是采用电影蒙太奇的手法将六个生活片断连缀而成。作者显然想呈现更丰富复杂的生活面,电影的结构手法正是一个便利的手段。剧本第一场写一位绅士家庭在行纳妾仪式时一群"妇女解放运动者"闯进来加以干涉,正在闹得不可开交的时候老爷发现这些"女志士"中有黄四家的五姨太。第二场写老爷和黄四对话的一个场面,原来那个五姨太是黄四故意训练之后安插进去的,目的是自保并消解这个运动。第三场写受过高等教育的富家女子在外边与未来的小姨子斗富斗不过而对母亲使小性子。第四场写穷人家的悲哀,十来岁的大女儿阿毛虽然乖巧懂事,努力在外面干活接济家里,却仍然免不了被卖的命运。第五场写沦为奴婢的穷家女儿在老爷家遭第一景中的姨太太的打骂。第六场写穷家女儿逃出来后暗中与母亲相会,被追来的媒婆和仆人认出,警察将她们拿获,押往区局。留下来的两个警察以无可奈何的口气预言穷人家的女儿必然还会被送回主人家,所谓"禁止贩卖人口""打倒蓄妾蓄婢"不过是一句空话,当看到"女子解放运动者"经过时又燃起一线希望,但旋即看到她们都有汽车来接时又完全失望了。

剧作第二、三、五场是喜剧人物现身自我说法,表达其种种荒唐的观念和心态。第二场中的黄四爷"说话的时候,只见嘴动,不见脸皮子动。他的身子好像木头,脸上好像下着一层霜,眼睛很有神,可是时常会盯住一个方向不动。这是他平时对人说话的态度。"外表好像是活僵尸,可是他应对现实社会变动却是工于心计的,他让自己的五个姨太太设法加入到妇女解放运动团体中去,"人家叫得响,我们叫得更响;人家的话说得激烈,我们加倍的激烈;人家的态度彻底,我们格外的彻底;所以拿我没有法子,也就更无从说我是土豪劣绅。那些什么会什么团好比是糖,我们好比是水,要竭力地渗进去,糖化了,水还在。"第三场中的女儿为嫁妆同母亲拌嘴,将零花钱多当作"现在比从前文明得多了!"理直气壮地认为:"你不知道上等的女人自己去谋生活是丢脸的事吗?"这是一个受过新式教育却仍然要享受不劳而获的上层生活女子的直白。第五场一开场便是第一场那位老爷新娶的姨太鞭打阿毛的情景,理直气壮地认为:"谁叫她生成丫头的命?我除了她也再没有谁能够拿来出气的了!"而娶她的那位老爷劝她不要打的动机是:"这个孩子长得不错,让她长大一点好好地收拾一下,怕不赚个四五百吗?"人物的现身说法将不把人当人的现象有力地呈现出来,讽刺的效果自然十分有力。除了这种自我揭露之外,剧作还通过撕破、对比等等手法来取得讽刺的效果。第一场中妇女解放运动团体的慷慨激昂到第二场中被证实为一场游戏,第四场中的媒婆在第六场中被发现中饱私囊,而第三场与第四场则形成了鲜明的对照,一边是嫌嫁妆少不能过宽裕的不用劳作的生活,一边则是努力做事仍然摆脱不了被卖的结局。

胡春冰在《国粹》和《买卖》演出之后说:"国粹和买卖并不是社会的两端,而是转型期的社会的交叉点,无以名之,名之曰'没有眼泪的悲剧'。"[1]胡春冰所说的"转型期的社会"指的是国民革命正在进行时的社会,欧阳予倩紧紧抓住革命时期的沉渣泛起予以漫画式的展示,表现出强烈的否定的激情。《国粹》中在"禁止贩卖人口""打倒蓄妾蓄婢""女子解放运动"等新式话语背后旧有的一切仍在以原来面目或变形的形式继续存在。《买卖》中革命军人与买办同流合污,过上了革命原本要革去的旧生活。《屏风后》的道德维持会成员将革命当作嬉戏。

《越打越肥》展示的是战时一个做投机生意的官僚的家庭闹剧。剧作开幕时,胖子的二姨太同她的女友李四太在胖子家里欣赏一批从上海、香港偷运到大后方的衣服料子、化妆品和珍贵糖果,展示了这个官僚家庭奢侈腐化的生活情形和发国难财的实质。在谈话时,三姨太追胖子上场,撒娇闹事,怪胖子没有把她的货偷运过来,要他赔5000块钱。两位姨太一见面就相互寒碜,最后打了起来。这时胖子的弟弟同几个政工队员走进来,向胖子募捐,因谈话中的误会不欢而散。待几个政工队员走后,胖子对他弟弟发起脾气来,被他弟弟打趣一番,又羞又恼,追着弟弟打了起来,追打时被凳子绊了一跤,胖子乘机装死,想吓唬他弟弟一下。没料到他的姨太太们真以为胖

---

① 胡春冰:《表现了国粹,做完了买卖以后》,《戏剧》2卷6期,第125页。

子要死了,抢着去找保险柜的钥匙,作客的女友乘机拿了胖子手上的一个戒指,女仆和勤务兵也纷纷瓜分东西。在闹嚷嚷之际,胖子在愤怒中跳了起来,大家一惊之下,齐喊:"哎呀!哎呀!僵尸!僵尸!"胖子不知所措地啊了一声,众人齐叫:"打!"大幕至此落下。为达到讽刺效果,剧作综合运用了人物自我现身说法、相互揭露以及揭破等手法。剧作开幕时,二姨太与其女友的谈话充分表现出她们腐化的生活态度。她们的生活态度是:"她们还常常欢喜演说,骂我们什么奴才啦,寄生虫啦,又是什么醉不生,梦不死啦,我说她们才丑不死啦!她们还说什么解放啦,自由啦,真是蠢东西。我问你,没有钱怎么能够自由?我反正不管,一个年轻女子,连一件好衣裳都没有穿,还说自由呢?再说,那些女孩子,她们也不见得都是大老婆养的。"她们这样谈论走私:"那些乡下人,还有那些做小生意的,又蠢又笨,那不活该枪毙。这就叫发财人人都想,各有巧妙不同。老实告诉你说吧,于今世界,要想做人,先学变戏法;孙猴子有七十二变,到现在真不够用了。真的,最初胖子运货的时候,真是提心吊胆,等到他把戏法儿学会了,一变,货物就从海里上了岸;再一变,上了车;再一变两变,就到了玻璃柜子里头。越贵,买的人越多;买的人越多,就越贵。说真话,要是不打仗,胖子几乎要破产了,咦,谁想一打,倒把他打好了。五百块的麻将又千起来了。"可以想象,战时的 1939 年这番现身说法剧场效果应当会是非常明显的。剧中人物的相互揭露则成了闹剧,三姨太追着胖子要他赔 5000 块钱的场面如二姨太所说的"咱们的家庭电影比劳莱哈代还要演得好",两个姨太太的争吵和打斗场面则如胖子的弟弟瘦子所说的是"一幕家庭喜剧"。剧作最后,胖子装死之后所有人都抢着拿东西的场面则是典型的揭破,原先围着胖子争风吃醋的人现在对他的"死"毫不关心。这个剧作对战时发国难财的社会现象进行了辛辣的讽刺。

《战地鸳鸯》是个短剧,讽刺那种表里不一的虚伪人物。从战地回来的文化人侯自先生被邀请到《战地鸳鸯》剧本评判会上作发言,他认为战地的特殊环境,大家一心抗战,哪里会有鸳鸯存在,因此剧本没有存在的意义。正当他夸夸其谈之时,一位大肚子女士来到会场,要他陪着去买东西。大家以为她就是侯太太,恰好艺术评论家甲认识侯太太,指出眼前这位女士并不是侯太太,这时大家才明白过来,说道:"这才是战地鸳鸯。"剧作采用了揭破的手法,在事实面前前面的言谈不攻自破,达到了喜剧的效果。

《旧家》创作于 1944 年,是对《屏风后》《买卖》《越打越肥》等剧讽刺主题的延续。剧作一共有五幕,第一幕主要写周家的分家,老二周继先的夫人周王宝裕抽签之前就在纸条上做了手脚,与老大周承先联合起来,分别抽得了家中两份比较好的地,让他们不喜欢的老五周传先分得家中最差的地。这一幕最后在跑警报中落幕。第二幕发生在离第一幕两年后,开幕时众人跑警报回来。这一幕主要写周家老大老二都向一个经常出入他们家的时髦女性秦露丝示好,继而周继先与她发生暧昧关系时被周王宝裕撞见,周王宝裕大闹一场,向秦露丝泼了硫酸。第三幕发生在某疗养院的病室,周承先送鲜花、麦片、牛奶、鸡蛋糕等给受了轻伤在疗养中的秦露丝,并向她求爱,遭到了秦露丝的拒绝。接着老二周继先上场,坦率地跟哥哥讲爱情就是买卖,他支付不起与秦露丝的爱情。这时候跟踪而至的周王宝裕用假手榴弹威胁周继先索要 100 万离婚费,周继先在惊恐中签了支票。第四幕隔第三幕约一年,周继先与秦露丝已经结婚并且有了小孩,周承先也跟着周继先做走私生意赚了一点钱,他们的佃户因为年成不好在屋外要求减租,周继先则怀疑这件事是老五周传先在背后挑唆,并且还疑心他的走私的货品被扣也是老五搞的鬼,于是约老五在家中谈判,要买下他的田地,两人不欢而散。第五幕隔第四幕约六七个月时间,同周继先一同走私的外国人莫里斯带来了坏消息,他们的一批货被扣,缉私队可能要来捉人,家中乱成一团,周继先仍然怀疑是老五捣的鬼。周王宝裕上场幸灾乐祸地告诉秦露丝,这一切都是她的手笔,最后周继先潜逃,周家老屋被查封。

剧作的主要人物是周家三兄弟:老二周继先三十二三岁,原先是浪荡子,是跳舞场和赌场中的常客,这时在一个外国人莫里斯的利用下猖狂地做起了走私投机生意,甚至运粮资敌,金钱和享受成为他的主要人生哲学。老大周承先四十五六岁,是政府职员,很有些旧文学根底,会写字会作诗。老五周传先学农学出身,有实业救国的情怀,是作者塑造的新人物形象。剧作的主要事件围绕着周家三兄弟的纠葛展开:一开始是分家,接着是老二周继先与老大周承先都想获得秦露丝的欢心,老二周继先以自己的财力和物质享受的人生观赢得争夺摩登女秦露丝的胜利,他很明白这点:"老实说,像露丝这种女人也是不容易驾驭的。你看,她最初进攻老五,喜欢老五嘴里'前进'的那一套,她也想'前进修'一下,可是老五另有对象,对她不大起劲。她也知道跟着老五不能享福,就掉过头来跟你好,一来是想气一气老五,二来她也有点羡慕你的文才跟你的社会地位,但是她又感觉到你不能供她挥霍,于是她的无线电就打到我这边来了。有一个时间她是在我们三弟兄当中兜圈子,可是以后她就认定了我作她的唯一的对象。为什么?她的哲学是享受第一。所以大哥你要是娶了她,你会受不了的。"不仅如此,他还让有些清高的老大周承先跟他一起做起了囤积买卖的生意,他的买卖的价值观在老大面前也取得了胜利。最后两幕则主要写老二周继先对老五周传先的猜疑及威逼利诱。在前三幕中,老二、老五之间就有一些交集,经常是在一起说不了几句话就会不欢而散,老二周继先对老五周传先的婚姻、农场实践以及种种观念都反感,老五周传先则对老二周继先的投机进行公开的批评。第四幕中,老二则认为老五是背后捣鬼让佃户减租和使他的走私货物被查之人,并试图要用钱去把老五的农场买下来,两人不欢而散。第五幕中他又把自己很重要的一批货被查认定为老五的所为,这次则试图要老五作假出面盘房子来避免房子被充公,遭到了老五的拒绝,歇斯底里地指责老五说:“好,好兄弟,姓周的家庭到了危急存亡的时候,姓周的亲兄弟非但不帮忙,还要说许多话来落井下石。大哥好好的儿子,你要怂恿他离开家庭,你存的什么心?你就是被一个做木匠的女儿迷住了,就黄了眼不认自己的亲哥哥!”最后他只能潜逃了。

同《买卖》《越打越肥》等社会讽刺剧一样,《旧家》中有喜剧角色的自我现身说法,有喜剧角色之间的相互揭露,也采用了揭破的手法。周继先、周承先周王宝裕、秦露丝这几个喜剧角色毫不掩饰甚至得意扬扬地展示着自己的丑。周继先同《买卖》中的陶近朱一样是买卖哲学的信奉者,金钱至上。他对他的大哥说:“你不要把男女关系看得太神秘,太有诗意,说穿了,就是那么回事!我看最好你跟我合作,彻底的合作。哥哥兄弟还有什么话说?您的社会地位,我的小聪明,真是无往不利。”他恭维秦露丝说:“这个城里前一两年连穿旗袍的都很少看见,自从露丝小姐来了,才渐渐把爱美的思想传播开,现在只看街上女人的打扮就知道风气一天一天变了,我们为拥护我们这伟大的维纳斯女神,应当极力供给她妆饰上的需要,完成她至高至上的美,使这山城的土气一扫而空,这于抗战建国不能说没有任何关系啊!”在抗战的时代氛围中让人物在剧场中说出这样的话无异于自我丑化,让观众对之嗤之以鼻。秦露丝周旋于周家三兄弟之间,时时不忘卖弄风情,第一幕中有两处舞台提示充分显示了她的这一特点,一处是:秦露丝表示要烟,周承先把烟递过去;秦露丝正要接,周继先又取出他的烟来。秦露丝在这两兄弟之间故意表示迟疑选择,眼睛两边望望,顺便卖弄一番姿态。另一处是:周承先擦洋火,周继先的打火机同时打着了,她瞟了一眼,回头就周承先的洋火抽烟,周承先含着微笑,用礼貌掩饰着他内心的得意。秦露丝抽着了烟,举起烟问周传先。这是一个花瓶式的喜剧人物,周王宝裕则是一个工于心计的泼妇。她对家中仆人很苛刻,在分家中使用伎俩得到了最好的一份田地,发现丈夫与秦露丝的暧昧后又是泼硫酸又是拔枪,就是这样也没能夺回自己的丈夫。在疗养院中,她用假手榴弹威胁周继先取得了100万的离婚费,被周继先要赖后便加入缉私队专门查扣周继先的走私物品。她虽然也算是被损害的,但作者并没有表同情于她,因为她的种种行为同样奉行买卖的原则,在疗养院取得一百万支票时她说:"露丝,你胜利了吧?让你跟姐姐学点儿乖,买卖就是这样做的。你们成交,我们散伙,就那么回事。不过你到底还是土货,将来他要有机会到了香港、上海,看见洋货还是会买。"查扣走私货品也是为的要与周继先做交易,"反正要死要活,在他自己。你要是想救他,你就让他到我那儿来一趟。不然的话,倘若有什么危险,我可不能负责,我走了。"

《旧家》也采用了揭破手法。作者在"后记"中说:"以《旧家》全剧而论,是喜剧型的,绝对不是悲剧型的。……老二把坏田分给老五,结果老五比他弄得好,这是喜剧。老二自命不凡地用些手段去对付王宝裕,结果被王宝裕干他一手,这也是喜剧。一个被当作肺病患者一样要被隔离的儿童离家远走;一个被当作奴隶、被鞭笞的小丫头一旦拿起扁担讲硬话,都是喜剧。……所以对那种混乱家庭的毁灭,视为当然,而老五的农场无恙,结尾还是喜剧。我们对周家的房屋被封不能无丝毫的感叹,正好比看《威尼斯商人》对洒洛克的感叹,《威尼斯商人》终是喜剧。"[1] 欧阳予倩所说的这些情形都是"以为大的忽然是小的",通过其他人物态度的变化让喜剧人物成为嘲弄的、弱小的对象。这是作者借助剧中人物直接给人物去魅,直接展示出否定的态度。

同时我们看到,相比于前此的社会讽刺剧,《旧家》要显得沉痛一些。这种沉痛根源于剧作题材的特殊性,它在客观上呈现了中国旧式家庭的溃败和蜕变。在西南剧展上演之后,人们对《旧家》的评论基本定位为暴露旧家庭没落的创作,有一位评论者进而把这个剧本同《雷雨》和《家》做了一个比较,认为这是三个不同的暗淡的家的脸谱,反映出三个不同的时代的体态:"《雷雨》,是揭发人伦道德的卑下,而给予旧社会、旧人心一个严酷的嘲讽的。/ 在《家》里,宣示的是一种旧礼教的吃人,而又暗示出一种潜伏的、遥远的、光明的闪烁。/ 而《旧家》,却是在攻击一种人性的毁灭和社会道德的殁落。同时,更明确地指示出一条光明的去路。"[2] 欧阳予倩在"后记"中也说:"我写的《旧家》说的是抗战中的情景,这我本来就没有分析旧家庭崩溃来龙去脉的意思。"另一方面也不得不承认:"从《旧家》里面,大体看得出一点,就是一家父子兄弟都不相顾,只好各干各的,那恐怕是旧式家庭最

---

① 欧阳予倩:《〈旧家〉后记》,见《欧阳予倩全集》第二卷,上海文艺出版社 1990 年版,第 299 页。

② 龙万积:《〈雷雨〉、〈日出〉和〈旧家〉》,见丘振声等编《西南剧展》下册,漓江出版社 1984 年版,第 38 页。

后的一个阶段。走私和发国难财,只可看作回光返照之一现象。旧家庭藉以维持的是农业经济、手工业和所谓伦常道德。到了父子兄弟不能相顾就完了。这一层在剧里没有加重说明,隐约可见而已。"①《旧家》通过老五的生活和社会实验暗示出一个平等、博爱、自由的社会生活理想。老五周传先大学农科毕业,头脑比较清醒,他不顾家庭的反对与木匠女恋爱结婚,收留受虐待的小丫头,教她读书识字,训练她挺直胸脯说话做人,他还在自己分得的田地上做改良农业、增加生产的试验,同时也试行改善农民的生活。在警察把周家查封时,周传先建议一家老小到他的农场去住,因为那时一个"新家",一个"比较上稍微合理一点的家",暗示出旧家转变的理想。家是中国社会最基本的单位,在中国"家国同构"的社会模式中,它实际担负起了规范个体整合社会的功能,因此在五四时期家族制度成为新文化运动者攻击的主要目标之一,他们要打散家族、解放个人。从这个意义上说,《旧家》延续了五四启蒙精神,而且作品关注的是40年代社会政治经济条件发生变化情形下家的溃败,使它在中国家族系列戏剧创作中有了更重要的意义。

　　相比较于上述有所为的喜剧创作,《白姑娘》可以说是一个纯粹的实验。剧本乃是从一个法国小说里的故事略加改编而成的:两个伶人争一个女人,两人打赌说谁扮演得能够瞒过另外一个人的眼睛就得到这个女人。于是一个扮刽子手,另外一个借所房子扮一位退役的军官,设法把扮刽子手的伶人请到那里,用种种办法吓他。扮刽子手的伶人没有看出来,吓得解除了自己的装扮,结果输掉了。同时这个打赌最后试出那位白姑娘爱扮刽子手的伶人多一点,于是另外一位明智地成全了他们,故事就此结束。欧阳予倩明确表示这个剧作"不过略示笑剧的一种形式罢了"②,实际上也是如此。剧作中打赌的两位伶人本都是丑角,他们因为打赌的缘故又要费尽心思去装扮成另外一个人,这种在本人与所装扮人物之间因为模仿而造成的行为举止上来来回回的转换本身就喜剧性十足,装扮刽子手的伶人在被对手蒙蔽信以为真时受惊的种种情形,也会使观众因心理的安全感、优越感而发生善意的笑。由此可见这是一个滑稽剧,以对滑稽的表演和喜剧性的情节综合来制造喜剧效果。

---

① 欧阳予倩:《〈旧家〉后记》,见《欧阳予倩全集》第二卷,上海文艺出版社1990年版,第301页。

② 欧阳予倩:《〈白姑娘〉附白》,见《欧阳予倩全集》第一卷,上海文艺出版社1990年版,第248页。

第三节 新编历史剧

1942 年 7 月 14 日在桂林召开的"历史剧问题座谈"会上,欧阳予倩说:"十几年前我编过一本《潘金莲》,这是否算历史剧我也不知道。写这戏也是那时风气所致。以后我又编过《越王勾践》,又叫《卧薪尝胆》。八一三战争以后我写了《梁红玉》《桃花扇》《木兰从军》,又写了话剧《忠王李秀成》。我写的时候不一定根据历史,也可以说没有打算写历史剧,例如《梁红玉》中有许多东西是我加进去的。《桃花扇》也是一样。"① 在《〈桃花扇〉序言》中他也说道:"我写《桃花扇》京剧本的时候,也没有把历史戏这个概念放在心上,我只是想到哪里写到哪里。当时如果我想到作为一个历史戏应当怎么写,可能我就会有很多顾虑,难于下手,至少也决不能脱稿那么快。我写的只是戏而已。"② 可以看到,欧阳予倩对把自己所创作的这许多剧作命名为历史剧是颇为踌躇的,因为这个命名必然涉及历史事实与历史虚构的问题。即使如此,他的这些创作也无可避免地卷入了史实是否正确的争议中。《桃花扇》中对杨文聪和侯朝宗的处理常常就成为争议的焦点。跳出由历史剧这一名词所带来的争论,我们会发现欧阳予倩的这些创作用新编历史剧来命名更为恰当。早在 20 世纪 20 年代他就说过:"历史剧要现代化而有新生命。这个可以分开两层说:一是精神的,一是形式的。前者是就故实加以新解释,与以新的人生观,拙作《潘金莲》《杨贵妃》,就是本这个意思作的。后者是演法的变更。"③ 就故实加以新解释,这就是欧阳予倩新编历史剧的基本原则,这不仅适用于其 20 世纪 20 年代的翻案剧,也适用于其三四十年代的历史题材的创作;不仅适用于其历史题材的京剧、桂剧创作,也适用于其历史题材的话剧创作。欧阳予倩所说的故实既可以是正史,也可以是野史,乃至话本、传奇、曲本等等,对故实"加以新的解释"的目的是古为今用,"历史戏是要把过去的奋斗的事迹作现代斗争的参考。尤其是要用古人的斗争情绪鼓励现代人的向上。所谓反映现实和影射现实,不过是一部分的作用。——倭寇的劫夺和现今日本帝国主义的侵略,性质完全不同,用倭寇作题材写成的戏,来反映目下的中日战争,决不能吻合无间。但是用征倭寇

---

① 《历史剧问题座谈》,见辰海、丘振声、唐国英编选《戏剧运动》,广西人民出版社 1992 年版,第 280 页。

② 欧阳予倩:《〈桃花扇〉序言》,见《欧阳予倩全集》第二卷,上海文艺出版社 1990 年版,第 439 页。

③ 欧阳予倩:《戏剧改革之理论与实际》,见《予倩论剧》,广州泰山书店 1931 年版,第 72 页。

的斗争情绪来刺激我们敌忾同仇之心，是很有意义而且有作用的"①。因此，欧阳予倩新编历史剧的创作对故实的基本态度是"主要的在抓住当时的情绪和问题的中心。至于细节目不妨出入"②。对历史剧的这一理解给予欧阳予倩历史题材的戏剧创作以极大的自由，在五四时代，他创作了《杨贵妃》《荆轲》《潘金莲》等翻案剧，把潘金莲塑造成一个崇尚力与美的新潮女性，将杨贵妃、安禄山写成了天地之间的一对大情人。抗战时期创作了《梁红玉》《木兰从军》《桃花扇》《忠王李秀成》等，以激发民众抗战情绪，同时也对历史人物进行了部分的"翻案"处理。

　　《杨贵妃》发表于1929年5月25日《戏剧》1卷1期上，1931年7月在广州上演过。其实这个剧本最初的写作及演出时间应当是1921年，当时的名字叫《长生殿》。③欧阳予倩对此剧做过多次的修改，40年代的时候还改编成了桂剧《长生殿》，但"根本的东西没法子改"④，所以那种超人的、唯美的气息在1929年的《杨贵妃》中仍然很明显。杨贵妃最后的唱词是："……笼中鸟难把翅展，盆中花舒不开枝干，梦醒时不过刹那间，望远天边人不见！白练啊！我爱你没染过的洁白，就与你始终缠绵！"那种对爱情和自由的追求体现了个人主义的思想，同时唱词中也带上了不少的唯美气息。修改本中，超人气息在杨贵妃"梦醒时"思念着的"天边人"——安禄山身

---

① 欧阳予倩：《〈忠王李秀成〉自序》，见《欧阳予倩全集》第二卷，上海文艺出版社1990年版，第124页。

② 《历史剧问题座谈》，见辰海、丘振声、唐国英编选《戏剧运动》，广西人民出版社1992年版，第280页。

③ 1923年5月10日的《通海新报》中一篇文章透露出此中信息，"辛酉春（即1921年），排有《长生殿》之剧，尤为通人氏所欢迎，剧凡四本，予倩自饰杨妃，小生查天影作明皇，每一演此，座辄为满，予倩之魔力，亦不小矣。"（见戴志仙《予倩之〈长生殿〉》，南通市文联戏剧资料整理组编《京剧改革的先驱》，江苏人民出版社1982年版，第59页）文章没有提到剧作的文字内容，凭此还无法判断两者的关系。欧阳予倩1936年谈到了《杨贵妃》，他说："譬如我以前写的《杨贵妃》，我只把握住皇帝玩弄女人一点，却把杨玉环写成超人；以后我接受了朋友们的意见，便改写成贵族倚势专横，激起民众的叛变，结果民众被镇伏而失败了，女人便作了牺牲的工具。"（见欧阳予倩《二黄戏改革的可能性》，见苏关鑫《欧阳予倩研究资料》，中国戏剧出版社1989年版，第300页）1929年发表的《杨贵妃》就是写唐明皇的奢侈激起民众反抗和杨贵妃的不得不死，这与欧阳予倩20年代末30年代初的思想认识是一致的。而把杨玉环写出了"超人"，正好同于素心、潘金莲一样鲜明地体现了五四时代的破坏和创造精神。可见两者虽然在内容上有新的变化，形式上应当有很大的沿承。至于剧名的不同可能是由于作者有意地改换，也可能它本就有几个名字，伶工学社的顾曼庄在20世纪80年代回忆欧阳予倩南通所编的戏时就有《杨贵妃》一出。

④ 欧阳予倩：《我自排自演的京戏》，见《一得余抄》，作家出版社1959年版，第239页。

上保留得最充分。安禄山蔑视一切的礼法规范,完全按照个人内在的指令来说话和行事,他直率地向杨贵妃表明自己的爱情,要把她从"笼中鸟"的不自由的处境中搭救出来,在劝杨贵妃与他一同逃走时唱道:"……世间上要作人主意拿稳,宁愿得悲壮的死,岂肯去苟且偷生!我情愿为我心爱的人丢了性命,万不能醉生梦死富贵迷心。救自己怎能够犹豫不定,要止,你拼受罪,要行,就便行。哪能够像那池中鱼笼中鸟,迷了本性!""走向着地阔天空,宁作那千古的罪人"不正是后来塑造的潘金莲的写照吗!逃走机会错失之后,为了得到杨贵妃,他发动了对唐朝的战争,当那些将官劝他不要为杨玉环愁眉不展,应当做个顶天立地的男子汉时,他说:"天下本用不着皇帝,朝廷可以没有百官,边关也不要将帅,各处地方也用不着什么刺史、县令。百姓的事,百姓自己会管,本不用我们多事!只是万万不能没有杨玉环,天下没有杨玉环,江山就寂寞了!"

这种超人主义的思想在《荆轲》中得到了延续。《荆轲》是对荆轲刺秦王故事的改编,历史故事中的荆轲是为了报答燕太子丹的知遇之恩而不顾生死刺杀秦王的,是一个重然诺轻生死的英雄形象。欧阳予倩的本子则把荆轲塑造为一个为解天下之民于倒悬而刺杀秦王的斗士,他委身于燕太子丹只是为了取得接近秦王的机会。剧作一开始便是荆轲、高渐离及众狗屠饮酒高歌激扬时世的场面,他们唱着:"忧愁难受!国恨民忧,忍得英雄难受!消愁饮酒越勾起忧愁,大丈夫要凭着血泪洗神州!(重句)"表现了他们重整乾坤的创造精神。田光来替燕太子丹招募荆轲时唱的是:"空怀壮志送韶光,老困英雄实可伤!燕市悲歌多壮士,老天翁休负少年郎。"是一个暮年英雄对自己生命力消退的感伤及希望少年英雄能有创造机会的愿望。当荆轲听说是太子招人时的第一反应是:"想我以身许天下,岂能为了驷马高车,黄金白璧便去与燕太子丹效死?"田光则以大丈夫不拘小节相劝,又说:"荆卿,我从前也是太看重自己,看轻了事业,到如今头发白了,一事无成!荆卿,青春不再,不要再学我呵!"在荆轲答应之后,田光自刎,表达了自己与荆轲同生死的心愿,同时也是自己的生命力有了寄托的对躯壳的抛弃。与田光一样用死来表达自己的还有玉姬,她担心荆轲被温柔乡消磨了壮志,先是自断其手来警醒荆轲,在消除误会之后拔剑自刎,自杀前的唱词传达了她的心声,"只道你贪杯恋红粉,却原来外从容内有锋芒。此一回仗剑秦关往,眼见得壮士不还乡。妾不用痴痴倚着宫门望,妾不用日夜思君泪万行;还不如一剑酬君恩爱广,鲜血饯行学田光!"其激烈情怀与荆轲、田光是相通的。易水送别时"风萧萧兮易水寒,壮士一去兮不复怀"的悲凉慷慨的反复吟唱、秦庭上的沉着冷静等等都传达出荆轲那种视生死如无物的气概,而死则是他生命的完成,"就是粉身碎骨,雄心永在,勇气长存!"

超人主义表现最典型、影响最大的当是他创作的《潘金莲》。该剧旨在为潘金莲翻案,把潘金莲塑造成崇尚力与美的女性,剧作有着鲜明的唯美主义气息,并因此引发了广泛的争议。事实上,欧阳予倩对自己无意识创造的潘金莲形象也有些担心,企图在文本之外用加注的方式把潘金莲限定在一个封建制度牺牲品的角色范围之内。他说:"至于我编这出戏是偶然的,既不是有什么主义,也不是存心替潘金莲翻案。不过一个女子,当了奴婢,既不能拒绝主人的强奸,又不能反抗主人的逼嫁,尽管有姿色有聪明有志气有理性,只好隐藏起来,尽量的让人蹂躏。除掉忍气吞声把青春断送,没有办法。这种境遇,又何以异于活埋? 在软弱的女子呢,她只好听天由命;若遇着个性很强像潘金莲一流的人,她必定要想她的出路。潘金莲被张大户强逼收房,她立意不从;那张大户恼羞成怒,故意拿她嫁给丑陋不堪没有出息的武大。她起先还是勉强忍耐,后来见着武松一表人才,她那希望的火,燃烧起来,无论如何,不能扑灭。倘若是她能改嫁武松,或者是能够像现时这样自由离婚,便绝没有以后的犯罪。偏偏武松是个旧伦理观念极深的人,硬教武大拿夫权把她闭起来,她又如何肯便甘心? 所以她私通西门庆,已经是一种变态的行为。况且旧时的习惯,男人尽管奸女人,姘外妇,妻子丝毫不能过问;女人有奸,丈夫可以任意将妻子杀死,不算犯法。所以潘金莲时时刻刻有被杀的恐怖,结果激而至于杀人。平心而论,我们对于她的犯罪,应加惋惜,而她最后的被杀,更是当然的下场。"[①] 他在这里极力从社会的、心理的原因方面解释潘金莲所作所为特别是杀夫行为的合情理之处,但他也不得不说潘金莲私通西门庆是"变态的行为",杀夫是"犯罪",最后的被杀是"当然的下场",只是要请求观众对潘金莲的悲剧"应加惋惜"。但欧阳予倩的这番自我解释并没有完全被人接受,60 年代在北京人艺上演时就剧作中潘金莲杀人的合理性曾展开过讨论。80 年代的研究者也只能用两点论来阐释潘金莲这一形象,认为剧作为潘金莲翻案有得有失,得的一面是:强烈地渲染了封建压迫对人性的摧残,让人看到五四时期觉醒妇女的精神状态;失的一面是潘金莲为自救而不择手段导致了自己和他人的毁灭,而这个得失反映了个性主义自身的两面性。[②] 其实潘金莲的反封建、个性解放的内容与她杀人等其他方面的内容完全可以统一起来,即统一在她的超人主义人生观上。

①　欧阳予倩:《〈潘金莲〉自序》,上海新东方书店 1928 年版。

②　袁泉:《论欧阳予倩五四时期的话剧创作》,《北方论丛》1986 年第 5 期,第 61—62 页。

作品中的潘金莲是一个崇尚美与力的泼辣女性,为了自由和爱情敢于践踏任何现存的道德习俗。她誓死不从张大户收房的逼迫,即使在杀了武大处境岌岌可危之时,在张大户要做她的保护人的利诱之下也毫不动心,主要的原因是嫌张大户"年纪大""不大漂亮"。她私通西门庆,一方面是可以以他做保护伞摆脱张大户的纠缠,另一方面也是看中了西门庆的男子汉气概,有些像武松,但她并没有就依附西门庆,而是把他当作消闲解闷、发泄自己生命力的对象而已,"哼,谁能够跟他长混下去?碰得着的还不全是冤家对头?他仗着有钱有势,到这儿来买笑寻欢,他那儿有甚么真情真义?我也不过是拿他解闷消遣;一声厌了,马上就散。男人家有甚么好的?尽只会欺负女人!女人家就有通天的本事,他也不让你出头!只好由着他们攒着在手里玩儿!"武松是她的美与力的崇拜、追求的对象化,但两人的观念完全相反,潘金莲崇拜美与力,她看到一个乞丐讨钱时发出如下的议论:"你瞧他眼也瞎了,腿也缺了,甚么都不能干,不是绝了望么?绝望还不死,到要活受罪。有本事没饭吃的人多着呢!哪儿还有闲饭养这种东西?给钱呢,最好杀了他!"在知道这个乞丐是装扮的之后,反而给了他一些钱,因为她的人生观是"与其叫人可怜,不如叫人可恨"。她认为武大的死是个解脱,"活着也是受罪,实在没有意思,我看倒不如死了好"。潘金莲对武大的死没有丝毫的内疚,在武大的灵前,她仍试图用自己的人生观来劝武松,"有甚么肮脏,有甚么干净?甚么叫肮脏?甚么叫干净?只要自己信得过就得了"。武松也固守自己的人生观,"礼仪纲常是万年不变的",所以潘金莲最后只能感叹地说:"我就是太明白了;要是糊涂一点儿,不就会长命富贵吗?我很想糊涂得连自己都忘记;可是今生做不到了!"而武松是旧伦理观念极深的英雄,"难道说软弱的人就应当受人欺负,那些有势力的就应当欺负人吗?我生平就欢喜打这个抱不平,——一心要扶弱抑强,最恨的就是那恃强欺弱。"武松要"替天行道",潘金莲则以自虐式的被杀实践了自己"赖活不如好死"的人生格言,并且把杀人场面变成了强劲生命力的炫目喷发。面对武松手中锋利的刀刃,她在众乡邻面前倾诉了自己对武松的爱,最后撕开自己的衣襟,深情地呼唤:"雪白的胸膛,里头有一棵很红很热很真的心,你拿了去吧!""我今生今世不能和你在一处,来生来世我变头牛,剥了我的皮给你做靴子;变条蚕子,吐出丝来给你做衣裳。你杀我,我还是爱你!(张开两条胳膊想起来拥抱武松,很热情的眼神盯着武松)"由此可见,个性解放思想不能全部涵盖剧作的题旨,更准确地说剧作是对个人生命力的张扬和礼赞,更接近尼采的超人思想和柏格森的生命哲学。

1941年,欧阳予倩在其剧作《忠王李秀成》后记中说:"近年来,我有一个心愿:我想多写出一些坚强诚实忠义的人物,鼓励气节,为摇动、浮薄、奸猾的分子痛下针砭。不论为男为女,不论身份的尊卑,不论事情的大小,我都要用全力加以描写,《桃花扇》《木兰从军》和《李秀成》,都是从同一动机出发。在腹稿中的《王翠翘》《五人义》《旧家》也不会离开这范围甚远。"①这一自述集中概括了其抗战时期新编历史剧的创作宗旨。这一创作宗旨一定程度上形成了其作品的人物设置、情节结构安排、剧作技巧的运用等方面的内容:主人公为坚强诚实忠义的人物,环绕着这一主人公有志同道合者或追随者、阻挠者、投机者、变节者、群众、外敌等等,主人公与这些人物发生或同气相求或摩擦对立的种种纠葛。这种种的纠葛构成了或大或小的事件,以线性串联的方式将它们组合起来便形成了剧作的情节结构。剧作主要通过主人公在种种纠葛中的自我表白以及其他人物的对比、衬托等方式达到对主人公"全力描写"的目的。

　　《梁红玉》写于抗战烽火中的上海,是为抗战呐喊的宣传戏,"号召我们坚决从抵抗中找生路;又通过黄天荡的教训告诉我们应当闻败不馁,闻胜不骄"②。剧作的主人公如剧名所示为梁红玉。剧作共有九场:第一场通过民众劳军及其议论交代了中心事件,即抗击外族入侵的问题,同时提到了梁红玉,知道韩世忠的军事胜利很多都是赖夫人之力,在言谈之间透露出当时"女子无才便是德"的普遍观念。然后是梁红玉第一次出外操演归来,正好与劳军的民众相遇,于是发表了她对抗战路线的看法,"如今打仗靠百姓,不靠元帅一个人,救国的责任重得很,须要大众来担承"。在韩世忠回营的金鼓之声响起后,她为避免韩世忠"四书五经闹不清楚"赶紧回去换女儿装,同时在唱词里表达了她的人生观念,"自古道红颜多薄命,世间不重女儿身,是我偏要来扎挣,要打破陋习见光明"。紧接着是游甲、游乙两个绅士上场,对梁红玉的抛头露面私下里加以讨伐,"奇装异服,招摇过市,真是有伤风化"。在对话中还表达了他们自私妥协的立场,"休管国家兴亡事""只要袋中钱不空",为了维持他们的吟风弄月、逍遥自在的"和平"生活,准备对梁红玉进行言论上的讨伐以赶走韩世忠。最后是韩世忠上场,接受民众的劳军,并鼓动民气,表达必胜的决心。第二场是兀术率领大军走圆场的过场戏。第三场的戏全部发生在韩世忠的营帐之中,梁红玉把新的实地探测基础上的地图交给韩世忠,向韩世忠讲述了战略战术,韩世忠夸她,"你

---

①　欧阳予倩:《〈忠王李秀成〉弁言》,见苏关鑫编《欧阳予倩研究资料》,中国戏剧出版社 1989 年版,第 161 页。

②　田汉:《剧艺大众化的道路》,见《田汉全集》第十七卷,花山文艺出版社 2000 年版,第 51 页。

就好比红线女,军内记室你承担"。这时来了一封匿名信,攻击梁红玉"奇装异服招摇过市",韩世忠不由对梁红玉指责起来,说:"妇道人家,只要在厨房里烧烧饭,管管家事,也就是了,无缘无故,你怎么去操起兵来?"梁红玉据理力争,认为:"国家已经到了危急存亡之秋,不分男女,都应当起来抗敌救亡才是。"后来还是韩世忠赔礼认错,夫妻同去阅兵了事。第四、五、六场是敌我双方会阵交战的过场戏,梁红玉用计将金军困在了黄天荡。第七场写韩世忠为胜利所陶醉,对金军围而不攻,认为兀术迟早要投降,因此大排筵席,庆贺功劳。正当大家乐融融之际,梁红玉上场对韩世忠提出批评,两人发生争执,韩世忠被逼问得哑口无言,但不愿放下架子,大怒说:"本帅镇守一方,政令必须统一,行军之事,本帅自有权衡,如此多言,殊属不成体统!"两人不欢而散。第八场写王智、殷农(即前面的绅甲、绅乙)为兀术收买,帮他们献计献策。第九场写梁红玉通过审问被收买的探子使韩世忠了解了事情的真相。然后写梁红玉与敌军师哈密蛩外交谈判及智擒王智的场面。这时候前方报告了兀术突围逃脱的消息,韩世忠羞愧难当,要拔剑自刎时,梁红玉及时劝阻说:"以前,我劝你虽胜不骄,如今应当是虽败不馁。如今国难临头,无穷的困苦正要我们担待,难道为了一时的小胜小败,就放下自己的责任么?"最后他们分发武器给百姓,一同追击敌军。

我们看到,剧作情节集中围绕着梁红玉进行,她是对敌斗争的关键人物,以其智谋将兀术困在黄天荡,识破了汉奸王智的阴谋,外交谈判时将敌军师哈密蛩说得哑口无言,她还要克服夫君韩世忠的大男子主义思想和麻痹大意的工作作风。剧作就在这种种的纠葛中全力地表现梁红玉巾帼不让须眉的家国情怀和英雄气概。这种种的纠葛中,韩世忠及其部下为表现梁红玉起到了衬托的作用,内奸与外敌则在对比中为塑造梁红玉的英雄气概服务。

桂剧《木兰从军》是由欧阳予倩自己的同名电影剧本改编而成的,以北朝民歌《木兰诗》为本事,写花木兰代父从军击退番兵入侵之事。《木兰从军》电影剧本由卜万苍导演,1939年2月在上海公映时几乎场场爆满,好评如潮。但是,当《木兰从军》被送到重庆公演时,却发生了影片被毁的意外事件。傅葆石对这一事件作了考证:"这一事件实际上是一些知识分子和艺术家暗中策划的,包括剧作家洪深、导演何非光和编剧马彦祥。就在影片公映前不久,马彦祥在颇有影响力的《大公报》上发表了公开信,指责《木兰从军》是'卖国'的,原因如下:1.卜万苍曾在上海伪市党部供职,是一个汉奸;2.新华公司和日本人有关系;3.富士胶片是敌人的产品;4.影片在刻画抗战军队的时候,'侮辱民族战士';5.影片强调花木兰的浪漫爱情故事,对'抗战形象'造成损害。"① 事件发生之后,影片制作方做了很多的努力来澄清事实。我们没有看到欧阳予倩当时对这一事件的直接回应,与欧阳予倩同在桂林的夏衍则在其主编的桂林《救亡日报》中发专文为作者撇清关系:"至于对《木兰从军》原作上的指摘,我因为不曾看过这片子,所以不敢妄参一语,但是如单凭上面通讯所说,我相信当日焚毁片子的群众多少不无'迁怒'于作者的地方。譬如说挑拨汉蒙感情,这罪名未免太大。我们为了环境关系,用历史上的人物来借喻现在,难免有用'胡人'之类的名词来影射敌人的地方,这些只要理智清明的人,我想,应该原谅作者的苦心,而不该将大帽子在别人头上乱套。现在我们在求宪政的实施,我们希望大家'民主'一点。第二,说木兰不该讲恋爱,这也近于苛求,写一个商业性质的剧本,剧作者何能免俗? 况且我们从常情想,木兰是人,恋爱也是人情所可有,这一点我们希望大家宽容一点,剧作者要呼吁有这一点创作上想象上的自由。"②

《木兰从军》片子被焚事件折射出国统区、沦陷区在意识形态上的复杂互动,这个不是我们在这里要讨论的问题,夏衍为欧阳予倩的辩护确实是知人之论。不管是电影版还是桂剧版的《木兰从军》,欧阳予倩以历史来讽喻现实的目的是显然的。多年之后他说:"我本想把她作为一个反封建的女性,把戏写成悲剧,后来一想,为了宣传抗战,鼓舞人心,应当着重写她的英勇和智慧。"③《木兰从军》全力塑造木兰的英勇和智慧,在创作手法上同《梁红玉》很类似。全剧基本可以分为战前、战场、战后三个部分,战前部分先是通过她打猎时机智地应付邻村猎户的纠缠来展示她的机智和勇敢;接着铺叙她主动请缨,女扮男装,代父从军,来展示她的尽孝和尽忠;再写行军途中,教训了两个同去参军的想欺负她的士兵,并在此过程中与刘元度相遇,两人惺惺相惜,以民族大义感化同去参军之人。战场部分写木兰凭借自己的谋略战胜外敌入侵,在最后的庆功宴之后她与刘元度相互试探,借着"月亮之歌"互吐衷肠。战后部分写木兰在刘元度等人的陪同下回到家乡。当她脱去军衣,换上女装,同行之人才恍然大悟,而彼此早有好感的木兰和刘元度也喜结良缘。桂剧版《木兰从军》与电影版《木兰从军》的最大不同之

---

① 傅葆石:《双城故事:中国早期电影的文化政治》,北京大学出版社 2008 年版,第 78—79 页。

② 夏衍:《问题要分清楚——作为一个电影剧作者的话》,见程季华主编《夏衍电影文集》第一卷,中国电影出版社 2000 年版,第 217 页。

③ 欧阳予倩:《电影半路出家记》,见《欧阳予倩全集》第六卷,上海文艺出版社 1990 年版,第390 页。

处,在于战时场景的想象和虚构。电影版《木兰从军》写木兰同刘元度等人来到部队后发现并不是他们想象的那么纯净,取得小小胜利的元帅麻痹大意、贪图享乐,军师却为了钱财充当内奸,帮着外敌来蒙蔽元帅。于是,木兰和刘元度主动外出刺探军事秘密,获得了真实的情报,并背着元帅做好了应付外敌偷袭的准备,最后一举清除了外族,粉碎了军师的阴谋,木兰也被提升为元帅。桂剧版的《木兰从军》则写木兰同刘元度等人还没到达战场,前线就已经失利,元帅死了,士兵和百姓四处逃散,木兰以民族大义晓谕同去参军之人,退居二关收容溃军,屯集粮草。在哈利可汗进攻到关前时,众人推举木兰为主将,木兰胸怀韬略,指挥众人应战,取得了大捷并迅速退居三关。在一次战争中,木兰被哈利可汗用暗箭射伤,她忍痛阵前擂鼓,鼓舞将士击退了来犯之敌,重伤中的梦话为刘元度、李元辉听到,知道她乃女儿身的真相。伤口痊愈后,木兰率部反攻,用计将敌军击退到边境之外。

我们现在能够见到的电影版《木兰从军》是 1939 年发表在阿英主编的刊物《文献》上的版本,桂剧版的《木兰从军》则最早收录于 1980 年中国戏剧出版社《欧阳予倩文集》第二卷。欧阳予倩申明 1939 年版本的剧本不是他的原本,而是导演卜万苍的修改本,剧本的好几处都被他修改过。欧阳予倩 1961 年写的《电影半路出家记》记述了电影版的故事梗概,而这个故事梗概基本是 1980 年版桂剧《木兰从军》的概括。我们知道,《欧阳予倩全集》其实是编订于 1963 年,其中收录的大部分剧作都做过很大的修改。收录于其中的桂剧《木兰从军》将邻村的猎户改写为恶少,行军途中添加了因犯被押解差人虐待的场景,战时部分则改写成花木兰白手起家御敌,电影版中的金銮殿封功一场则全部删去。显然,这些改动处处凸显阶级话语,打上了20 世纪 60 年代的鲜明印记。1942 年易庸(即廖沫沙)在《戏剧春秋》上发表的《读欧阳予倩的旧剧作品——兼论旧剧改革》中引用了欧阳予倩桂剧《木兰从军》中的一段唱白:"(白)听黄河水响,旅店凄凉,一灯如豆,这更是出门人想家的时候啊!(唱)听谯楼打罢了四更时分,旅店凄凉睡梦不成,恼恨那强寇侵入国境,为保家乡去从军。行来渐觉战场近,夜静更长想起了双亲。黄河流水潺潺响,听不到爹娘唤女声。"在 1963 年的版本这段唱白为:"听黄河水响,北风怒号,旅店凄凉,心情起伏,叫我怎生入睡也!(唱)听谯楼打罢了三更时分,万千心事睡梦难成。恼恨那敌人侵入国境,又恨那豪绅恶霸欺压平民。行来渐觉战场近,夜静更长想起了双亲。黄河流水潺潺响,听不到爹娘唤女声。"其中改动最明显的是增加了"又恨那豪绅恶霸欺压平民"一句唱词,这应当是用来概括因犯被押解差人虐待之事。综合上述分析,我们可以断定 1942 年写作的桂剧版《木兰从军》在故事架构上应当更接近于电影版而非 1963 年收录的桂剧本。欧阳予倩在《电影半路出家记》中对故事梗概的置换表明了他对发生过焚毁事件的《木兰从军》小心翼翼的处理，20 多年前因地域分隔而导致的意识形态话语误读很可能因为时间的分野而再次发生，他不能不小心。

相较于《梁红玉》的紧张激烈，《木兰从军》舒缓而浪漫。同梁红玉一样，花木兰一方面以其勇敢和智慧抵抗外敌的入侵以及内奸的破坏，另一方面则要克服家庭及社会中对女子的普遍轻视。战前部分的内容基本围绕后一个方面进展剧情，她机智地应付了邻村猎户的挑衅，为代父从军不得不女扮男装，新军途中则不得不应对因面容的女性化而招来的调戏。战场部分围绕前一方面进展剧情，除了众多的战争场景外主要的事件是木兰"男扮女装"深入敌营刺探军情。比起梁红玉只能以"贤内助"身份运筹帷幄，花木兰则以其自由的换装主导着战场上下的一切。从女扮男装到"男扮女装"，剧情富有传奇色彩和浪漫气息，而对花木兰与刘元度之间爱情故事的虚构则将剧作的浪漫情调渲染得更加浓厚。由于花木兰的官阶高于刘元度，同时也由于其女扮男装的隐秘身份，在这个浪漫爱情故事中花木兰依然占据着绝对的主动。在刘元度对其女儿身有所觉察之后她可以轻易否认，在凯旋祝捷会后她以种种的暗示来抚慰刘元度的情感，战后回复女儿身之后轻松地收获了爱情。剧中的几首歌将这种浪漫气息推向高潮。凯旋祝捷会的晚上，木兰微醉，对月低唱，她唱道："月亮在哪里？月亮在那厢。她照进我的房，照上我的床，照着那破碎的战场，照着那甜蜜的家乡！几时能入我的怀抱？也好诉一诉我的衷肠！"此时忽然听见刘元度也在唱。他唱道："月亮在哪里？月亮在那厢。他照进她的房，他照上她的床，照着我破碎的心肠，照着我终夜在榜徨！几时能入我的怀抱？也好诉一诉我的衷肠！"木兰信步走过去，听元度继续唱道："月亮在哪里？月亮在那厢。我见着月亮的面，我浸着月亮的光，我向着天边望，我对着天边想，我不会颠也会狂；到头来，却还是人间天上！"木兰明白元度在想什么，走上前去安慰了他几句。接着她唱道："月亮在哪里？月亮在你身旁。你见了月亮的面，你爱惜月亮的光。知道你年年望，知道你天天想。你不要慌不要忙，到头来，自有嫦娥下降。"

从 1937 年到 1956 年近 20 年中，欧阳予倩对《桃花扇》作了五次改编：1937 年"八一三"之后改编了京剧《桃花扇》，于 1938 年 3 月在上海更新舞台上演；1939 年二次入桂后改编成桂剧本；1947 年随新中国剧社到台湾演出时需要用 10 天时间改编成七场传奇话剧本，演了四场，很受欢迎；1956 年删节和修改为三幕九场话剧，亲自担任导演，由中央戏剧学院实验话剧院搬上舞台；1959年春,应中国京剧院的要求,他又将话剧本改编为京剧本。此外,他还于1957年对话剧《桃花扇》作了修改,改成了三幕剧。

1937年的京剧本和其后的桂剧本《桃花扇》都没有本子留下来,从演出当时的评论以及后来的回忆只能对其有一个大致的了解。剧作由副末开场:

> 伶工：……我大明朝一个唱小丑的便是。
> 内声：你是明朝人,天年多大岁数了?
> 伶工：不折不扣,三百三十三岁。
> 内声：你怎么活得那么长呢?
> 伶工：因为我脸皮厚。
> 内声：你从那里来?
> 伶工：我从南京来。
> 内声：南京怎么样了?
> 伶工：和三百年前一样了。
> ……
> 伶工：……他们对百姓重重的苛捐杂税,只迫待农与工生计困难,各地方还有土豪劣绅,他们鱼肉乡民,罪恶滔天,武将们也没有丝毫忠肝义胆,他们拥兵自守,只会各保地盘……

前六场基本写儿女私情,有"眠香"一场,第七场福王出场,类似傀儡戏,第十场为李香君"入宫",这两场出场人物有刘泽清、田雄、黄得功等,涉及和战讨论、黄得功痛骂杀人等内容。第十场开幕时有一个叫蔡益所的书店老板有一个自白:"新书出卖、新书出卖,你管写,我管卖;他有书出版,我有钱进袋;人家说我有色彩,我也不赖,我也不赖。"剧作后半部的逃难一场有郑妥娘遭遇杨文聪的场景。郑妥娘问杨文聪往哪里去,杨文聪踌躇不答,郑妥娘便说:"可是向南方去?"他摇头,"到东方去吗?"又摇头,"上西方去吗?"他还是摇头,郑妥娘笑一笑道:"那么准是到北方去了!"杨文聪摸着胡子苦笑,话还没有说,她又接着道:"还是上那里去弄个官做吧!"杨文聪便反问她上哪里去,她说要进城去接客,杨文聪笑道:"这时还要做买卖吗?"郑妥娘冷笑一声道:"老爷们可做买卖,做妓女的,难道不可做买卖吗? 老爷们的奴颜婢膝,钻营弄个官做,和我们做妓女的,抹粉点胭脂去接客,还不是一样的吗? 何况妓女只是卖身,老爷们却卖了人格灵魂之外,还出卖祖国;妓女们只是糟蹋了自己的身体,老爷们却还害了全国的老百姓呢。"剧作最后以柳敬亭的一曲大鼓"哀江南"结束。

1947年的话剧《桃花扇》共七场：第一场发生在南京文庙的一角，写众文人教训阮大铖；第二场地点为阮大铖的书房，他接受杨文聪的建议决定收买侯朝宗；第三场在李贞丽家，杨文聪出资成全侯朝宗与李香君；第四场发生在李香君妆楼，李香君却奁，第五场分两景，第一景在李香君妆楼，侯朝宗出外避难，第二景在李香君家厅堂，李香君血溅桃花扇；第六场转到金陵城郊的赏心亭，阮大铖粉饰太平讨好马士英，李香君骂筵；第七场也有两景，第一景在某村路边，柳敬亭、苏昆生逃难，第二景在葆贞庵佛堂前，众人团聚，李香君得知侯朝宗参加了满清的科举考试气绝身亡。1959年的京剧本共有十一场：第一场为众书生打阮大铖；第二场为阮大铖接受杨文聪的建议决计收买侯朝宗；第三场为杨文聪出资玉成侯朝宗与李香君；第四场李香君却奁；第五场为过场，福王被立，阮大铖得势；第六场侯朝宗避难；第七场李香君血溅桃花扇；第八场李香君骂筵；第九场难民追打马士英、阮大铖；第十场为过场，顺治登基；第十一场李香君气绝身亡。

由于受政治气候的影响，1957年的修改本与1959年的京剧改编本在讽刺性上大大地弱化了，但其情节结构基本沿袭了下来。我们知道，孔尚任的《桃花扇》是"借离合之情，写兴亡之感"，作品由两条线索组成，一是社会政治军事情形的动荡，一是以侯朝宗和李香君为代表的乱离人的辛酸，最后主人公为高人点化，看破红尘，双双出家。作者借传奇宏大的结构体例之便描画出南明历史的宏阔画面，同时以佛道为思想资源表达了抛弃红尘、同归大化的退隐思想。欧阳予倩的改编本则全力塑造李香君的"贞"，表彰气节，针砭奸诈、摇动分子，把史可法、左良玉以及黄得功的大部分戏都删掉了。对于自己改编《桃花扇》的初衷，欧阳予倩说："我那个剧本，依照孔尚任原作的故事轮廓，采用了其中的主要情节，只借以发抒感慨，并没有也不可能仅忠实于原著而作为一个古典剧作的翻版。"① 剧作将李香君置入事件的中心，展现她与卑鄙无耻的政客和帮闲文人的矛盾冲突。李香君是秦淮河边的名妓，心思纯洁，富于爱国思想和民族气节，她因爱慕侯朝宗的人品文章而与他结为秦晋之好，在得知聘礼是奸党阮大铖所赐时，坚决催促侯朝宗全部退回，为了不事新夫，血溅桃花扇，为了不事权奸，当庭怒骂，最后得知侯朝宗曲事新朝时恨恨而死。作者不仅通过李香君与权奸的冲突来塑造她的"贞"，而且还采用了反衬的手法来进行烘托，最突出的是杨文聪这一

① 欧阳予倩：《〈桃花扇〉序言》，见《欧阳予倩全集》第二卷，上海文艺出版社1990年版，第433页。

没有原则立场、只会附庸风雅的文人形象的塑造。作者还发挥他善于描摹风月场中女性的特长,以简练的文笔点染出风尘女性的各样形态,如李贞丽的世故、苟且,郑妥娘的泼辣、仗义,卞玉京的厚道、恬淡等。这样就使整个剧作红花绿叶相得益彰,很有戏剧性,在20世纪五六十年代还多次演出过。

在弘扬了梁红玉、花木兰、李香君三个女子的"坚强诚实忠义"之后,欧阳予倩又编排太平天国史料,为李秀成做传。《忠王李秀成》共五幕,从曾国荃围困天京,李秀成率部血战苏杭写起,直到天京沦陷,李秀成被俘就义结束。剧作展现的是在强敌环绕之际李秀成始终秉持忠义节操,外抗强敌,内斗奸臣贼子,同时不断坚定部下的忠义之气,明知其不可为而为之,最终被俘就义的悲剧。李秀成的忠义之气与后期太平天国内部腐败的上层官僚的四次冲突构成了剧作情节发生发展的线索:第一次是天朝诸王顾忌李秀成兵权过大,下诏要他回天京,李秀成迫于军情,不肯奉诏,最后以母亲、妻儿做人质解决的这一矛盾;第二次是李秀成与天朝诸王安插在他身边的陈坤书在赈济灾民的态度和行为上发生冲突,以李秀成为大局着想隐忍退让作结;第三次是李秀成被迫回京,与天王洪秀全就对敌方略发生冲突,最后李秀成只能悲苦地接受了死守天京的命令;第四次是在守天京时李秀成因稽查私粮与洪氏兄弟同党蒙得恩发生冲突,在重重钳制下李秀成陷入困境。同时在横向铺展上作者也全力地来描写李秀成的忠义之气:从环绕在他周围人物的口中;从对立面的奸佞们的身上;从李秀成自己对人对事的行动上等。欧阳予倩在剧情安排和细节处理上的这些特点使整个剧作如删繁就简的三秋之树,简劲有力,在当时抗战情绪激昂的时代情绪下获得了很好的演出效果,从1941年10月30日到1942年4月该剧在桂林演出了23场,观众人数达30000人,约占当时桂林人口的十分之二。

在弘扬"坚强诚实忠义"之外,欧阳予倩还在这些剧作中发抒了对现实的尖锐抨击和讽刺。赵景深在《〈桃花扇〉底风》中说:"尤其是李香君,让金素琴女士来扮演,我们会突然地想象到她在《梁红玉》里骂哈米蚩的那样的'大将军八面威风'!'却奁''骂筵'诸场,阮杨辈怕也要有哈米蚩那样的忍耐功夫才受得住这场辱骂吧。……最使人击节的,是许多对话里面的刺。"[①] 前面所引1937年版本京剧《桃花扇》片段就是有代表性的"刺"。《梁红玉》中有如下一段对话:

> 韩世忠:奇怪呀,朝廷四处招兵一个也招不着,乡下人一听见招兵

---

① 赵景深:《〈桃花扇〉底风》,见《海上集》,北新书局1946年版,第95页。

大家都逃跑了。你会招着兵,我才不信呢。

　　梁红玉:那只怪平日你们这帮老爷们,待百姓太好了。

　　韩世忠:慢来慢来,你要骂的那些老爷们,我不在内啊。

　　梁红玉:那些平民百姓,平日被官府重重剥削,真是求生不得,求死不能,一旦有事又要派他们这样,派他们那样,他们只有逃走之路。

　　韩世忠:抵抗金兵是爱国之事,大家都要拼命,不应逃走。

　　梁红玉:这个道理,许多有钱有势的老爷都不大明白,还怪那些乡下人吗? 而且还有许多大官拥兵自卫,鱼肉乡民,把百姓当作仇敌,有谁肯跟他们去死呢? 讽刺的锋芒是很尖锐的。欧阳予倩《桃花扇》《梁红玉》《木兰从军》等剧不同版本的一个重要变化即在针对现实的情况加不同的"刺"。"《梁红玉》骂走马曼卿,《桃花扇》刺痛苏新民",马曼卿是白崇禧的岳父,苏新民乃桂林市长,桂剧演员们中间广泛流传的这两则轶事恐怕不是空穴来风。正因为如此,欧阳予倩的剧作屡屡遭到当局勒令删改的命运。

　　《人面桃花》是欧阳予倩所编剧作中演出比较多的一个,很多艺人都演出过此剧,后来还被改编成桂剧、评剧演出。从欧阳予倩个人的创作历程来看,这个剧作可以看作是他从20世纪10年代颓废—唯美转向20世纪20年代之后美育社会人生观念的转折。该剧完全根据唐代孟棨的《本事诗》改编而成,是欧阳予倩为到汉口演出而匆忙凑成功的戏,后来又根据舞台演出的情况不断地修改,我们现在能够看到的剧本是1950年的重新整理本。剧作一共有五场:第一场为"初遇",写清明时候,杜宜春嬉戏归来,正好游春到此的崔护因酒渴而上门讨茶吃,两人一见钟情;第二场为"劝归",写崔护为友人吴是仁催逼回老家;第三场为"题诗",写第二年清明杜宜春眷念崔护,在地画沙书"博陵崔护",后与同伴到邻村游春看花,崔护适来,未见到宜春,怅然题"人面桃花"之句而去,杜宜春归来看到题字神情恍惚;第四场为"梦境",写杜宜春在八位桃花仙子的引导下梦中追寻崔护;第五场为"如愿",写杜宜春游魂之后昏死过去,正好崔护又来村相访,赶忙上前大呼:"小娘子,崔护来了! 小娘子,崔护在此!"杜宜春即刻苏醒过来,两人结成秦晋之好。在不断的修改过程中,此戏的结尾有三种不同的处理:一种是当杜宜春游春归来,发现了崔护的留诗,失望之极,郁郁死去。此时上一桃花仙子,手执招魂蟠站在宜春床后,直至崔护第三次来访,抚尸召唤时,桃花仙子在宜春身上转拂招魂蟠,叫道:"杜宜春醒悟,吾神去也。"这时杜宜春唱倒板,还魂;第二种是崔护第三次相访,誓共死生,杜宜春情根未泯,一缕幽魂归窍,自然还魂;第三种结尾是出现在 1950 年的整理本中,让杜宜春的魂灵在桃花仙子的导引下上天入地寻找意中人。对于为什么在整理本中改成第三种结尾的方式,欧阳予倩说:"我坚持要《离魂》那场,但觉最初演得太草率,就重新写过了。借桃花仙子的唱白,表达杜宜春的心情。照现在发表的剧本,当我演戏的那个年月是无法实现的。旧日搭班子如果想演新排的戏,只有极力把自己几场要紧的戏弄好,别的场子就只好将就。"①

欧阳予倩的《人面桃花》意在歌咏爱情,富有浪漫气息,生动地抒写了杜宜春热烈而哀婉的思春情怀。对小儿女情态的抒写是欧阳予倩的长项,正如聂绀弩所说的:"我觉得在他的演、编、导三件事里,贯穿着一种他所独有的东西;对于这,我还没有想出最适当的话来表示。胡乱地说,就像在普希金的小说里所最容易碰到的一种使人亲切、欣慰而又怅惘的罗曼蒂克气氛。处理儿女们的柔情、热烈、娇憨和哀愁,想未必有人可以和他并论。"②因此,他的这个剧作广受观众的欢迎。相比于他之前呈现颓废—唯美色彩的创作,《人面桃花》要积极明丽得多,显示其作品情感基调的变化。

在欧阳予倩的新编历史剧中,《孔雀东南飞》算是玩票性质的。该剧原名《同命鸳鸯》,1948 年演出于兰心戏院。据胡思华说,该剧是上海银行家胡治藩为满足夫人金素雯想在兰心戏院演戏而玩的一次票,田汉亲自组织演出,找高百岁来为金素雯配戏,文艺界人士赵丹、郑君里、朱端钧、于伶、唐大郎、龚之方、桑弧等悉数出席捧场。③目前笔者还没有找到其他的佐证资料,但是欧阳予倩为金素雯的玩票而专门编写剧本是很有可能的。早在10 年前,金素琴、金素雯姐妹即为其中华剧团的骨干,在战火中追随他进行京剧改革。我们现在能够见到的《孔雀东南飞》是欧阳予倩 1959 年的重新整理本,一共八场。因为玩票的性质,该剧基本是对原作《古诗为焦仲卿妻作》的情节和人物设置的戏曲演绎,没有如他的其他创作一样对原本做大的改编。因此,该剧在人物设置和剧作格式做法等方面都不同于其《桃花扇》《梁红玉》《木兰从军》等创作,没有呈现出欧阳予倩革新京剧的特有印记。

胡思华说:"根据古典文学《孔雀东南飞》改编的现代京剧《同命鸳鸯》,是不折不扣的大手笔。在京剧的舞台上,出现了音乐、舞蹈的配合;在场景处理、程式改革、舞台布置上,做了全面的现代化的尝试。而后 50 年代轰动

---

① 欧阳予倩:《我自排自演的京戏》,见《欧阳予倩全集》第六卷,上海文艺出版社 1990 年版,第 278 页。

② 聂绀弩:《关于欧阳予倩》,见《聂绀弩全集》第三卷,武汉出版社 2003 年版,第 380 页。

③ 胡思华:《大人家》,上海人民出版社 2007 年版,第 340 页。

一时的越剧《梁山伯与祝英台》里面的'化蝶'音乐以及舞蹈配合的场面，就是根据田汉的意见，根据《同命鸳鸯》的模式植入的。"① 叶圣陶1948年1月2日的日记中对此剧也有提及："今日仍放假。校对十余面。偕墨至夏师母处。夏师母入冬恒不健。后至我妹家，小饮，吃面。二时，至兰心戏院，观《同命鸳鸯》，系欧阳予倩根据《孔雀东南飞》所编制，号曰'新型平剧'。演两小时四十分毕，平平，无吸引力。六时归。"② 该剧可能在舞台呈现方面做了一些歌舞的铺排，宣传上也打上"新型平剧"的口号，但演出效果恐怕就如叶圣陶所记述那样"平平，无吸引力"。

---

① 胡思华:《大人家》，上海人民出版社2007年版，第342页。
② 叶至善、叶至美、叶至诚编:《叶圣陶集》第二十一卷，江苏教育出版社1994年版，第248页。

第四章　中西戏剧的嫁接

第一节　话剧与传统

一、话剧创作：以展示人物的自觉意志为中心

在五四时代，欧阳予倩就提出了要构建纯正的艺术论和戏剧论来建设现代戏剧，他所倡导的戏剧论乃布伦退尔的意志冲突说，并以此为核心来讨论戏剧人物性格、行动、戏剧情节结构等方面的内容。自觉意志以及意志冲突确实贯彻在了他的话剧创作中，但是由于他话剧、戏曲双下锅的创作状态，他的话剧创作实际上呈现出了一种嫁接的情形。我们看到，其剧本主要人物心理状态及其行动上表现出了高度的意志自觉，从《泼妇》中的于素心到《忠王李秀成》中的李秀成都是如此，其行动的大胆和果敢迥异于传统戏曲人物的存在状态，但同时这些人物的自觉意志并没有如西方近代剧一样成为戏剧行动进展的主导，反而是这些人物的自觉意志本身构成了其剧作要表现的主要内容。

以《泼妇》为例，该剧可以概括为"纳妾风波"，全剧共有七场，第一、二、三场展示支持纳妾的一方：当事人陈慎之、其父母以及特意请来做说客的姑母和妹妹芷祥，纠集在一起对新女性于素心说三道四并计划如何对付她的反对。第四、五场是剧作的发展部分，于素心上场，感受到气氛的异常，陈慎之送项链给她，想用柔情软化她，姑母和芷祥用"女德"婉劝，并把纳妾之事告诉了她，素心提出让小妾出来见一见。第六、七场是全剧的高潮和结局部分，剧中人全部上场，素心义正词严地质问慎之的虚伪和堕落并以杀死儿子相要挟要慎之毁掉了卖身纸及在离婚书上签字，最后还带走了儿子，剧作在众人"（面面相觑）真好泼妇"的惊叹中闭幕。剧作的主体是第六、七场，"泼妇"的于素心在此展示了强烈的个人意志，但是前面五场的情节进展并非其自觉意志展开的结果，而是为第六、七场的展示自觉意志蓄势。

独幕剧《泼妇》如此，多幕剧《潘金莲》《忠王李秀成》《桃花扇》等也是如此。这些剧作有着共同的模式：一般有一个简洁明晰的开头，把剧作主人公的思想、性格、他（她）在中心事件中的态度主张及其现实处境交代出来，

这一交代一般是通过其对立阵营或者周围人的谈话来展开的;然后安排主人公上场通过特定场合的谈话或者对某个事件的处理来正面展现主人公的精神面貌和态度立场;接着展示主人公与其对立面一个或几个会合的冲突,在冲突中进一步展示他的自觉意志;最后一般有一个喜剧性或悲剧性的结尾,主人公或痛快淋漓地战胜对立的一方或者以生命来为正义的事业殉葬,并在此过程中营造积极乐观或慷慨悲凉的情绪情感。这些剧作一般都有冲突的设置,但都没有以冲突论来构建整一性的情节,冲突的设置是为了更集中、更强烈地展示人物的意志。

《潘金莲》以表现潘金莲强悍的生命意识为中心。第一幕为铺垫、烘托,通过写张大户与其妻妾在院中的调笑,展现了当时妇女依附性的生存意识和生存现实,即妇女仍然处于依附地位并且以此为生存常态。同时还告诉观众潘金莲的叛逆性格及其杀夫的事实,为潘金莲的出场设置了非常的情境。第二幕正面表现潘金莲那种"与其叫人可怜,不如叫人可恨"的强烈的个性。她对男性中心的社会进行挑战,坚决不买张大户的账,与西门庆厮混只是为了解解闷,不但不给一个残疾乞丐施舍,反而说不如"杀了他"。第三、四、五幕则构建了一个潘金莲与武松的冲突:第三幕在武大郎的灵前,她含蓄地对武松表达自己的爱意,遭到武松的拒绝;第四幕写武松追查凶手;第五幕写武松杀嫂。剧作第一幕的烘托、第二幕的正面展现、第三四五幕在冲突中的表现,它们共同为展示潘金莲的自觉意志服务。在具体的表现手段上,代替了《泼妇》中的讨论手法,情感的抒发成为表现人物情怀的重要手段。《泼妇》中于素心是五四新思想观念的化身,潘金莲则是崇尚美与力的唯美型形象,泼辣、恣肆,生命力强悍,因而于素心的"泼"表现在不妥协的斗争,潘金莲的"泼"则是自我生命本能的喷发,对生命意识的表现来说直接的情感抒发显得贴切自然。

相比于《泼妇》和《潘金莲》,《忠王李秀成》在剧情结构上更为复杂一些,糅入了史诗性的因素。《忠王李秀成》共五幕,从曾国荃围困天京,李秀成率部血战苏杭写起,直到天京沦陷,李秀成被俘就义结束。剧作第一幕的第一场通过舞台上一张大的告示和后场念谕示相结合的形式交代了李秀成克复杭州等地的战况及他的安民措施。第二场开始时先后上场的是李秀成的部将程检、谭绍洸、童容海、陈坤书等人,在他们的议论中我们知道李秀成是"刻苦自己、体恤百姓、体恤兵士""劳苦功高"的忠义之士,他的现实处境却很糟糕,在抗击强敌的情况下天朝诸王对他很嫉恨,属下将领陈坤书也有二心。这是对李秀成现实处境的展现,并通过其部将之口侧面对李秀成的形象加以点染。接着李秀成上场,布置军事方略、安排赈济灾民事宜、释放俘虏林福祥,在这些事件中表现他的能力和意志。在接下来的第三场以及随后三幕中设置了李秀成的忠义之气与太平天国腐败的上层官僚之间的四次冲突:第一次是天朝诸王顾忌李秀成兵权过大,下诏要他回天京,李秀成迫于军情,不肯奉诏,最后不得不以母亲、妻儿作人质,暂时留在了第一线;第二次是李秀成与天朝诸王安插在他身边的陈坤书在赈济灾民的态度和行为上发生冲突,李秀成为大局着想隐忍退让;第三次是李秀成被迫回京,与天王洪秀全就对敌方略发生争论,最后李秀成只能悲苦地接受了死守天京的命令;第四次是在守天京时李秀成因稽查私粮与洪氏兄弟同党蒙得恩发生冲突,冲突还没解决天京就失守了。这四次冲突都是以李秀成的隐忍退让作结,并没有得到展开,而且每一次冲突之后,天朝就陷入更险恶的困境,直到最后天朝崩溃为止。这些冲突一次次把李秀成推入更加艰苦的情境,明知其不可为的李秀成仍然尽自己的全力进行着挽救天朝的努力,并且还不断激励属下,充分地显示了他忠贞、坚忍的气概。同时这些冲突还创造了非常的时机,使李秀成平时轻易不表露出来的情绪得到了表现的机会,他的愤激、他的无可奈何都在冲突的一刹那喷涌而出而又戛然而止,使我们从这一刹那触摸到李秀成心底的情感波澜。在四次冲突之后的第五幕中,第一场写李秀成一家在天京陷落之后的逃亡,最后因有人告密李秀成被俘,第二三场通过简洁的舞台调度展示李秀成誓死不屈的场面以及民众祭奠他的情形。这一幕中的第一个场面是过渡部分,显得有些拖沓,第二三场则是作者构建的重点,它们具有非常强的仪式感,将李秀成忠义的精神气质做了总的升华。

《忠王李秀成》中,四次冲突没有构成一个完整的动作,它们是按照自然时间秩序组合起来的,因此剧作结构呈现出自由流动的流畅感,幕下分场,场次安排也根据剧情需要有戏则长、无戏则短,时空比较自由。这种自然时序的结构组合大大丰富了剧作所表现的生活宽广度,把太平天国覆灭的全过程呈现出来,呈现出一种史诗般的审美效果。在1941年即有评论者分析《忠王李秀成》道:"当作者在起手写这个剧本的时候,我觉得他好像并不把人物性格的刻划放在第一位,反之,他却把强调全剧的气氛放在第一位。因此,我们在剧中,除李秀成一个外,很难找到一个完全的活现的性格,反之全剧的前后,气氛却始终是把握得紧紧的,这是一个成功的地方,同时也以为也是一个失败的地方。"[①] 从上面的分析可以看到,正是以

---

① 韦昌英、黄今:《读〈忠王李秀成〉》,见苏关鑫编《欧阳予倩研究资料》,中国戏剧出版社1989年版,第403—404页。

展示主人公李秀成自觉意志为中心的结构布局导致了全剧将气氛放在了第一位。

欧阳予倩戏剧创作以展示自觉意志为中心的结构布局显然收到布伦退尔戏剧理论的影响。谭霈生指出："布伦退尔的戏剧观念的根基就在于把自觉意志的戏剧价值强调到极限。他不仅把自觉意志视为人格的本质,强调受自觉意志支配的行动的戏剧价值,而且把意志的强度作为判断戏剧作品优劣的尺度。在他看来,在戏剧作品中,任何有价值的行动(动作)都是自觉意志发动的。这是经典的'唯意志'论。"[①] 但正如我们上面分析的,虽然欧阳予倩的创作将自觉意志的展示作为结构的中心,但是并没有将自觉意志作为发动机来构设逻辑性的行为进展,反而自觉不自觉地求助于传统戏曲的情节结构方式。中国传统戏曲与西方近代剧在情节结构的组织上有很大的不同,正如何斌辉所说的:"西方戏剧比较突出的是,人物在行动前怎样形成自觉的意志,以及自己的意志在遭到阻碍时所引起的强烈情感,整部戏剧往往是意志的展开;中国戏剧很少触及人物的意志,主要在于渲染人物在各种遭遇中所体验到的种种情思,内心的意愿一般不是情节发展的决定性因素,情感的强烈程度不像西方戏剧那么高。"[②] 欧阳予倩戏剧创作的核心即在展示人物在各种遭遇中所喷发的自觉意志。

欧阳予倩的剧作不是在情境与人物的相互激发中推进情节进展,而是要在设定好的情境中展示人物的自觉意志。《泼妇》中的前五场、《忠王李秀成》中的内外交困等等都是设定好的情境,这些情境构成了对人物自觉意志的极大挑战,挑战的存在为的是激发人物自觉意志的展现。谭霈生在讨论戏剧本体时提出,"英国当代戏剧理论家马丁·艾思林在追寻戏剧的本质时说:'戏剧不仅是人类的真实行动最具体的(即最少抽象的)艺术的模仿,它也是我们用以想象人的各种境况的最具体的形式。'他赞同这样一个论断:'剧院是检验人类在特定情境下的行为的实验室。'这座把人作为对象的'实验室',有一种特殊的实验方法:为对象提供特定的情境,它作为一种规定的前提、一种客观的刺激和推动力,促使人物作出反应(动机与行动),以显现人格的特质。这一实验过程的每一个环节都是具体的,并贯穿着一个潜在的因果逻辑:个性与情境契合,情境的推动力与凝聚力使个性凝

---

① 谭霈生:《戏剧本体论》,北京大学出版社 2009 年版,第 110 页。
② 何辉斌:《戏剧性戏剧与抒情性戏剧:中西戏剧比较研究》,中国社会科学出版社 2004 年版,第 66 页。

结成具体的动机,动机则成为行动(动作)的内驱力。"① 他将这一过程归纳为一个逻辑模式:

　　与此相对,中国戏曲中的情境主要作为人物品格试金石存在。英雄义士、孝子烈妇的传奇不用说,儒生道士、有情男女的演义也是如此。《赵氏孤儿》中有屠岸贾设下的天罗地网和威逼利诱,在此情境下展示一个个义士前仆后继,为保留下赵氏一脉作出极大的个人牺牲。欧阳予倩的话剧创作在以人物为中心这一方面延续了传统戏曲的精神。再以关汉卿的《关大王单刀会》为例。《单刀会》剧本共四折,第一折写鲁肃设下三计,想请关羽过江,就此索取荆州。他请乔公商议此事,乔公坚决反对,并对关羽的英勇事迹大大赞扬了一番。第二折写鲁肃又去访问司马徽商量此事。司马徽把关羽的英雄气概对他表白了一番,劝他不可行事。第三折写关羽接到鲁肃邀请后决定过江,在儿子关平劝他别去时,从他自己口中说出自己的英雄事迹,心情豪迈。第四折是全剧的中心,前半折写关羽在江上小舟中壮烈慷慨的气概,后半折写关羽在宴会上大义指责鲁肃,并劫持他上船,回到了荆州。这个剧作全力表现关羽的英雄气概:先是他人的评论,接着是自我的表现,最后是在一场面对面的冲突中。显然,欧阳予倩剧作的情节结构方式更多地取自于戏曲传统。

　　对传统戏曲情节结构方式的汲取使得欧阳予倩戏剧中人物的塑造方式及其特点与传统戏曲有很大的相似性,"中国古典戏剧人物理论要求在剧中人物身上融入剧作者浓烈的主体情感,强调戏剧人物要体现剧作者的理想和人格。……其次,中国古典剧论中的戏剧人物理论在揭示人物形象的塑造方法和对戏剧人物的具体品评中,往往突出戏剧人物某一方面的特征,并要求抓住这一特征作淋漓尽致的表现,使人物形象显示出自身的鲜明性和独特性。……第三,在古典戏剧人物理论中,'法'是其中一个非常重要的理论思想……在这些法则中,强调人物形象之间的衬托法是其中最为突出的一个创作法则。戏剧人物理论中的'衬托法'在总体趋向上或要求突出主要人物的形象特性,此为正衬;或要求在两种截然不同的形象之间作相互之间的映衬,此为反衬。但总其要者,却是以实现主要人物形象的完美

---

① 谭霈生:《戏剧本体论》,北京大学出版社 2009 年版,第 106 页。

性为归趣。"①欧阳予倩新编历史剧中人物的自觉意志基本是作者所试图张扬的时代情绪的代言,于素心、杨贵妃、潘金莲等人物是五四时代张扬自我、追求个性的代言,梁红玉、李香君、李秀成是民族生死存亡之际气节的化身。为全力抒写人物的这些品质特征,欧阳予倩在具体技法上同样大量运用了衬托法,这一方面的内容在上一章已经作了很多的讨论。

中西嫁接的话剧创作同时导致了其剧作语言表达的一些特点。元杂剧以歌舞为主要的表现手段,其以诗歌的那种抒情美为戏剧美的戏剧形式对直接表现人物的情怀有着天然的方便,《单刀会》第四折前半折关羽的大段唱词所传达的壮烈慷慨的意味传颂千古便是一个例子。西方话剧的语言以强烈的动作性为特点,这与其表现人物个性的需要是一致的,而与欧阳予倩以展示人物自觉意志为主的创作需要不匹配。欧阳予倩在《泼妇》中主要采用了讨论式的手法来呈现于素心的情怀,这一方面打断了剧情的自然进展,另一方面大段缺乏动作性的自我表白给人一种枯燥干涩之感,其表现力大打折扣。这一弊端在欧阳予倩后来的创作中得到了有效的克服。以《潘金莲》为例,剧作在语言上"继承了传统戏曲语言重抒情、重叙事、讲求形式、关注动作的特点"②,苏永莉所说的"关注动作"与西方戏剧语言强调的动作性不同,指的是人物对话留下空白从而为演员发挥动作提供便利,如第四幕武松与何九之间的对话:"何九:二爷这回到东京,整两个多月了。/武松:(点头)……/何:公事很得意。/武:(微微冷笑)……/何:我们都很盼二爷回来。/武:(只顾喝酒不说话)……/何:二爷回来,知县相公见公事办得妥当,必定十分喜欢。/武:(冷笑着没话)……"叙事的例子如剧中第四幕郓哥的一段话:"那老虔婆举手便打我,拿我叉出来,将我的梨儿都倒在街上","径自去骂那王婆老猪狗,那婆子就进来打我,我便一头撞在她怀里,将篮子往街上一丢,武大郎看见了,跟着抢进去,王婆想要拦……"最典型的段落当然是该剧第五幕里潘金莲大段的独白:"雪白的胸膛,里头有一颗很红很热很真的心,你拿了去吧!""我今生今世不能和你在一起,来生来世我变头牛,剥了我的皮给你做靴子;变条蚕子,吐出丝来给你做衣裳。"这些语言表达形式的运用,很好地配合了欧阳予倩展示人物自觉意志为中心的创作宗旨。

①　谭帆、陆炜:《中国古典戏剧理论史》修订版,华东师范大学出版社 2005 年版,第 190—195 页。

②　苏永莉:《中西戏剧艺术的渗透与融合——试析欧阳予倩〈潘金莲〉的独特艺术风貌》,《艺术百家》2001 年第 2 期,第 9 页。

二、话剧导演上的形神并存实践

欧阳予倩是中国现代戏剧史上的全才,编剧、导演、表演,舞台设计、理论、组织样样能来,所有的这些方面他都取得了不俗的成绩,但他更愿以"后台人"自居。他写有《后台人语》系列文章,并且明确说过:"我干文明新戏和二黄戏的时候是演员,从事话剧运动,我只想做一个胜任的导演。所以当我游历欧洲,专门看戏,逛后台,参加排练,看人家导演。"①欧阳予倩说自己"只想做一个胜任的导演"并非是自谦,而是出于一种使命感,是要努力建立一个属于自己和属于时代的导演体系。

(一)"东张西望"中的理论自觉

欧阳予倩导演了很多的话剧作品,其中《日出》《愁城记》《心防》《忠王李秀成》《桃花扇》《国家至上》等都有很好的反响。这些成功的演出奠定了他在中国现代戏剧导演中无可争议的重要地位,而更重要的是,欧阳予倩并不只把目光放在一个一个成功的演出上,他有着高远而坚定的理想,即在一次次的演出实践基础上探讨建立一个"新写实主义的体系"②,针对有人对其想法狂妄的攻击,他重申:"法国的毕多爱夫,加司东巴蒂,杜兰,周威,四个导演都有自己的方法,不同的体系。老哥企比亚的十五人团,亦有他们自己的做法。梅耶荷德、史达尼和他的学生滑克坦可夫,他们的体系,亦就是他们个别的导演方法。……我希望一个体系,是求得一个导演的方法。同时希望国内的导演们,都有他自己的方法。那么中国的戏剧,才有办法会加速度的进步。我自己常常说:不做领导,不做权威,建立一个体系是想扩大我们的服务。"③由上述言论可见,不管是方法也好,体系也好,都是理论指导下的具体践行,是一个完整的规划。

早在20世纪20年代,欧阳予倩就提出了"形神并存"的舞台艺术理念。他说:"写实主义简单的解释,就是镜中看影般的如实描写。不过这也不限于存形,何尝不可以存神?尤以形神并存方为上乘。灵的写实当然不能忽略,所以不妨拿写实两个字广义地解释一下。譬如三一律第四堵墙之类,本来无遵守的必要,描写的技巧也不是一定要画着格子走方步的。演机织工而用酸菜,与乎那种应有尽有的舞台装置都未免太蠢。……布景如此,表演

---

① 欧阳予倩:《岁末杂感》,《文艺生活》1948年第9期,第4页。

② 欧阳予倩:《后台人语(之一)》,见《欧阳予倩全集》第六卷,上海文艺出版社1990年版,第300页。

③ 《〈国家至上〉、〈包得行〉演出座谈会》,见吴辰海、丘振声、唐国英编选《戏剧运动》,广西人民出版社1992年版,第518页。

法也就可以推想而知了。"① 从五四时期以来,欧阳予倩一直不遗余力地倡导写实主义,从其各种场合的表述我们看到,他主要是把写实主义当作关心现实、介入现实的精神加以理解,而一旦涉及舞台艺术,则对写实主义作宽泛的阐释,有时候干脆用新写实主义来表述。在欧阳予倩看来,"存形"的方法是传统写实主义的追求,这一追求在斯坦尼斯拉夫斯基领导下的莫斯科艺术剧院手里达到了极致,"存神"的方法则在梅耶荷德等人手里得到发扬光大。在 1942 年的《后台人语(之一)》中他写道:"我所看过的莫斯科艺术剧院的戏,如《樱桃园》《粮食》等,真和现实生活一样,并无一点夸张的表演,看上去就不像在那里演戏。这可谓把握住了人生社会的真实,但是我也看过玛利剧院所演的奥斯脱拉乌斯基(通译奥斯特洛夫斯基)的戏;泰衣洛夫所导演的戏;加斯东·巴蒂的戏,也很受感动。譬如有人用几根简洁的线条,明快的色彩,揭要的动作表情,适当地配合起来,使人一看,就感觉到某种真实,这不也很好吗?"② 由此可以看到,所谓的"存形"是"真和现实生活一样""看上去就不像在那里演戏",而"存神"则是如梅耶荷德一样"从原始的舞蹈和祭典,想到应用单纯的、象征的、有力的动作直接传达意念,激发观众的情绪。"③ 或者如泰伊洛夫一样"追求的是美的谐和。他的戏,每一个场面,不管是平面的或是立体的,总是非常美丽而富于刺激性的画面——图案式的画面。台词是朗诵式的——他所独创的方式——音乐的。动作是舞蹈式的。"④ 欧阳予倩则试图在两者之间寻找新的方向,即"形神并存",表明了他试图在舞台上实现形神俱在、以形传神的理想。

欧阳予倩在 20 世纪 20 年代就介绍了斯坦尼斯拉夫斯基及其所领导下的莫斯科艺术剧院,1933 年赴欧洲考察的时候看过莫斯科艺术剧院的戏,1936 年参加了苏联第一届戏剧节,观摩过莫斯科艺术剧院演出的《樱桃园》《粮食》等。如同绝大多数跨文化戏剧交流一样,欧阳予倩对斯坦尼斯拉夫斯基及其领导下的莫斯科艺术剧院的舞台实践存在着一定程度上的误读,

① 欧阳予倩:《戏剧改革之理论与实际》,见《欧阳予倩全集》第六卷,上海文艺出版社 1990 年版,第 61 页。
② 欧阳予倩:《后台人语(之一)》,见《欧阳予倩全集》第六卷,上海文艺出版社 1990 年版,第 299 页。
③ 欧阳予倩:《苏联第一届的戏剧节》,见《欧阳予倩全集》第四卷,上海文艺出版社 1990 年版,第 159 页。
④ 欧阳予倩:《苏联第一届的戏剧节》,见《欧阳予倩全集》第四卷,上海文艺出版社 1990 年版,第 155 页。

他在《后台人语（之一）》这样写道："必须要使外的动作由内心决定，根据内心的波动，选择外形的变化。于是每一个声音、动作、表情，都要与内心的波动吻合无间。所以最初要求演者的心弦和剧中人的心弦同一个振动数而发生共鸣，这就是所谓'窨受'（原文如此，应当是'容受'，笔者注）。就是演者把自己的人格和心理，暂时否定，全部使之剧中人化。其次就要择定自己所要应用的语调、动作和表情，使戏中人的内心波动形象化而表演于观众之前。在这种选择和表现的时候，演员是所谓'半人格'的。"① 斯坦尼斯拉夫斯基虽然在舞台表演的技巧元素等方面存在着前期和后期的差异，最明显的是在后期提出了由外而内的"形体动作方法"，但其毕生都在追求着表演时达到"有机天性的下意识创造"，试图通过种种方法达到演员"死"在角色上的理想。因此，在斯坦尼斯拉夫斯基这里是不存在所谓的"半人格"表演状态的，如果有也只能是一种失败的表演状态。如同布莱希特对梅兰芳的误读一样，欧阳予倩对斯坦尼斯拉夫斯基的误读也是一种"创造性的误读"，是为发展自己的戏剧理念而有意或无意的误读。欧阳予倩的误读表明他关注的是其舞台呈现中"外形上"的自然和真实，即"要用极其自然的言语、动作、表情，把一个人的心理无微不至地展现在舞台上，叫观众愉快地、充分地接受"②。

因此，欧阳予倩对斯坦尼体系的应用主要在演员的训练方面。他说："艺术剧院的办法 System（体系），打基础是再好没有的。我们以为应当从这方面用些功夫。……在训练演员方面还始终没能够超越艺术剧院的体系，苏联的国立剧校决定以斯塔尼的体系为基础是有充分的理由的。"③ 欧阳予倩在实践中践行了这一观点。在桂林主持广西艺术馆期间，欧阳予倩导演了夏衍的《心防》《愁城记》等作品，甚至在桂林文化城流传着"夏剧欧导"的佳话。欧阳予倩完全用写实主义的手法来处理这些写实主义的作品，其目的之一便是通过这种演出达到对艺术馆的演员进行演技的训练和提升。他说："像《走出愁城》这样的戏要补足的部分更多：语气的轻重软硬快慢，差一点便不能联接；动作的强弱松紧也差不得一点；最要紧的是熨贴匀整，呼吸调和。……这个戏就是从作品的研究说，从演技的练习说，都是值得演

① 欧阳予倩：《后台人语（之一）》，见《欧阳予倩全集》第六卷，上海文艺出版社 1990 年版，第 298—299 页。

② 欧阳予倩：《苏联第一届的戏剧节》，见《欧阳予倩全集》第四卷，上海文艺出版社 1990 年版，第 156 页。

③ 欧阳予倩：《后台人语（之一）》，见《欧阳予倩全集》第六卷，上海文艺出版社 1990 年版，第 301—302 页。

出的。"①广西省立艺术馆"是一个研究机关,它基本的任务是在既成人才与半成人才之自我教育与再教育"②,欧阳予倩以排演的方式来训练演员自然是其题中之意。

相比于斯坦尼体系,欧阳予倩把梅耶荷德、泰伊洛夫等人的导演手法当作舞台艺术转变中的"新形式"看待。这种"新形式"引发欧阳予倩兴趣的主要是"用单纯的、象征的、有力的动作直接传达意念"。1938 年在香港的时候,欧阳予倩替香港妇女会排过一出英文的《西厢记》,在舞台装置、动作、语调等方面都有着泰伊洛夫的印记。舞台装置方面,以颜色不同的布幕、图案不同的屏风、仿中国图案式的花树搭配起来,形成了图案式的画面。演员的语调是朗诵式的,台步和手势则参照传统戏曲的做法,动作配合着语调的节奏和韵律。这是欧阳予倩自觉的实验,是他"第一次的尝试"③。

欧阳予倩对斯坦尼斯拉夫斯基、梅耶荷德等人的接受显然是"以我为主",而这个"我"则深深打上了中国传统美学——"传神"论——的印记。"传神"论本是中国传统绘画理论中的一个重要概念,发端于《淮南子》,至六朝时的顾恺之正式提出"传神写照"说。《世说新语》中录有他关于绘画的言论:"顾长康画人,或数年不点目精。人问其故,顾曰:'四体妍蚩,本无关于妙处,传神写照,正在阿堵中。'"④ 宋代的苏轼通过品评吴道子的人物画发展了顾恺之的"传神"论,他认为:"凡人意思各有所在,或在眉目,或在鼻口。虎头云:'颊上加三毛,觉精采殊胜。'则此人意思盖在须颊间也。优孟学孙叔敖抵掌谈笑,致使人谓死者复生。此岂举体皆似,亦得其意思所在而已。"⑤ 陈良运对苏轼的这段话有一个详细的评述,他说:"苏轼在此强调的是'传神'不必求'举体'的形似,而是抓住人物独有的特征而求意似与神似,某演员饰演孙叔敖,突出了'抵掌谈笑'这一特征,就使观众觉得犹如孙叔敖'复生'。他还举一位和尚画家(僧惟真)为他人(曾鲁公)画像为例:'初不甚似,一日往见公,归而甚喜,曰:'吾得之矣!'乃于眉后加三纹,隐约可见,作俯首仰视扬眉而蹙頞(鼻梁)者,遂大似。'不但要发现对方脸部

---

① 欧阳予倩:《〈走出愁城〉排演漫记》,见吴辰海、丘振声、唐国英编选《戏剧运动》,广西人民出版社 1992 年版,第 714 页。

② 欧阳予倩:《练习与公演〈日出〉》,见吴辰海、丘振声、唐国英编选《戏剧运动》,广西人民出版社 1992 年版,第 604 页。

③ 欧阳予倩:《后台人语(之一)》,见《欧阳予倩全集》第六卷,上海文艺出版社 1990 年版,第 348 页。

④ 徐震堮:《世说新语校笺》,中华书局 1984 年版,第 388 页。

⑤ 孔凡礼点校本:《苏轼文集》(卷十二),中华书局 1986 年版,第 400 页。

特征,还要捕捉到这一特征的动态表现。这似乎又比顾虎头'颊上加三毛'说得更细致。苏轼更看重'意似'与'神似',他的'传神'是'萧然有意于笔墨之外者也'。不但对人物画艺术提高有宝贵的启示,于戏剧表演艺术亦有可参照的意义。"①实际上,它对戏剧表演艺术不仅仅只是有参照意义,而是中国戏曲表演体系的博大精深之处,"在明代的戏剧文学评点和戏剧演出评论中,'描摹传神'已经被当作一个不言而喻的评判标准到处使用。毫无疑问,在北宋已经成熟的传神论,对于南宋末年才出现成熟形态的戏曲,对于明代才成熟的戏曲表演体系不能不发生影响。作为艺人实践之结晶的戏曲行当之'态'正是传神论的典范性成果。戏曲行当之'态'是一个艺术之形,它既传神写照,又传神写意,就是说既能传出一类人物之神,又表达着表演者对人物的审美态度。"②

承继传统戏曲表演中的"传神写照""传神写意",接受近代写实主义舞台表演艺术的洗礼而又参照舞台艺术转变中"新形式"的趋势,欧阳予倩坚持并深化着其"形神并存"的舞台理论和实践,其主要内容是:"传神写照",即抓住并大力突出人物或事物的主要特征而求意似与神似;"传神写意",即表演者对人物的审美距离;同时保留与生活相近的自然之姿。这一追求体现在包括表演在内的舞台艺术的各个方面。

(二)"形神并存"的舞台实践

在研究实验的同时,欧阳予倩充分利用各种机会、创造各种条件大力实践着其"形神并存"的舞台艺术理念。这一"形神并存"的追求体现在以演员的表演为中心的舞台艺术的各个层面。

在演员对剧中人物形象的把握上,欧阳予倩擅长引导演员抓住人物的主要特点加以凸显。欧阳予倩导演的《国家至上》一剧演出后,很多评论都说它像"旧戏",有非难之义,说张老师像花脸,台词如张老师的"县长请"之类也类似"旧戏",而张老师携着孝英、宗雄去见黄老师一场酷似"桑园寄子"。对此,欧阳予倩辩护说像张老师这样的北方老头子的一言一动就是旧戏里的人物一样,他说:"张老师不是天生的,而是在江湖上混过的。在青红帮里特别是红帮,完全像他那股劲儿,如'拜山堂',老头子中间一坐,徒儿两旁站着。黄兴,领导红枪会起誓,就在庙堂上。这不是完全像演戏?实在说来中国人受旧戏的影响很深。"③欧阳予倩的这番辩护鲜明地体现了他

---

① 陈良运:《中国艺术美学》,江西美术出版社2008年版,第37页。

② 陆炜:《戏曲艺术博大精深论》,《戏曲艺术》2014年第3期,第13页。

③ 《〈国家至上〉、〈包得行〉演出座谈会》,见吴辰海、丘振声、唐国英编选《戏剧运动》,广西人民出版社1992年版,第516页。

对舞台形象处理的原则,即一方面追求意似或神似,另一方面这种意似或神似又是建立在充分的现实基础上的。同时参与讨论的焦菊隐很赞同欧阳予倩的处理手法,并且认为应当把对张老师的处理方法应用到剧中其他人身上。他说:"戏受实际生活的影响少而实际生活受戏的影响多。人家假如还觉得《国家至上》有旧剧气味的话,我认为是别的剧中人旧剧成分不够的缘故。像黄老师、铁柱子、胡大勇,爽性他们亦是典型化。"①焦菊隐用"典型化"一词指称欧阳予倩对张老师的处理方式,其实用"传神"更加准确。典型来源于对众多人物类似特征的概括化,传神则是对某一人物或事物根本特征的把握和点染。

在此基础上,欧阳予倩特别注重对演员表演的外在表现力的挖掘,如吴带当风一般试图在演员的一举手、一顿足之中直接来表情达意。中国旅行剧团成员曹藻对《日出》第一幕的回忆鲜明地体现了这一特点,"《日出》第一幕陈白露与方达生看窗上结的冰花、回忆童年一节,长达三四分钟的对话与动作,他全以二人的背影处理。他说这个意境要把观众引向遥远、离开舞台的场景,如果是面对面的就收不到预期效果。演员不习惯演起来十分呆板,他指出这是没有掌握形体动作力点的缘故,以戏曲的'手、眼、身法、步'为例,它们之间的联系与配合是相辅相成、溶合一致的,手所指、眼所望以及站立、移动的方位形成一个动向,尽管没有语言说明,人们却能够看出你的所想所做,他做了几个京剧花旦的身段给以启发,接着他自己连说带做演陈白露,踮起脚跟以示穿了高跟鞋,一招一式尽管是背影,婀娜多姿之中不仅使人产生美感,而且可想而知他的神色和意向,是在凝视或者眼珠向上遐想。"②欧阳予倩以背影处理的方式表现了陈白露与方达生对美好童年的追忆,可谓抓住了回忆所具有的朦胧、遐想的根本特征,因此自然而然地把观众"引向遥远、离开舞台的场景"。我们从欧阳予倩1956年为中央戏剧学院实验话剧院排演《桃花扇》中也可以感受到他对表演艺术"形神并存"的追求。排戏过程中,他对年轻的中戏学子们反复叮咛说:"我们很多话剧演员都不太重视形体动作,更不重视形体训练,光强调内心思考。我认为戏是让观众'看'的,不是让观众'猜'的。要深入浅出,使观众能够通过演员的形体动作知道人物在做什么。演员应当找出准确的、表现力强的外形动

---

① 《〈国家至上〉、〈包得行〉演出座谈会》,见吴辰海、丘振声、唐国英编选《戏剧运动》,广西人民出版社1992年版,第516—517页。

② 曹藻、李萍:《难忘的"消失"——回忆"中旅"》,见陈樾山《唐槐秋与中国旅行剧团》,中国戏剧出版社2000年版,第62页。

作来表达人物的思想情感。"① 比如"婚后"一节,李香君晨妆一小段对没有一句台词的小丫头的动作进行了多次反复排练;侯朝宗被李香君指责后要求用小碎步急上,然后转身,手扶墙低头对墙而立,而且扶墙的手一定要高于头部;侯朝宗看揭帖的形体动作要求是这样的:看完后,下意识地用右手把揭帖揉成一团,然后将右手放在腿上,同时左手沉痛地拍着案头。演员凤子在欧阳予倩导演的《天国春秋》中扮演了傅善祥,多年后她仍感触很深地说:"如果说演员练过武功,会舞剑,洪宣娇提剑上场,即使没有急急风的锣鼓点,气氛也会紧张。如果饰傅善祥的演员受过戏曲演员的形体锻炼,戏中洪、傅两人的追逐,将是一场很美的舞蹈。最后傅善祥跳楼的那场戏,也将能更好地完成这个戏的高潮。"② 从凤子的这段话中,我们可以知道导演欧阳予倩肯定是对凤子和扮演洪宣娇的叶子提出过类似的要求,在这里引入舞剑的功夫与戏曲演员的形态锻炼功夫能够更好地展示人物的内心状态。

欧阳予倩不仅在对人物形象把握及演员表演方面贯彻着"传神写照"的原则,在舞台调度和舞台美术等方面也追求着同样的原则。

欧阳予倩在舞台调度上喜欢用对衬手法,《天国春秋》是这样,《日出》也是这样。《日出》第四幕大丰银行破产后,李石清恶意嘲弄潘月亭这场戏是这样的:李石清端坐不动,沉着气冷嘲热骂,潘则如热锅上的蚂蚁,绕着李转圈,正跟第二幕破产以前,李绕着潘所坐的沙发转圈形成鲜明对照。而应云卫的舞台调度为:让两人在舞台上周旋换位,满台转圈,互相挖苦。两相对照,欧阳予倩的舞台调度"既准确地刻画了两人地位、心境的巨大变化,又深刻地揭露了两人都'叫一个更大的流氓给耍了'的残酷现实"③。这一对衬的运用在重复中蕴含着变化,在增强舞台节奏感的同时能够令人印象深刻地表情达意。

舞台美术方面欧阳予倩注重的是虚实结合,使它也能够具有自己的表现力。《日出》中他把布景的墙片降低了高度,墙片后的大半舞台后景全是黑压压一片大都会高楼大厦的剪影,当最后全剧落幕前,随着墙外工人的号子声,一片灿烂的阳光从黑影的背后喷薄升起。此外,欧阳予倩还在舞台前部左侧安放了一架极为精致的梳妆台,梳妆台的镜子被拆除了,只剩下一个空框,而且上面还装了一盏荧光灯。人物照镜子的时候总是要开灯,于是在乳白色光晕的照射下每一个照镜动作都成了一个特写。特别是全剧闭

① 《"桃花扇"排演札记》,《戏剧学习》1958 年第 5 期,第 4 页。
② 凤子:《台上·台下》,中国戏剧出版社 1985 年版,第 173 页。
③ 董健、马俊山:《戏剧艺术十五讲》(修订版),北京大学出版社 2012 年版,第 177 页。

幕前,客房全黑,陈白露坐在沙发凳上对着"镜子"把安眠药瓶塞打开,数着"一粒,两粒,五粒,十粒……"这些处理给人留下了深刻的印象,导演胡导在几十年后回忆起来依然历历在目,认为这些处理"在坚持现实主义创造原则的基础上,部分突破了写实布景的传统"①,即将实景与虚景结合起来,呈现写实兼写意的特点。1947年,欧阳予倩为"新中国剧社"导演了话剧《桃花扇》也呈现出类似特点。剧作共分七场十节,时空转换非常自由。该剧的舞台装置,主要的是几片短屏风和台左一个固定的平台,衬着台后的一片深蓝色的丝绒幕。除末一场必须用门之外,全部不必用门,譬如香君妆楼,只需李贞丽在屏风后面叫一声"杨老爷请上楼来坐吧"就行了,不设楼梯。

　　与表演中的"传神观照"相一致,欧阳予倩对表演艺术中演员与角色关系的处理遵循着"传神写意"的原则。早在20世纪20年代末他就提出了"容受"的观点,他说:"做戏最初要能忘我,拿剧中人的人格换去自己的人格谓之'容受'。只有容受却又不行,在台上要处处觉得自己是剧中人,同时应当把自己的身体当一个傀儡,完全用自己的意识去运用去指挥这傀儡。只能容受不能运用便不能得深切的表演。戏本来是假的,做戏是要把假戏做成像真;如果在台上弄假成真,弄得真哭真笑便不成其为戏。"②这段议论是由叙述春柳四友之一马绛士演爱情戏悲伤过度死在台上事件而引发的,表明了他对演剧艺术中演员与角色关系的基本认识。所谓"忘我""拿剧中人的人格换去自己的人格"指的是演员对剧中人物心理情感的体验,在体验时演员感剧中人之所感,达到共鸣的状态。在此基础上演员还必须通过自己的语言动作把剧中人的所想所思表现出来,这就有一个语调、动作、表情的选择、调整、美化,而最终达到的效果是:"要使外的动作由内心决定,根据内心的波动,选择外形的变化。于是每一个声音、动作、表情,都要与内心的波动吻合无间。"③1935年夏天,欧阳予倩为复旦剧社排演了曹禺的《雷雨》,第一场演出演到第三幕四凤在鲁妈膝前哭着发誓时,饰演四凤的凤子与饰演鲁妈的黄蒂都哭得说不出话来,不得不临时拉幕,观众受此感染也都涕泣出声。欧阳予倩却将她们痛骂一顿,说演戏要有感情,但要能控制感情。④

---

①　胡导:《干戏七十年杂忆:上世纪三四十年代上海的话剧舞台》,中国戏剧出版社2006年版,第60页。

②　欧阳予倩:《自我演戏以来》,《戏剧》1卷4期,第234—235页。

③　欧阳予倩:《后台人语(之一)》,见《欧阳予倩全集》第六卷,上海文艺出版社1990年版,第298页。

④　凤子:《人间海市》,上海文艺出版社1998年版,第319页。

从第一部分的引文可知,欧阳予倩把演员表演时调动外在的动作来表达内心波动的状态称之为"半人格"。这种"半人格"显然同斯坦尼斯拉夫斯基的"下意识"表演不一样,同"表现派"也不一样,因为表现派强调的是标准化动作的重复性展示。它有些类似于布莱希特的"间离",但不同的是它没有试图让演员在客观化、疏离化的展示中呈现其社会意义。"半人格"更多的是表现出一种凝神的把玩和展现,在剧中人的内心与自己的外在动作之间做细致的勾连。这是一种既入乎其中又出乎其外的审美化态度。

可以看到,欧阳予倩在舞台艺术的局部精雕细刻,试图在任一小的笔触上都达到"形神并存"的效果,整个舞台演出的精气神就从这众多细部笔触中流泻出来,而这种一贯的精气神则成为这些细部的统合体。

(三)"磨光"的精神

"形神并存"的舞台理念是一个很高的要求,在绘画中要达到"颊上加三毛""眉上添三纹"的效果需要长时间的观察和揣摩,需要灵感来袭,在舞台上实现这一要求则更是一件难上加难的事情。戏剧艺术是一种高度综合的艺术,要在综合艺术的各个部分协调一致地实现这一理念绝对是一项艰巨的工程。

为实现这一理念,欧阳予倩有着自己的一套导演工作方法。他首先要求演员朗诵台词,把台词记得烂熟,之后召集演员在一起对台词,使他们对自己的角色做到"如闻其声,如见其人"的境界。他对这一关要求严格而且抓得紧,对词绝不能理解为读、记,而是要通过诵读来逐渐深入角色,不仅达到如闻如见的目的,而且要做到使人一听就知道"其人"在当时当地的思想、感情和行动。因此朗诵剧本及对词就是一个体验剧情和剧中人的性格的过程。在识记台词的基础上,欧阳予倩导演的主要工作是演员动作及舞台地位的排练。这一排练过程非常的细致和漫长,其原因正如欧阳予倩自己所说的:"话剧的台词说得好完全和一套音乐一样。至于动作表情,看是什么人物,在什么当口,什么事,什么样的情感,一举一动都要恰到好处。演戏的时候在许多个动作里头选一个恰切而美的动作是很不容易的。'艺术就是选择'这是一些也不错的。"① 为达到舞台动作和舞台地位的"恰切"和"美",欧阳予倩经常在排戏过程中为演员作示范,以致亲身示范成为他作为导演的一大特点。在舞台美术方面,他也如指导演员排戏一样习惯在现场拿主意。

---

① 欧阳予倩:《戏剧改革之理论与实际》,见《欧阳予倩全集》第六卷,上海文艺出版社1990年版,第43页。

在长期的话剧导演生涯中,欧阳予倩不止一次地抱怨排演时间的紧张和准备的仓促,对莫斯科艺术剧院长达 6 个月的排戏时间非常羡慕,并且还时常批评国内舞台艺术的突击倾向,在当时"比快"的舞台艺术实践中很不合潮流地倡导"比慢"。他的这一坚持导致在大后方的桂林产生了"磨光"和"突击"的论争。欧阳予倩对"磨光"的坚持不仅表现在实际的舞台排练过程中,同时还表现在欧阳予倩对演员表演技术的严格要求上。在主持广东戏剧研究所、广西艺术馆等机构的时候,欧阳予倩将戏剧演员的养成融入到了其国家剧场建设的总体规划中,将演员的培养与实际的演出实践结合起来,排练场即是演员的养成所。相比于广东戏剧研究所,广西艺术馆对演员的养成有着更高的期待,试图通过各种不同演剧风格的实践磨炼演员的适应性,提升演员的艺术素养。1949 年之后主持中央戏剧学院的时候,欧阳予倩亲自抓台词教学和形体训练,写了《演员必须念好台词》《台词教学大纲说明》《话剧演员的基本训练与文艺修养》等文章,发表了《加强台词形体训练　提高表演艺术水平》等讲话,他认为:"基本功夫是非常重要的,形体必须经过锻炼,动作才能够灵活、准确、漂亮。行话说:'身段要随和',那就是说,要使我们的四肢百体行动坐卧能够随心所欲而又显得漂亮(艺术之美)。就所谓'心到、手到、眼到、步到'。还有就是语言:必须把中国语言的特点和规律摸透。要善于运用声音;要懂得各种不同职业、不同性格、不同感情的人物的口吻;要善于运用各种不同的语调;要做到口齿清楚,声音嘹亮,语意明确,感情充沛,韵调铿锵,要充分发挥中国语言的音乐性。"[①] 身段在随心所欲的基础上要"漂亮",语言在体贴人情之外要有"音乐性",欧阳予倩把他"形神并存"的舞台理念贯穿于教学当中。

(四)"形神并存"理论和实践的意义

欧阳予倩的舞台导演实践在中国现代话剧舞台艺术发展中有着重要的历史意义。他不仅在 20 世纪三四十年代中国话剧发展的"导演风格化与话剧舞台艺术的中国化"[②] 中占据一席之地,更重要的是,其"形神并存"舞台艺术的探讨不仅仅是个人导演风格的问题,实际上上升到了舞台艺术原则的层面,正如凤子所说的:"如何排演历史剧即古装戏,欧阳先生是有他的设想的。即使是反映现代生活题材的话剧,如何搬上舞台,他也曾谈过他的看法。……正是因为他曾从事戏曲舞台实践和在话剧导演方面有比较

---

① 欧阳予倩:《话剧演员的基本训练与文艺修养》,见《欧阳予倩全集》第四卷,上海文艺出版社 1990 年版,第 274 页。

② 马俊山:《演剧职业化运动研究》,人民文学出版社 2007 年版,第 135 页。

丰富的经验,总结他自己的包括同时代艺术大师们的舞台经验,搞出一套中国戏剧表演体系的设想,这对他来说是可以胜任的。可惜欧阳先生生前这个愿望未能实现。"①虽然离完整的体系还有距离,但从我们上面的分析可以看到,欧阳予倩从30年代以来就一直实践着这一愿望,而且从理念到具体的舞台实践都初具规模。欧阳予倩话剧舞台导演的理论和实践可以说是焦菊隐1949年之后话剧民族化实践的先导,鉴于两人曾在广西桂林文化城一起呆过三年,而且还一起参与了桂剧改革,有理由相信焦菊隐的话剧民族化导演实践有着欧阳予倩的影子在。焦菊隐在《论民族化(提纲)》中表述了其民族化的基本纲要,其中有:"(二)通过形似达到神似,主要在神似。(三)通过'形'使观众得到'神'的感受,关键不在形,但又必须通过形。……(八)以深厚的生活为基础创造出舞台上的诗意。"②其对形神之间辩证关系的理解与欧阳予倩"形神并存"理念是高度一致的。在焦菊隐导演的作品《茶馆》中,我们可以强烈地感受到"形神并存"美学原则的存在。《茶馆》同前面讨论过的《国家至上》都出自老舍的手笔(《国家至上》第二作者是宋之的),两者的世界都具有鲜明的江湖化气息,1940年焦菊隐曾经为欧阳予倩辩护过《国家至上》中的"旧戏"化处理,《茶馆》则同样充溢着"旧戏"的气息。《茶馆》在舞台布景、音响、人物的上场下场、台词、舞台调度等等方面都显示了"形神并存"的意味:一方面追求意似或神似,另一方面这种意似或神似又是建立在充分的现实基础上。

　　从更大的范围来讲,20世纪世界戏剧发展的一个大趋势是西方戏剧和东方戏剧的相互发现,欧阳予倩的舞台导演理论和实践可以说是东西方戏剧碰撞和融会中的成果之一。如果说西方戏剧从梅耶荷德开始到阿尔托、格洛托夫斯基、巴尔巴、谢克纳、布鲁克等人将目光投注于东方主要是要发现新的审美资源以寻求西方戏剧内部的变革,那么欧阳予倩则是面对话剧这一舶来品的挑战如何进行回应,而其回应之道就是潜心于将其接续上中国审美的传统。这一审美传统并不仅仅关涉形式、技巧等层面,更关系到如焦菊隐所说的"现实基础",即中国人的特定生活方式、思维方式和表达习惯。艺术和生活总是相互映照的,"形神并存"可以说是欧阳予倩在中国语境下对其中关系思考之后的一个总结。

---

①　凤子:《台上·台下》,中国戏剧出版社1985年版,第173页。

②　焦菊隐:《北京人艺演剧学派创始人——焦菊隐论导演艺术》,中国戏剧出版社2004年版,第596页。

第二节　创造中国歌剧的努力

欧阳予倩所说的"歌剧"一词在大部分时候将西方歌剧与中国传统戏曲包含在一起,这种对术语的使用有着鲜明的时代印迹,"抗战之前,中国文化人模仿西洋人和东洋日本人,把中国传统戏曲统称为'歌剧',是一件很时髦的事情,然后再演化为'国剧',再次将改良戏曲演化为'新歌剧',几乎当时所有的话剧家(如陈大悲、田汉、宋春舫、欧阳予倩、洪深等)、戏曲优伶(梅兰芳、周信芳等)和文学家(鲁迅、周作人等)甚至个别受过西方音乐教育的音乐家如曾志忞、王光祈、萧友梅、陈洪等人也都有过类似的看法和情结。因此,各种各样的地方戏曲也常用'歌剧'之名标示自己的现代性。"①实际上,欧阳予倩对传统戏曲与西方歌剧的区分是很清楚的,在1929年他就明确说:"中国戏是拼凑拢来的,其内容非常复杂,论其性质当然是一种歌舞剧。其成长的径路和在表演的形式上,完全与西洋歌剧不同,当然是中国特有的艺术。"②

欧阳予倩对中国戏曲与西方歌剧的区分是明确的,但他为什么要用"歌剧"术语来囊括中国传统戏曲和西方歌剧呢?除了时代的因素之外,更重要的原因在其五四时代激进的文化变革理念,他试图要用西方的歌剧来取代"旧戏"。1922年欧阳予倩给日本友人辻听花的信札中说:"倩曾读坪内博士序伊原之文,谓歌舞伎具无比类游戏的精神。鄙意中国剧当同等之精神(评判),故颇注意此姊妹艺术之携手。两者已同入蜕分之期,必有新产物起而代之。然而旧者未必不能新者一部分之基础。……倩每着变其结构,思所以利用北京,求其适合,尤须就音乐加以改良。锣鼓胡琴,不足以表情也,惜乎俗务冗集,未自专攻。期数十年后矣。"③他提出要用"新产物"来代替"旧剧",他所谓的"新产物"的模本其实就是西方的歌剧。在1925年介绍瓦格纳的文章《乐剧家瓦格纳》中,他说:"我因为不满意中国的歌剧,所以很想作一番改革的工夫。我每天定下功课,决意要追寻中国音乐的根源,将它理出一个系统来,一面再考查欧洲乐剧改革的途径。"④1927年他写了《谈二黄戏》一文,再一次明确表达了他的新歌

①　满新颖:《中国近现代歌剧史》,中国文联出版社2012年版,第39—40页。

②　欧阳予倩:《戏剧改革之理论与实际》,见《予倩论剧》,广州泰山书店1931年版,第37页。

③　《南通欧阳予倩之来札》,转引自吴修申《关于欧阳予倩的两则札记》,《戏剧》2004年第4期,第35页。

④　欧阳予倩:《乐剧革命家瓦格纳》,《国闻周报》2卷1期。

剧的创造意图。

直到 1932 年,欧阳予倩才改变了他的思路。这一年他出洋考察戏剧,在法国有意识地观摩了 Revue(注:即轻松歌舞剧,将歌舞、滑稽短剧和独角戏等编排在一起的具有讽刺含义的轻松娱乐演出形式)、大歌剧(Opera)、小歌剧、喜歌剧(Musical Comedy)的演出,考察了歌剧学校和舞台建筑,并在此基础上反思了其五四时代的激进变革立场,提出:"其实如中国的旧戏和日本的歌舞伎,各是一种特殊的东西,可以独立自成一格,万不能拿西洋的歌剧来加以衡量。所以拿西洋的歌剧作标准,来改革中国旧戏是不可能的,只是白费心血。"① 对于中国歌剧的创作与传统戏曲的变革问题,欧阳予倩提出了新的思路。在 1937 年写的《明日的新歌剧》中他说:"目下的歌剧运动有两条路线,一条是利用西洋的音乐学识,作新曲,创造新的歌剧;其次就是中国的旧剧改革运动。主张这两种运动的自然各有各的立场,就我个人的意见,以为可以并行而不悖,而且有的地方还可以互相促进其完成。"② 虽然他在这里仍然沿用"歌剧"来统称传统戏曲和西方歌剧,但显然替代论已经转换为了并行论。

与这种理论探讨相一致,欧阳予倩创造中国新歌剧的实践也主要在 20 世纪 20 年代以及 30 年代的初期,主要的作品有《快乐之儿童》《杨贵妃》《潘金莲》《荆轲》《刘三妹》《得救了的和平之神》。欧阳予倩在 40 年代自我评述说:"我以前写的《潘金莲》,多少有些话剧加唱的味道;《杨贵妃》的结构就近于小歌剧;《刘三妹》是歌剧的形式。"③

在主持南通伶工学社时,欧阳予倩曾联合音乐家刘质平、舞蹈师徐璧城合编了一名为《快乐之儿童》的小歌剧。剧作描写在一艳阳春天,一群天真活泼男女儿童快乐游戏的情景。全剧大部分歌唱,对白极少,最后全体舞蹈结束。此外,他还创作了"翻案戏"——《长生殿》,在舞台上实验着其新歌剧的梦想。

在 1921 年的《长生殿》中,唱词和舞蹈方面上有着大胆的创新,欧阳予倩晚年的回忆证实了这点。他说:"我为这个戏编了宫女的队舞、番女的胡旋舞、盘舞和最后的白练舞;又为这些舞编制了好几段舞曲;还为七夕宫女的合唱编了新的曲子;我为白练舞化了整整半年的时间练习舞长绸,还琢

---

① 欧阳予倩:《巴黎剧场》,《东方杂志》31 卷 20 号,1934 年 10 月 16 号,第 72 页。

② 欧阳予倩:《明日的新歌剧》,见《欧阳予倩全集》第五卷,上海文艺出版社 1990 年版,第 298 页。

③ 欧阳予倩:《后台人语(之二)》,见《欧阳予倩全集》第六卷,上海文艺出版社 1990 年版,第 316 页。

磨了一些新的唱腔。"① 这些方面的内容在 1929 年的本子中都保留下来了。番女们唱的助兴辞由一人独唱,众人在每句结尾以"咿哑咿咿哑"应和,在唱词前后的音乐则以胡琴、琵琶、羌笛、芦管、莲相等合奏。宫女们在七夕之夜时唱的乞巧歌是:"七月七日,大家乞巧。乞的什么巧? 遇着巧时,不会相思老! 看天边,都是多情的鸟,搭起着鹊桥。牛郎和织女,相会在今宵。乞巧,乞巧,乞的什么巧? 乞着巧时,也是相思老! 人间哪有多情鸟? 多情鸟只会替神仙搭桥!"唱词方面有多处突破了京剧二二三、三三四的惯例,更加自由灵活。剧作结构上 1929 年的本子采用了分幕的形式,一共有五幕,在幕之下有的还分场。而 1921 年的本子共有四本,四本应当就是指四场;他同时期创作的另一个剧本《人面桃花》也是分场次的,可见还是采用传统的分场结构。

　　欧阳予倩 1927 年创作的《荆轲》在打破京剧固定化的唱词方面与《杨贵妃》一脉相承,有更多的轮唱、合唱及单独的音乐演唱的场面,在结构上采用了话剧的分幕手法。剧作第一幕开幕时是这样的:

　　　　幕启:市酒家。斜面临街。室内放几张旧台凳,几个酒樽,桌上大篮肴馔。
　　　　荆轲、高渐离和狗屠数人横七竖八坐着饮酒,当垆妇四面周旋。
　　　　合唱:忧愁难忘!
　　　　国恨民忧,忍得英雄难受! (大家饮酒)
　　　　消愁饮酒越勾起忧愁,
　　　　大丈夫要凭着血泪洗神州! (重句)

　　布景在传统的一桌二椅的基础上有了更多的写实因素,开场时也没有京剧自报家门的惯例,而是以合唱开头,遵循的是歌剧的习惯。在唱词上它比《杨贵妃》更加自由灵活,二二三、三三四的句式很少出现,比如玉姬在消除了对荆轲的怀疑时的一段唱词是:"太子丹遣妾相亲近,从暮春伴你到秋深。妾爱英雄你也离不开红粉,终日里是兰陵美酒赵女琴。妾怕你醇酒妇人英气尽,妾怕你迟迟不敢入西秦。因此上断手来相赠,快到咸阳杀暴君!"从七字句到十一字句都有。

---

　　① 欧阳予倩:《我自排自演的京戏》,《一得余抄》,作家出版社 1959 年版,238 页。欧阳予倩在这篇文章中详细叙述到的京剧都是他自编自演的,对 1928 年后他脱离职业京剧舞台的创作及编导的剧作没有作讨论。

如果说前两剧还只是在京剧的基础上的变革的话,1929年创作的《刘三妹》走得更远,可以说是真正实践了他的这一时期新歌剧建设的设想。剧作第一幕开幕时先奏了一段神秘的前奏曲,然后是轿夫们上场的一段非常生活化的合唱。第二幕、第三幕也是以音乐作引子,如第三幕在盛大的音乐声中开幕,场上正面是有七八级的台阶,旁边是两大堆篝火,十几队苗乡男女在歌舞,他们唱道:"月儿高,初相交,相交妹,情滋味;滋味长,挽情郎,情郎唱,山头上,上山行,笑相迎,月光吃醋闭了眼,花无色,鸟无声![唱一遍舞一段,舞的时候,各个人的动作不必相同,但是合着节拍,整体一色。]"唱词不再局限于京剧句式的散化,大部分都追求生活化,而且多处采用了民歌的调子。唱腔打破了板腔体和曲牌联套的音乐格式,大多从音乐的旋律、节奏出发因情因事而重新编曲。剧作的整体结构也具有音乐的效果,开始是一个序幕,通过众轿夫关于爱情的讨论以及和尚的因爱情的念头一起而猝死说明爱情的神秘和伟大。第一、二幕与第三、四幕是并举的关系,前两幕写刘三妹与白鹤秀才为了爱情冲破家族的阻力的斗争,最后不得不逃往苗乡。后两幕写刘三妹来到苗乡,她的美貌及经历获得了崇尚爱情和美的苗乡男女的崇拜,同时也引发了卫士长的占有欲,他杀死了女王,抢走了刘三妹,苗乡男女奋起反抗,最后白鹤秀才与他们合力抢回了刘三妹,在这一伟大的爱情面前卫士长也不得不灰心丧气地认输。前两幕剧情比较紧张,情绪悲愤;后两幕剧情比较舒缓,有大段的歌舞和传奇式的场面描写,情绪比较欢快诙谐。在这个新的创造中作者部分采用了京剧的格式,如第一幕开幕后主人公刘三妹的自报家门:先是一段唱词:"西风吹乱池边树,叩纱窗和谁私语?惊醒了山鸟,催忙了促织,乱哄哄,没半些儿停息。肠断了,怎经得起这般催逼!"接着自我介绍:"想我刘三妹,本与前村的白鹤秀才彼此唱歌,情意相投……"然后是一段抒发心绪的唱词。舞蹈上打破了京剧程式化的规则,完全生活化了。

《得救了的和平之神》发表在1945年5月11日的《广西日报·昭平版》增刊——《庆祝欧战结束盟国胜利特刊》上,注明为"歌剧本事稿",3000字左右。蔡定国最早发现了这个剧本并对此作了详细的介绍。该剧剧情大意是:在一个暗云密布、狂风暴雨将至的严冬深夜,无数生活无着的劳动者,被魔鬼们赶向那苦海的深渊。正在这个时候,和平之神"从怪异的魔林中走出,身上发着微弱的光,在她慈祥的面上,现出深沉的忧虑。她急于要把不久就要发生的灾难告诉那些昏睡的孩子们,要把绿洲指点给沙漠中的绝望者。她还急于要告诉信仰她的人们,她被三个魔鬼暗算了,被围困在阴霾险恶的怪林子里"。暗算和围困和平之神的那三个魔鬼,一个叫纳粹,一个叫太和魂,还有一个叫法莎。当和平之神伸开双翅正欲起飞时,被太和魂的暗枪击中翅膀,再加上法莎和纳粹助战,虽然几经抗争,终被魔鬼们捉住投进一口古井里,井口被压上一块巨石。和平之神惨遭劫难的情景激怒了中华勇士,他为了拯救代表全世界爱好和平人民共同心愿的和平之神,奋不顾身地与魔鬼们争斗。魔鬼们玩弄种种花招迷惑人,机智多谋的中华勇士,一针见血地戳穿魔鬼们的阴谋,在维护正义的苏联勇士支持下,团结起所有被剥削压迫的广大民众,经过几起几伏的激烈战斗,终于把魔鬼们打倒。接着,中华勇士领着大家来到古井旁,搬开压在井口的巨石,并亲自跳到井下救出和平之神。为欢庆和平之神得救,中华勇士摆设筵席,宾客从世界各地飞来(包括新生代的日本、德国和意大利的小朋友)。全世界爱好和平的人们,捧着各色各样的鲜花、果品和美酒,兴高采烈地围绕着和平之神尽情欢舞。在气势磅礴的大合唱"我们共同生产,平均消费。谁不是亲爱的朋友、姊妹兄弟? ……看,和平之神发着强烈的神光,引导着我们一步一步接近真理"的歌声中,结束了全剧。在写作技巧上,剧作家抓住歌剧重在"歌"的特点,精心为角色设计唱段,比如和平之神被魔鬼们"围困在阴霾险恶的怪林子里"时,有这样一段唱:

> 孩子们,我是你们的慈母。
> 灾难来了呵,应当来找我!
> 找不着吗?望我的光,听我的歌,
> 尽管隔着魔鬼的烟雾,
> 显得那么微弱。
> 不是要找我吗,孩子们?
> 醒来吧,先认清你们自己,
> 是消灭战争的战士,
> 不是独裁者的奴隶。
> 不是要找我吗,孩子们?
> 起来吧,抓紧你们的武器,对准魔鬼法西斯,
> 你们的生死仇敌!
> 放过魔鬼,便毁灭自己。
> 孩子们,我是大家的慈母,
> 不为着少数人的利益。
> 莫把我当欺骗的招牌,莫把我当罪恶的掩蔽,
> 我游于解放的平原,

我住在真理的家里。

那里天下为公，没有榨取，没有阶级，

如果找错了方向，

便只有不幸的消息。①

　　欧阳予倩的这些创作中，《快乐之儿童》作为助兴演出过；《荆轲》在国民剧场演了三天，反响很好，但因孙传芳对南京的进攻、国民剧场的解散而无声无息；《杨贵妃》演出的场数最多，但演出效果并不好，他曾经开玩笑说大约是一般观众不愿意破坏杨贵妃与唐明皇的关系，所以无论到哪里演出都是失败，而且每次演必定下雨；《刘三妹》与《得救了的和平之神》则从来没有演出过，因此没有产生多少影响。从另一方面讲，欧阳予倩的这些创作只有文字剧本存世，没有音乐曲谱，因此专业的歌剧研究者也很难对此进行评定。

　　研究界公认的中国新歌剧最早的探索者是黎锦晖。他在20年代初创办了中华歌舞专科学校，稍后又创建中华歌舞团，并创作了十多部儿童歌舞剧，如《麻雀与小孩》《葡萄仙子》等，但这种少儿题材的轻歌曼舞"未能触及歌剧创作中的许多问题，更不可能解决"②。欧阳予倩则从一开始就在探索民族新歌剧的诸种关键问题，如歌舞剧如何表现时代精神、歌舞的表现手段如何同戏剧性结合、民族新歌剧的发展方向等。20年代初他就计划创造一个新的歌剧形态以代替传统戏曲，但受其自身的艺术素养和现实条件的限制，他在实践上仍是选择以京剧为基础和出发点，然后一步步吸收东西方各种音乐性的表现形式，最后蜕变以产生新的产物，从《杨贵妃》到《荆轲》再到《刘三妹》，就是这样一个发展线索。

　　王泊生后来尝试以京剧为基础创造新歌剧应当是受到了欧阳予倩的影响，1927年在国民剧场演出《荆轲》时王泊生夫妇就是主要的演员。《刘三妹》的出现则表明他已经超越了这一阶段，是结合各种手法的一个新产物，京剧的表现手段只是作为部分的基础被整合到一个新的产物中去。在这一新的创造中，音乐是关键的问题，它部分地借用外来的音乐形式，但主要是综合利用中国固有的音乐形式，因此欧阳予倩提出："治本的办法是将中国古今的音乐算一回总账，根本整理一下，再把各处民间音乐，集拢来铸

---

①　蔡定国：《新发现的欧阳予倩歌剧本事稿》，见刘寿保、魏华龄编《桂林抗战文化研究文集》（五），广西师范大学出版社1997年版，第508页。

②　胡星亮：《二十世纪中国戏剧思潮》，江苏文艺出版社1995年版，第267页。

过一下,改造乐器,厘定乐谱,订正标准音,参考西乐而编制中国的和声。"①
这一个重大的任务自然非欧阳予倩之力所能完成,他在广州时多方奔走来
推动这一任务,但并没有取得什么效果,所以他的《刘三妹》也就没有上演
的机会了。只有创造新的音乐才能完成新的歌剧,这是欧阳予倩的主张,也
是民族新歌剧建设中的关键问题。这个问题一直困扰着中国新歌剧的建
设,四五十年代很多音乐人为此进行了艰苦的探索,但直到今天还没有很
好地解决,意识到这个问题的艰巨性是欧阳予倩转向戏曲改革道路的原因
之一。

第三节　传统戏曲的革新

一、京剧职业演员时代的改良实践

　　研究者普遍把欧阳予倩 20 世纪 10 年代的京剧实践看作其京剧改革的
组成部分。1958 年曲六乙发表了《欧阳予倩和红楼戏》一文,对欧阳所编
的红楼戏逐个进行点评,认为他的红楼戏虽然内容上有这样那样的不足之
处,如唯美主义思想,但总体说来"既是宣传个性解放,反封建、反礼教的作
品,又是推动戏曲艺术向'近代化'道路上发展的可贵尝试"②。2004 年王琳
的《欧阳予倩的〈红楼梦〉京剧及其戏曲改革》通过对《黛玉葬花》《宝蟾送
酒》《馒头庵》三剧的个案分析,认为:"这些戏创作于欧阳予倩京剧生涯的
初期,内容形式上都对传统京剧有所突破,是他借鉴西方戏剧理论对传统京
剧进行改良革新的最初尝试。"③他们所谓的改革尝试表现在反封建反礼教
的主题、严谨的情节结构、多样的布景、细腻写实的表演等方面,其实是一个
误读。
　　欧阳予倩这一时期的京剧创作大多取材《红楼梦》《聊斋》和《今古奇
观》等文学作品,主要写"色空之真",带上了鲜明的唯美—颓废色彩,所谓
反封建反礼教的主题至多是附属性的。京剧是以表演为中心的戏剧形式,
注重唱、念、做、打之技艺展现,因而不管是演折子戏还是全本敷演,设计演
员技艺得以充分表现的重头场面乃是重中之重。同时按照戏曲的抒情性原
则,在文戏中这一重点场面大都是剧中人物情感抒发的高潮。欧阳予倩尊

---

①　欧阳予倩:《戏剧改革之理论与实际》,见《予倩论剧》,广州泰山书店 1931 年版,第 61 页。

②　曲六乙:《欧阳予倩和红楼戏》,见苏关鑫编《欧阳予倩研究资料》,中国戏剧出版社 1989
　　年版,第 396 页。

③　王琳:《欧阳予倩的〈红楼梦〉京剧及其戏曲改革》,《戏曲艺术》2004 年第 5 期,第 48 页。

重传统的编剧习惯,特别注意经营抒情性场面,并把它作为结构的重心,《黛玉葬花》最后一场黛玉宝玉同葬花、《晴雯补裘》最后一场晴雯带病补裘都是剧作结构的着力点和意蕴凝聚的核心,这就是欧阳予倩所说的"照二黄戏编的"之意。

　　把欧阳予倩参与编演的《黛玉葬花》与梅兰芳参与编演的同名剧作做一比较就可以很明显地看出这一点。梅兰芳的《黛玉葬花》根据《红楼梦》第二十三回"西厢记妙词通戏语,牡丹亭艳曲惊芳心"改编,共有六场:第一场茗烟上场,讲他买到了曲本《西厢记》;第二场茗烟把《西厢记》献给宝玉消遣解闷;第三场黛玉上场,自表身世,来到香冢葬花;第四场是袭人寻觅宝玉叫他去问大老爷安的一个过场;第五场紫娟带衣服去找黛玉的过场;第六场是重头戏,黛玉逢上看《西厢记》的宝玉,两人一同去葬花,然后是宝玉被袭人叫走,紫娟把花具带回家去,留下来的黛玉碰巧听到了《游园》《惊梦》里的曲子,自伤身世,念唱起来。欧阳予倩的《黛玉葬花》根据《红楼梦》第二十七回"埋香冢黛玉泣残红"改编,最初为欧阳予倩与杨尘因合编,欧阳予倩在演出时又不断地加以删改,《春雨梨花馆丛刊一集》载有初编本和欧阳所演之别本,但据欧阳《我自排自演的京剧》一文的回忆,定本共有四场,别本漏载第一场,《京剧剧目辞典》也从此说:第一场晴雯和碧痕吵了架,与林黛玉闹了别扭的宝玉好久才叫开门,后宝钗来访,宝玉亲自开门并与她在房内同赏新词,恰黛玉来访,叫门不开,猛然听见宝钗的笑声,顿时伤心欲绝,紫娟上场,把她叫回;第二场黛玉自叹,见花落花飞,更加伤感,命紫娟取花锄、花囊去葬花;第三场宝玉上场,扫落花倒在花冢旁,远远望见黛玉走来,躲在了石山后面;第四场黛玉上场见冢旁落花知道是宝玉所为,触景伤怀,引得宝玉也感伤起来,两人闹了一阵后,消除误会。梅兰芳编演这个改良新戏,主要是受到海派京剧的影响,试验用新的服装、布景、唱腔来吸引观众,第三场葬花的身段舞蹈以及第六场繁复凄凉的唱段是该剧的重中之重。剧情的进展按照自然的时间顺序,将宝玉和黛玉两条活动线穿插组合起来,有戏则长,无戏则短。欧阳予倩的本子编织了比较完整的情节,但这只是为后来林黛玉和贾宝玉第四场葬花时的感伤点明缘由,第四场的大段抒情性唱词和身段动作才是剧作要表现的中心。至于舞台表演方面不用幕外、使用布景,只是遵从笑舞台的演新戏的规矩,并不是欧阳予倩的有意为之。在当时海派京剧舞台上,炫目的布景是吸引观众的一个重要手段,各个舞台之间在这个方面竞争得很厉害,写实性的布景、机关布景、真刀真枪上台,愈演愈烈。欧阳予倩演出的《黛玉葬花》有潇湘院的馆景:回廊下挂着鹦鹉,纱窗外隐隐翠竹浮青,偶一开窗,竹叶子伸进屋里来。最初演的时候居然用了一只活鹦鹉,结果闹了笑话:欧阳予倩饰演的林黛玉刚一走近它,它张开翅膀就飞,飞不动,倒吊在架子上,哇哇大叫。后来换了个假鹦鹉,最后干脆把调鹦鹉一段给删了。可见这个并不能作为欧阳予倩京剧改革的尝试。

京剧演员大多知识浅陋,对文学性稍微高深一点的剧本便拿捏不住,欧阳予倩的那些红楼戏每每被演得下流淫秽便是一个很好的证明。同时京剧发展到 20 世纪一二十年代已经形成了以技艺化的表演为中心的特点,欧阳予倩的职业演员的身份很难对此做多大的改观。周剑云预言欧阳予倩将来"必有作为"的话很快就应验了,不过已非他那不偏不倚的"真艺术"所能包容得住了。

二、戏曲改革的探索

1932 年欧阳予倩出洋考察戏剧,在法国有意识地观摩了 Revue、大歌剧(Opera)、小歌剧、喜歌剧(Musical Comedy)的演出,考察了歌剧学校和舞台建筑,在这基础上对戏曲改革有了更明确的认识。他说:"其实如中国的旧戏和日本的歌舞伎,各是一种特殊的东西,可以独立自成一格,万不能拿西洋的歌剧来加以衡量。所以拿西洋的歌剧作标准,来改革中国旧戏是不可能的,只是白费心血。改革中国旧戏要从其本身求创造。内容的革新自不用说,形式上如组织,如演出,如表演,种种方面,都应当有丰富的参考与恰切的应用。"[①] 回国以后,他就把新歌剧建设的重点放在从京剧及地方戏基础上加以革新上来。

1933 年他改编了《渔夫恨》,试图鼓动梅兰芳和周信芳来演出,但未能成功。1937 年在炮火中的上海,欧阳予倩组织了"中华剧团",将他研究已久的戏曲改革方案进行了实地的实验,虽然因为演员素质的问题使他的这一实验成效大打折扣,但正是通过这一实验他确证了方案的可行。他说:"《梁红玉》的演出,可算是我改革旧戏的方案确定后第一次的实地试验。这一次的试验虽远不能十分满意,却也有相当的收获:一、证明了我的方案绝对可行;二、旧戏界的朋友颇认为是一种新的刺激,有追效之意;三、坚定了我自己的信念,使我考虑到进一步的问题。"[②] 在后来的桂剧改革中他将其改革方案作了进一步的研究实验,桂剧虽然是不同于京剧的剧种,但它本来与京剧有着同源的关系,所以"改革桂戏的方案,和改革一切旧戏的方案

---

① 欧阳予倩:《巴黎剧场》,《东方杂志》31 卷 20 号,1934 年 10 月 16 号,第 72 页。

② 欧阳予倩:《后台人语(之二)》,见《欧阳予倩全集》第六卷,上海文艺出版社 1990 年版,第 312 页。

大体没有两样"①。

欧阳予倩的戏曲革新方案是一个包括剧本编制、舞台演出在内的全方位规划。在剧本编制上,欧阳予倩选择了重新编制新的剧本的道路,而不是在原有的剧本上进行枝枝节节的修补。他说:"譬如黛玉葬花无论改得怎样好,始终不过是公子哥们和工愁善病的娇小姐的罗曼斯,四郎探母始终是用模糊的家庭之爱遮盖起民族意识,诸如此类不胜枚举,把旧戏中的过于粗俗的词句改得比较雅驯一点,过于荒谬的情节,改得比较近理一点,过于迷信或过于淫靡的去掉一点,这种不过是消极的工作。我们除了这些之外还有更重要更积极的工作,就是利用新的思想,新的技术,新的组织,使旧戏的面貌焕然一新,要是历史戏也要加一种新的分析和新的解释,使现代人能够接受。我们是为着政治的宣传,为着社会的教育,为着推进文化,并不是专注重个人的趣味。"②从1933年到1946年,欧阳予倩先后改编创作了京剧《渔夫恨》《梁红玉》《桃花扇》《新玉堂春》《孔雀东南飞》,桂剧《梁红玉》《桃花扇》《人面桃花》《木兰从军》《刘元度》《胜利年》等,都是他这一观念下的产物。在演出上,欧阳予倩认为中国戏曲是一种近乎杂耍的艺术,他说:"中国戏就其历史的过程看来与杂耍的因缘最深。譬如象戏,窟偏子,燕乐的歌舞,倡优的御前作剧等等合起来就是一套杂耍。一废戏剧化而为元曲,再废纯化而为昆戏。及至变成二黄戏,改变了组织,又加上些杂耍的成分。"③晚清以来上海的连台本戏把这种杂耍的性质发挥到了极致,因此欧阳予倩提出"应当借新剧本演出的机会加以过滤,然后就它原来最有力的骨干,付以新鲜的血肉"④。

(一) 引入意志冲突来改造传统戏曲的情节结构

从1933年改编的《渔夫恨》开始,欧阳予倩将意志冲突说引入到戏曲改编中。《渔夫恨》据传统剧目《打渔杀家》改编。京剧传统剧目《打渔杀家》写退隐后的梁山英雄萧恩以打鱼为生,交不起鱼税,丁府教师爷带领徒弟上门收税,无理挑衅,被他打跑。之后他到县大衙告状,反被早与丁府有

---

①　欧阳予倩:《改革桂剧的步骤》,见《欧阳予倩全集》第五卷,上海文艺出版社1990年版,第42页。

②　欧阳予倩:《论桂剧——关于旧剧改革》,见《欧阳予倩全集》第五卷,上海文艺出版社1990年版,第59页。

③　欧阳予倩:《二黄戏改革的可能性》,见苏关鑫编《欧阳予倩研究资料》,中国戏剧出版社1989年版,第298页。

④　欧阳予倩:《再说旧剧改革》,见《欧阳予倩全集》第五卷,上海文艺出版社1990年版,第26—27页。

私下交易的县太爷打了 40 大板,一怒之下,豪气顿发,趁夜杀了丁太师,携女逃亡。剧作比较成功地表现了暮年英雄萧恩由隐忍到反抗的心理行为转变,在性格的表现上也比较成功。原剧中萧恩由隐忍到反抗都是被动的,他在无奈之下教训了教师爷,因为怕恶人先告状所以去告官,告官遭打一气之下杀奔丁府,这些行为都是很偶然的。剧种其他人物都游离于萧恩的行动线之外:李俊、倪荣的出场只是为要告诉观众萧恩是梁山泊英雄,英雄豪情仍在,只是为了女儿暂时隐忍罢了;丁奴、丁郎的挑衅的质问与对答则表现他不想招惹是非的暮年心态;萧恩之女桂英是剧中的第二号人物,她的主要功能是表现萧恩的柔情一面,这在离家及月黑行船的场面中体现得最为明显。改编剧则编织了"头、身、尾"俱全的戏剧线:第一场写五个渔夫因抗税被囚牢内,他们愤怒地声讨土豪劣绅和贪官污吏的剥削压榨、狼狈为奸的社会丑恶现实并群情激昂地表达了他们的反抗之情。接着教师爷率四徒弟上场来催逼他们交渔税,在清查账单时由教师和徒弟的对话自然而然地介绍了萧恩,知道他有一女,是梁山泊人,武艺高强,拒交渔税。第二场萧恩和桂英在河上打鱼,父女相依为命,生活清苦,梁山后代倪荣和李俊来访,劝说萧恩再举义旗,并教训了前来讨渔税的丁郎。萧恩为女儿着想有些犹豫,后听到那些被关渔夫妻小的哭诉,心思有些转动。第三场是过场戏,丁奴丁郎两人因受辱怀恨在心,唆使丁太爷派教师爷去教训萧恩。第四场写教师爷率徒来抓萧恩反被打得落荒而逃,这个事件改变了萧恩的打算,他一边与倪、李二人联系,一边带着女儿桂英前去丁府,要为渔民打抱不平。第五场写丁太师宴请县官吕子秋,要他派人去抓萧恩,在他们荒淫之时,萧恩与桂英杀入,结果了他们的性命。第六、七两场写萧恩父女与丁府家丁、官兵厮杀以及倪李两人发动众乡民支援,最终打退官兵。由此可见,改编本是以"意志冲突"来整合情节的,这种意志冲突表现在萧恩面对对立面(吕子秋、丁太师及其爪牙所代表的不公正社会)时心理的踌躇盘算、决断以及由此造成的行动。剧中的其他人物则通过对萧恩的影响或直接对事件发生作用来推动戏剧的进展:李俊、倪荣两人先是游说萧恩造反,对萧恩产生了心理上的触动,结尾时则鼓动乡民起事,帮助萧恩对抗官兵;萧桂英则被塑造成坚决反对不公平现实的人物,时时劝说他父亲主动反抗丁府的挑衅,对萧恩的行动有着直接的影响;丁奴丁郎的唆使也从反面推动了剧情的进展,将萧恩与丁府直接联系了起来。改编本有一个大致完整的行动,人物的性格就在这个行动中表现出来。

　　这种以意志冲突来组织一个完整行动的情节结构在欧阳予倩抗战及其后的戏曲创作中得到了贯彻。同时我们看到欧阳予倩的这些创作基本采

取分场或分场与分幕结合的体制,而不是西方近代剧的分幕体制。分幕制
适用于团块结构,它使剧情高度地集中凝练,形成一个整一的行动;分场制
则适用于线性结构,流动灵活,各个行动之间并不依照严格的因果逻辑关系
组合。比如《梁红玉》虽然从头到尾以梁红玉与对立面的冲突来展开剧情,
但它的各个场面并没有形成一个整一的行动,第二、四、五、六场不必说,就
是直接表现梁红玉的第三、七、九场也不是一个整一的动作,不能用"To be
or not to be"这样一个公式来概括。我们知道整一性行动的形成来源于人
物面对一个特定境遇不得不作出选择时性格心理与外在行动的相互作用和
转化,因此展示人物在特定境遇中性格心理的犹疑、决断是这一结构类型的
长处。而表现幽微的人物性格心理的最佳语言是与我们日常生活接近的说
话,以歌舞为主要表现手段的戏曲在这方面无法与话剧相比。分场体制能
够比较好地保持传统戏曲时空自由的结构特点,有利于充分调动戏曲唱、
做、念、打等各种手段来展开剧情、刻画人物,同时也有利于发挥戏曲载歌载
舞的美的表现。如《梁红玉》剧作第二、四、五、六场的设置就是传统戏曲表
现战争场面所惯用的,它发挥了戏曲武功戏的长处,既表现了战争的紧张又
给观众视听享受。

　　可以看到,欧阳予倩这一时期戏曲作品的情节结构其实是西方的冲突
概念与中国传奇概念的结合。在1946年的"平剧改革座谈会"上,他说:
"剧本的发展最好由一个动人的发端,进入两个力量的对立,即所谓渐进,再
进入斗争的高峰(Climax),均势打破。然后急转直下,问题解决——循着
这样一根'戏剧的线'(Dramatic Line),发展线路要清楚,像评话像叙事诗似
的'交代明白',使观众容易理解,偶然也可以用倒叙。对话要明快有力而
通俗。情节不妨曲折一点,斗争要轧得紧,才能搏虎掷地始终抓住观众。"①
受歌舞表现手段的限制,戏曲中的意志冲突基本在固化的主体精神与特定
境遇之间展开,剧情的开展基本由传奇式的情节不断添加新的生活元素,使
冲突能够持续下去。这种传奇概念遵循李渔的"一人一事"的模式,都是在
一个事件下展开,如《桃花扇》的南明小朝廷之亡、《木兰从军》的代父从军、
边关抗敌、《梁红玉》的黄天荡抗金斗争。欧阳予倩接受"意志冲突说",将
个人意志、决断及其内部外部的冲突引入到戏曲之中,明显地包含了近代以
来民主平等、个性主义的思想内容,正如吕效平所说的:"欧洲戏剧情节原
则被中国本土戏剧采用,归根到底,是接受启蒙、摆脱专制的现代自由精神
寻求被民族戏剧形式表现的结果。本土戏剧的现代化与'人'的现代化,前

---

① 《平剧改革座谈会(上)》,《新闻报》1946年10月14日。

者为'表',后者为'里',前者为'果',后者为'因'。"①

　　新的情节结构方式的运用同时导致了对传统戏曲的话语模式的修正。从欧阳予倩的这些创作我们看到,人物的对话大大地增加了,相对应地唱词、独白、旁白这些在传统戏曲中频频出现的话语形式大大地减少了。这些对话遵循着戏剧的现代进行式特点,展示人物的个性、主张等,在呼应、辩驳或冲突中推动情节的进展。比如韩世忠接到匿名信之后与梁红玉发生冲突的一场:

　　　　梁:看了这封信生这么大气,你到底为了什么?
　　　　韩:就是为你。
　　　　梁:为我何来?
　　　　韩:这封书信虽然署的是秦桧的名字,我看一定是假的,只是里面说你奇装异服,招摇过市,有伤风化,叫我管教于你,你自己看看。
　　　　梁:(看信介) 这必定是汉奸在此挑拨离间,你准相信吗?
　　　　韩:哪里来的这许多汉奸!
　　　　梁:如今的汉奸才多呢,大的小的,不大不小的……
　　　　韩:我来问你,你曾经奇装异服招摇过市没有?
　　　　梁:别的没有,穿着盔甲出去操兵是有过的。
　　　　韩:怎么你去操过兵?
　　　　梁:操过的。
　　　　韩:在什么地方?
　　　　梁:城外。
　　　　韩:怪不得人人说你,本来你自己不好。
　　　　梁:怎么我不好?
　　　　韩:妇道人家,只要在厨房里烧烧饭,管管家事,也就是了,无缘无故,你怎么去操起兵来?
　　　　梁:花木兰可以替父从军,梁红玉怎么不能帮丈夫打仗,既要打仗,又哪能够不操兵呢? 如今是什么时候? 国家已经到了危急存亡之秋,不分男女,都应当起来抗敌救亡才是,你还要把我赶到厨房里去,我以前当你有点作为,才嫁给你的,原来你也是不达时务。得了,我带着我养的儿子走吧。
　　　　(梁起身,韩上前拉住)

　　① 吕效平:《再论"现代戏曲"》,《戏剧艺术》2005 年第 1 期,第 7 页。

韩:你哪里去?

梁:我去投军去。

韩:没有人收留你。

梁:那我就落草围寇做强盗去。

韩:当真的么?

梁:哪个骗你。

韩:哈哈哈哈哈哈! 我看你既要投军,还是投到我这里来呢。

梁:那我才不来呢。

韩:你不来,我就三顾茅庐来请你,哈哈,我这里有礼了。(作揖介)

梁:(笑) 我问你,你还是听汉奸的话,还是听我的话?

韩:岂有此理,哪里会听汉奸的话。

梁:那还罢了。

在这一场面中的对话比较接近现实生活,还采用社会问题剧中常用的"讨论"。类似这里的场面全剧还有多处,如梁红玉与敌军师哈密蚩外交谈判的一场、审汉奸王智的一场等。戏曲话语上的这些倾向其实体现了一种新的话语模式,即展示性的话语模式,"以展示与叙述(悲剧与史诗) 作为一对相对的概念,在此范畴中,中国戏剧更近于史诗,它重视外交流系统中演员与观众的直接对话,注重以抒情化的陈述表达大部分情节,它忽视内交流系统中人物的对话表现的戏剧性以及戏剧性的直观形式"①。当然,这种展示性较强的话语模式同话剧又有很大的不同,它更富于音乐美:句式相对规整、节奏比较分明、有时还讲究押韵,仍然是"诗的文词"。田汉对梁红玉与敌军哈密蚩外交谈判一场大加激赏,说:"那实在写得又俏皮,又生动,又紧凑。不止平剧,就是桂戏、湘戏演此也是非常成功的。那一幕有的像话剧,因为并没有什么唱;但确又不是话剧,而是旧剧。尽管双方都念京白,但仍然是旧剧的路子。要紧处有锣鼓。像:'难道黄河以北燕云十六州就不是中国的地方吗? '像哈密蚩要求彼此退兵,红玉说:'兵在我们中国,叫我们退到哪里去? '加上惊堂木,都非常有力。"②这种"诗的文词"在唱词上则打破了传统戏曲严整的规范,如二二三和三三四的句法、曲牌的格式等,更加活泼自由。《孔雀东南飞》中焦仲卿在刘兰芝坟前的一段唱词是这样

① 周宁:《比较戏剧学——中西戏剧话语模式研究》,上海社会科学院出版社1993年版,第10页。

② 田汉:《剧艺大众化的道路》,见《田汉全集》第十七卷,花山文艺出版社2000年版,第51页。

的,"(唱'反西皮倒板')见坟台不由得万念灰冷!(叫头)兰芝,我妻,我那贤德的妻啊!(唱'反西皮二六')心伤肠断血泪飘零。我爱你有的是高洁的品性,我爱你美丽又聪明。到我家对婆婆十分孝顺,治家理务劳苦辛勤。夫妻二人相爱敬,泰山高,海水深,也比不上你我之间伉俪的恩情。实指望同偕得到老,想不到狂风暴雨丧了残生。到如今我叫你你不应,你不应,我的爱妻啊!我与你同赴幽冥永不分!"句子长短不一,完全打破了二二三、三三四的句法,而且在叙述中表情,朴素真切,完全扫除了明清传奇典丽繁复的语言习惯。

欧阳予倩革新戏曲的情节结构和语言模式的目的是使它能够传达一种统一的情绪和思想,他说:"中国旧歌剧对于美的情绪的表现多半靠词藻,而不在剧的本身,所以全剧的情绪,不能贯串,如此便不能整个的具体化。"①欧阳予倩所说的"情绪"是指艺术化的情绪,它将生活中稍纵即逝的情绪用艺术的形式固定下来,具有永久性的品格,思想即是人生观。欧阳予倩持情绪艺术论的观点,这与戏曲的抒情传统是相通的。但传统戏曲主要以语言来传达情感,吕效平把它称作"语言的艺术"。他说:"元杂剧的典范不追求创造情节的意象,不依靠情节的意象提供审美资源;它以语言直接刻画人物的外貌与情感,创造人物'意、趣、神、色'(汤显祖语)的意象,以此提供审美的资源。"②他认为这种"语言的艺术"到了古典地方戏曲时由于人物意象观念含量的僵化便被更适合描绘人物"意、趣、神、色"的舞台语言取代,文学的戏剧一变而为剧场的戏剧。吕效平的这个分析是精辟的,在20世纪30年代欧阳予倩就把以梅兰芳为首的四大名旦称之为"新古典派","他们主张复古。他们的剧本不是取材于仙佛的传说,就是取材于旧小说中的'罗曼斯',叙述务宜典雅,文词必求富丽,志在熔冶昆剧之长,别成一派,与俗尚相对峙。这不仅在剧本方面如此,在表演方面也很显明。"③他认为这样的剧本没有情感,没有自然行为的进展,根本称不上戏剧文学。所谓"没有情感"是指没有提供个性化的、与现实社会有关的、能够引发人的兴味的情感,仍然还是在古典情感中徘徊。既然不能提供新的观念含量,演员的扮相、身段、衣服、歌唱之美自然成为唯一的审美资源。欧阳予倩将"冲突说"引入戏曲之中其实就把作为"语言的艺术"的传统戏曲转向了以情绪和思想为底蕴的"情节的艺术"。

---

① 欧阳予倩:《戏剧改革之理论与实际》,见《予倩论剧》,广州泰山书店1931年版,第58页。

② 吕效平:《戏曲本质论》,南京大学出版社2003年版,第10页。

③ 欧阳予倩:《再说旧剧的改革》,《欧阳予倩全集》第五卷,上海文艺出版社1990年版,第18页。

(二) 从综合性出发对戏曲舞台艺术语言的革新

戏曲情节结构的转换呼唤着戏曲舞台艺术语言的革新。从晚清开始戏曲舞台就出现了新的因素,上海的很多舞台纷纷开始使用写实性的布景,现代的照明设备被引入进来,唱腔唱法向生活化方向发展,镜框舞台代替了可以三面观看的四方舞台等,但这些新的东西与戏曲虚拟化、程式化的表演方式产生了很大的矛盾,革新的结果是在舞台上留下了很多非驴非马的产物,如机关布景、九音联弹等。欧阳予倩三四十年代戏曲的创作与传统戏曲有着巨大的差异,如何把它放在舞台上加以检验也是一个很有挑战性的问题。面对历史和现实的这些问题,欧阳予倩提出了将戏曲舞台艺术加以整一化的要求,即从"综合艺术"的出发统筹设计,用新的演出法上演新编的戏曲,使传统戏曲获得新生。这一"综合艺术"的组织者有两个,首要的是剧作家,其次导演是实际的组织者。传统戏曲表演有一定的格式可以遵循,这些唱念做打的格式必须在演员练童子功的时候就达到中规中矩的程度,不管是演传统戏还是排练新戏,大都可以遵照某某格式往上套,在上戏之前由后台管事召集有关人员对对词、对对场子就行,根本不需要专职的导演。采用新的编剧法表现新的社会内容必然要求实行新的演出法和表演术,乐曲的打法也要跟着而变,需要在音乐、化妆、服装、布景、动作场面等各个方面做一个统筹安排,每一个新戏都有自己独特的舞台表现手段,现代意义上的导演的引进就是为了解决这一矛盾的。在戏曲领域担负起这样的导演职能的,欧阳予倩是"第一个人"。[1]1938 年在桂林排桂剧《梁红玉》时,欧阳予倩是一句一句地教演员念台词,每一个身段、每一个动作都替演员们选择,力求每一个动作与前后动作甚至全部动作的联系,而每一个人的动作都与其他人的动作发生联系,同时根据剧情安排演员的舞台地位,排列成种种不同的画面,在场面上也根据表演的需要重新制定提纲,前后费了一个多月的时间才把这个戏排好,与话剧导演所担负的功能没有什么两样。

赵景深在抗战烽火中的上海记下了欧阳予倩在戏曲舞台革新方面的一些设想,他说:"他想相当地保存一些京戏里原有的动作和习惯。例如,武将'起霸'时必将两臂弯转,双手对胸,在胸前一拉,好像是没有意义,其实是为了军中装束太紧,借以舒散之意。/ 他想把德国表现派(Expressionism)的手法也试用进来。例如,表现机械的运动,仍可用那画有车轮的旗子或铁棍,许多人分立数层,一致的同一方向地转动那旗子或铁棍。他这样表白的时候我立刻像是眼前出现了一个美丽的舞台面。/ 他又

---

① 李紫贵:《李紫贵戏曲表导演艺术论集》,中国戏剧出版社 1992 年版,第 14 页。

想我国元明以来的传奇常有'副末家门'的手法,即在戏的开端时,第三者把情节大要总说一遍,这方法在欧洲各国,如意大利、英国等都是有的,他们不但在戏剧开始时用之,就是一剧将终时,也应用这手法的。不仅一个人,有时在剧将终时是一个人立在高台上,两旁站许多人唱 Chorus;中间和两旁的人,由远至近,逐渐移到台口,音调也逐渐加高,借以刺激兴奋,增加力量。我在听他叙述的理想以后,仿佛听见了一阵雄壮的救亡的歌声。"① 在后来的戏曲导演中,欧阳予倩实践了这些设想。他导演的《渔夫恨》一剧,中间一段四人从幕中抬出丁太师来,就是从苏联伏尔加河畔的新剧场演出的莎士比亚古典戏里学来的。《桃花扇》保留了副末开场,先是剧中人柳敬亭说书,唱一段京韵大鼓,介绍全剧内容,然后用"搭架子"的舞台手法,通过与幕后一个不出场的角色的对话对时事进行讽喻,剧作结尾的时候柳敬亭弹唱了一曲《哀江南》,与开场呼应,使人回肠荡气,不忍卒听。

在京剧和桂剧的舞台导演实践中,欧阳予倩在舞台装置、动作、音乐、舞台调度各个方面都做了大胆的革新。舞台装置方面他认为传统的一桌二椅过于简陋,大力运用灯光、布景及各种砌末来美化舞台,《渔夫恨》第一场开幕时是一个监狱,舞台靠里一面有一个狱门,黑暗的囚室中只有从幕后面的狱门中射进来几条光线,形成了阴森恐怖的气氛。每场都用了不同颜色的底幕,如浅绿、金黄、深蓝色等,加上平台、桥、屏风、太师椅、渔网等二三件具象的景片或道具,丰富了舞台的视觉效果。动作方面欧阳予倩特别强调外在动作与内在动作的统一,即要根据剧中人的情感选择动作。欧阳予倩做京剧演员时本就是以表演的细腻传神著称的,周贻白说:"有人说他是京剧旦角中的'自然派'(不是指自然主义),这意思就是说,他对京剧舞台上那些东西已极为熟悉,因而无论唱、做、念、打,都能运用自如,不露圭角,使观众听来或看来,都感到甚为顺适。但据我个人的看法,他因为演过一个时期的话剧,在人物感情的表现上比较生活化,而不是机械地搬弄程式,或呆板地背诵词句。"② 著名桂剧表演艺术家尹羲在表演上的巨大成就的取得与欧阳予倩的悉心指导是分不开的,她说:"就我个人而言,从过去机械地照搬师傅的动作,逐步做到为塑造剧中人物的性格而表演一招一式,一颦一笑,这完全是欧阳老师手把手地教出来的。"她举了《人面桃花》中杜宜春游春归来送父亲杜知微出门的一个片断为例,"老父过桥时,上身一闪,好像要掉下桥去似的。杜宜春见此情突然惊叫一声'啊!'在叫'啊!'的同时,

① 赵景深:《记欧阳予倩》,见《海上集》,上海书店 1984 年影印本,第 90 页。
② 周贻白:《一笛秋风唱尾声——悼欧阳予倩同志》,《戏剧报》1962 年第 10 期,第 37 页。

两肩自然地往上提,接着便焦急不安脱口而出:'爹爹,过桥你要小心了！'杜宜春一直望着爹爹平安地过了桥,然后再慢慢地将往上提起的双肩收回到原位,并转过身来面向观众,仿佛身上的一块石头落下了地。"①

戏曲音乐方面欧阳予倩在前一时期新歌剧实践的基础上做了比较稳妥可行的革新。首先是器乐方面的改进。中国音乐长期以来以声乐为主,器乐为辅,崇尚自然之音,认丝不如竹,竹不如肉,因此戏曲里的器乐与西方相比更显寒碜,它的主要功能在于对声乐的衬托、补充,给动作表情以节奏等,无法像西方器乐那样联合起来产生自己独立的组织和表意功能。在声乐方面,欧阳予倩在积极向昆曲、西方的歌剧学习借鉴,同时在各种剧种之间相互借鉴,增加合唱、轮唱、帮腔等,以丰富京剧及桂剧音乐的表现力。桂剧与京剧、湘剧同源,比京调素朴,但表现力有些欠缺。欧阳予倩在保持桂剧音乐特色的同时大胆吸收其他剧种的唱腔曲牌。他在排《梁红玉》时,有意识将《折桂令》和《八仙会蓬莱》这两支昆曲牌子,在音调和节奏上略加改动,融进桂剧音乐中,使音乐气息磅礴浩大。在《玉堂春·会审》一场中,他将京剧音乐运用到桂剧唱腔:起唱用桂剧的《北路赶板》,紧接其后的衬腔"呐……"是借鉴京剧的,然后紧接桂剧的"八板头",中间有一大段一问一答的唱,是桂剧唱腔中以叙事见长的"吊板",直到最后的煞句"纵死黄泉也甘心",又引进京剧味较浓的拖腔,自然流畅,又较好地抒发了苏三内心的感情。在《渔夫恨》的音乐设计中,欧阳予倩借鉴歌剧的手法,将桂剧唱腔处理成合唱、轮唱和咏叹调等多种演出形式。在萧桂英演唱的"听爹爹述往事……"一段唱中,起句开头用桂剧的"南路起板",结尾处先用京剧"干煞"的方法,然后重复一次,改用湖北楚剧《百日缘》中七仙女哭董永的旋律,使行腔低回凄婉,比较准确地描述了萧桂英的心情。②

戏剧导演最重要的职能之一就是舞台调度,欧阳予倩在这个方面取得了很大的功绩。他致力于打破京剧及地方戏品字形的格局以及简单的两边对比原则,采用各种方法来使之丰富多样化。在排演《荆轲》一剧的过程中,欧阳予倩特别注意每个人物的舞台地位。比方戏一开场,荆轲是坐在右方一张桌子旁喝酒,三个狗屠则围在舞台中心的一张桌子传杯递盏。这就打破了传统戏曲一桌二椅,主要人物往往站中间或前面的惯例。欧阳予倩对这一做法作了解释,他说:"我们现在的舞台有幕布。拉开幕,给予观众的印象,就应当是一个画面。主要人物的突出,不一定要位置在众人前面或

①　尹羲:《欧阳予倩与桂剧改革》,《戏剧》1990年第2期,第116页。

②　尹羲:《欧阳予倩与桂剧改革》,《戏剧》1990年第2期,第117页。

中间。这样不但失去了画面的和谐,而且在剧情进行中,因为他不是在众人前面,就是在众人中间,要突出反而不显突出了。"① 《玉堂春》一剧,把原设在舞台正中的三张公案放置于下场门一方,把舞台左方留给苏三跪着申诉,并删去"朝外跪"的说白,也是这个道理。除此之外他还经常利用灯光、音响等现代的物质技术条件来进行舞台调度。《孔雀东南飞》最后一场焦仲卿在刘兰芝墓前时由了从现实到梦境再到现实的场景转变,欧阳予倩在提示中是这样写的:

> 焦仲卿扑伏坟前,转暗。台上由萧瑟的冬景变为美丽的春景,新绿满树,鸟语花香,蜜蜂嗡嗡的声音隐隐构成合唱。刘兰芝的坟变成花丛。刘兰芝宛宛从花中升起,飘然而出。焦仲卿惊喜,刘兰芝欣然相就。蜂蝶一齐飞舞

在场景的高潮时:

> 二人唱着,看着,走上台阶。盛大的音乐。舞台上的光变得十分美丽,孔雀一双开屏。二人乐极拥抱,忽然台后焦仲卿之母发出颤音。焦仲卿与刘兰芝大惊变色。

在焦母的喊声中场景立刻变为现实:

> 暗转。再开。春天的幻景全失。寒风凄厉,黄叶纷飞。焦仲卿呆立兰芝坟旁,从腰间解下腰带

欧阳予倩这些方面的舞台革新在美化舞台、增强其表现力的同时,充分注意到了它与戏曲舞台原则的调和,他的革新是原有戏曲舞台表现原则的引申和发挥。他在多方考察的基础上认为舞台装置应当遵循像画的原则,不能随意用写实的布景。他说:"歌剧的舞台装置,如果演历史剧,我的意思求其像画,而且想使其能像中国画,——一种有远有近的中国画。换句话说:就是用中国画的布景色彩手法使之近代化,而利用之于舞台。但是舞台装置像画,不一定是整幅的画,也有搭出的,也有只用颜色布幕的,这要看剧的性质如何,而求其调和适当;而且方法时时用变化,不能胶柱鼓

---

① 周贻白:《一笛秋风唱尾声——悼欧阳予倩同志》,《戏剧报》1962 年第 10 期,第 36 页。

瑟。"① 西方画遵守物理学上的焦点透视原则,镜框式的写实主义舞台装置也是依据这一原理来布置实物、经营位置、搭配虚实布景的。中国画则追求写意,时空自由,不在平面的纸幅营造立体感,而倾向于顺着纸幅向四面拓展,这与中国戏曲的原理是相通的。欧阳予倩就是在这一原则的基础上应用新的布景,如《梁红玉》里擂鼓水战一场绘制了布景:几朵白云在远天游移,巨大的战船扬起了蓬,梁夫人坐在船头,她的面前展开那场恶战。立体的布景如布幕、屏风的采用也要以不损害表演为原则。在动作方面,欧阳予倩认为:"中国戏的动作由舞与傀儡戏的动作想合而成;其组织是类型的,有很鲜明的节奏。"② 欧阳予倩在多个地方灵活运用了傀儡戏的场面,在为中华剧团导演的《桃花扇》中有"福王登基"一场,开头部分的处理很别致:扮演福王的演员完全用傀儡戏中木偶的动作,由佩剑的将官刘良佐、刘泽清将他从幕后牵出来,再把这个木偶皇帝搬上宝座。③ 还有就是末场:一个人挑着剃头担,担上有一面"奉旨剃头"的大旗,一个人磨着大刀,一个人身上遍挂骷髅,三个人都像傀儡一般的动作迟钝,给人留下深刻的印象。这种类型化的戏曲动作,在中国画式的舞台装置衬托下应当像浮雕——流动的浮雕。比如《人面桃花》重排时使用了布景,第一场里有两株桃树,一大一小,角色可以绕着桃树徘徊,而且那株小桃树用竹竿支撑着,表示是新种植的。第二场在台口摆上一排竹栏杆,角色在竹栏里面活动,有时可以拍拍栏杆或坐在竹栏上。第三场把竹竿去掉,增添一些花朵,表示时间又是一年了。角色的地位调度或一坐一立以及道具的运用与布景配合成为一幅幅具有表现力和美感的画面。④

　　20 世纪 40 年代,李健吾与田汉就欧阳予倩《梁红玉》的演出有一个颇有意思的讨论。李健吾说:"若干年前,欧阳前辈约我去看他的《梁红玉》,唱词我听不出,看说明书才知道词意和时代攸关,以历史的抗战事实警惕醉生梦死的现时,用心极苦,博得友朋们的赞服。旁边坐着一位文化圈外的老戏迷,以好奇的心理或褒或贬,告诉他的朋友这一段是《四郎探母》,那一段又是平剧某出某调。《梁红玉》假如在政治意识上有所成就,在歌剧本身的

①　欧阳予倩:《戏剧改革之理论与实际》,见《予倩论剧》,广州泰山书店 1931 年版,第 63—
　　64 页。

②　欧阳予倩:《再说旧剧的改革》,见《欧阳予倩全集》第五卷,上海文艺出版社 1990 年版,第
　　28 页。

③　高宇:《欧阳予倩与近代戏曲导演学》,《戏剧艺术》1989 年第 4 期,第 45 页。

④　樊放:《戏曲艺术实验室里培育的〈人面桃花〉——记欧阳予倩老师晚年一次表、导演艺
　　术实践》,《人民戏剧》1979 年 5 月 18 日,第 22 页。

立场上显然没有新东西供献,不能代替传统的歌曲,风靡一时如电影所制的流行歌曲,或者习之已久如平剧烂熟的调门。"① 田汉的回答是:"老戏有它特有的技术,也就是许多套子:如'趟马''擂鼓''开打'等,这些原以颇为优美便利,不妨而且应该加以运用。唱的曲调自然还是平剧常用的一套。这戏西皮多,擂鼓水战加入旧曲牌,平宣队演红玉、世忠夫妇争吵时加入所谓的'联弹',音乐形式简单重复无可讳言,但它的好处是任何剧团看了这剧本便可根据那些调子、牌子以及各种字母符号同样演唱。这是老戏最便利的地方。倘使普及是提高的基础,我们不可放弃这基础。"② 李健吾不满意《梁红玉》的地方是它在歌剧创造上没有什么贡献,仍是老腔老调,因为他要求的是一种以音乐为主的新歌剧的创造,"改良平剧实际应当先从音乐入手,这才是一了百了的办法。平剧的致命伤乃在音乐失去了创造力。没有新调新谱出来,永远在老戏(原来是新的)之中兜圈子,等于生命停滞。唱些什么是重要的,但是怎么唱似乎更其重要,因为这是它本身艺术存亡的关口。"③ 李健吾的批评代表了以西方歌剧为标准来推行戏曲改革一派的观点。陈洪对《梁红玉》的批评也是如此,他说:"他的失败是在于缺乏'剧'的要素,便是不够 Dramatic,看去很油一个 Ballet,而不大像戏剧。Ballet 很能够描写优美而轻松的故事和富于诗意的传说,但用以表现爱国、抗战、杀汉奸等严肃的题材,则看去不只不自然,而且近乎滑稽。Ballet 是象征的,可是《梁红玉》的题材则太现实了。"④ 正如我们在上一节所指出的,欧阳予倩在整个 20 年代所致力的就是音乐的研究实验,以在此基础上创造新的歌剧代替传统戏曲。30 年代他已经转向戏曲改革的实践,虽然在新的阶段他仍然强调音乐的革新,但其意义已经不同于从前了。在中西戏剧艺术的对比中他认识到中国戏曲在舞台表现上的独特之处,前一阶段他认为音乐是歌剧的唯一因素,此时他对戏曲动作的好处多有垂青,看到了中国戏曲舞台的高度综合性质,因此不再把音乐的改革当作戏曲改革成败的唯一衡量标准。田汉激赏《梁红玉》的原因是它有强烈的现实意义,并且把旧戏里常用的"字母""符号"运用得生动而有意义。田汉对欧阳予倩的戏曲改革有着同情的了解,正如欧阳予倩曾经说过的:"它(戏曲的形式)限制太严,我们

---

① 李健吾:《与田汉书——论改良平剧与地方戏》,《周报》83 期,1946 年 5 月 25 日,第 11 页。

② 田汉:《剧艺大众化的道路》,见《田汉全集》第十七卷,花山文艺出版社 2000 年版,第 51 页。

③ 李健吾:《与田汉书——论改良平剧与地方戏》,《周报》83 期,1946 年 5 月 25 日,第 11 页。

④ 陈洪:《梁红玉》,见俞玉姿,李岩主编《中国现代音乐的开拓者陈洪——陈洪文选》,南京师范大学出版社 2008 年版,第 205 页。

要摧毁它。摧毁旧的堡垒,有两种方法,一种在外面围攻,另一种是从堡垒里面摧毁出来,我们正在做着从堡垒里摧毁出的工作。"① 这可以说是他的戏曲舞台艺术革新的概括,这种"从堡垒里摧毁"的工作是通过添加新元素的方式逐步突破原有格局,是破坏中的建设。

(三) 新的戏曲美学形态

欧阳予倩孜孜不倦地探索新的情节结构和话语模式,主要是为了使戏曲能够表达时代精神。这一探索其实从晚清戏曲改良运动就开始了,当时梁启超、柳亚子等人大力鼓吹戏曲"高台教化"的功能,在此影响下汪笑侬、潘月樵、夏月润、夏月珊等人的京剧时装戏的创作和演出影响都很大,但他们只注重言辞的煽动性,对于戏剧的文学性及整个组织往往不顾,很快就消散了。改良戏曲所引发的混乱后果导致了新青年派为代表的新文化人对戏曲的抨击和否定,戏曲改革陷入低潮。这种思潮也影响到欧阳予倩,他在整个 20 年代就企图创造新歌剧以代替传统的戏曲,直到 1932 年以后在考察西方歌剧艺术的情况下才走上了戏曲改革的道路。到了抗日战争时期,新文化人看到了戏曲在广大群众中的巨大影响,戏曲改革又重新提上了议事日程,但基本走的是"旧瓶装新酒"或古装时事戏的路子,或者就原有的格式填上新的词句,或者让现代的人物上场穿古装依旧有的路子唱做。其他人不必说,被当作戏曲改革的文人路线或戏曲现代化方向代表的田汉就是一个代表,他在抗战时期所创作的戏曲剧本都是依据传奇性的情节结构原则,前期的《江汉渔歌》(44 场)、《新儿女英雄传》(52 场) 等以情节的曲折离奇见长,后期的《武则天》《武松》等剧虽然"艺术上比较严谨整饬,内容上着力塑造人物性格,追求深刻的思想意蕴"②,但也不脱传统戏曲形态的窠臼,只不过是在传奇性的情节中加重了抒情性场面的分量。田汉的创作相对明清传奇来说特点是主线突出,或者围绕着一人一事展开情节,或者双线平行发展,而明清传奇一般生、旦、净、末、丑等各项角色都有戏,所以铺张枝蔓、结构宏伟。另外他的后期创作中对人物的描写融入了现代人的观念,比如伦理与情欲的冲突、意识与下意识的矛盾等,因而在细部更能挖掘戏剧性的因素。欧阳予倩与他们不同,他目睹了晚清戏曲改良的失败,在二三十年代一直在探索新的歌剧形态的建设。在抗战时期,尽管他也积极地投入其中,但他强烈地意识到用新的形式表现新的内容的历史责任,否则就会重蹈晚

---

① 《〈国家至上〉〈包得行〉演出座谈会》,见《夏衍全集·戏剧评论卷》,浙江文艺出版社 2005 年版,第 79 页。

② 陆炜:《田汉剧作论》,南京大学出版社 1995 年版,第 142 页。

清戏曲改良的覆辙。

　　欧阳予倩的戏曲改革理论与实践是个气魄很大的宏伟工程,本质上是要用现代戏剧的观念来审视传统戏曲并力图使之现代化。他以"真戏剧"为标准全面去估量传统戏曲的利弊,他所说的"真戏剧"乃是以戏剧文学为根本的综合艺术。欧阳予倩认为传统戏曲创作及研究都没有完整全面的戏剧观念做支撑。他说:"中国历来的戏剧家,提笔的只顾到文词,想唱的只顾到片面的腔调,尤其什么派什么派害人不浅。王国维研究一世只讲的是曲词的变化;吴瞿庵研究的是誉曲的规律,都不是从戏剧的立场来讨论的。"① 欧阳予倩将戏剧文学作为戏剧这一综合艺术的根本,同时引入"意志冲突说"改造传统戏曲的情节模式,将戏剧性置于文学文本的基础上,舞台演出就是将文学文本的戏剧性充分实现于舞台。他在 1959 年写的《谈戏曲表演》一文都是结合戏曲文本来谈表演特点的,如谈到戏曲表演"鲜明的节奏"特点时说:"敲击乐器当然能起重要作用,但戏曲音乐是根据一个戏发展的层次来安排的,由于要显出场次安排的起伏变化,就要求打击乐器作适当的配合。演员的动作、表情、台词、歌唱,紧密地结合着,简明而集中地表达人物的感情,原来的节奏就是鲜明的,因此要求敲击乐器要给予适应。总的说,构成戏曲鲜明的节奏感是由于:主线突出,明显的对照,夸张而简练的表现手法。"②

　　在《论第四种戏曲美》中,陆炜讨论了晚清戏曲改良以来逐渐探索、在八九十年代浮出水面的戏曲新形态,并把它规定为不同于元杂剧、明清传奇、清代地方戏的第四种戏曲美。他说:"它已经注入了许多的西方戏剧因素,例如冲突、悲剧、性格……即便语言,也是现代的语言,和古典戏曲明显不同了。但最重要的,是新戏曲有了现代的思想内容,使它有了思索的品格,这一点在 80 年代以来的戏曲佳作中较鲜明地表现出来。它不是诉情绪的戏剧,不是玩文词和情节的戏剧,不是炫技艺娱耳目的戏剧了,它不再是消闲的戏剧,而是有了整体品味的提高。它无疑是一种新的戏曲美,中国戏曲成熟以来的第四种戏曲美。"③ 欧阳予倩的戏曲改革理论和实践,可以算是"第四种戏曲美"形成过程中的一个组成部分。

---

①　欧阳予倩:《戏剧改革之理论与实际》,见《予倩论剧》,广州泰山书店 1931 年版,第 49—50 页。

②　欧阳予倩:《谈戏曲表演》,《舞蹈》1961 年 1 月号,第 27 页。

③　陆炜:《论第四种戏曲美》,《戏剧艺术》2006 年第 1 期,第 72 页。

结　语

在纪念欧阳予倩百岁诞辰时夏衍说:"欧阳谨严,田汉豪放,洪深则是'雅俗共赏、清浊难分'。这样三位各具个性和特点的戏剧家'既合作又不合作'了几十年,这就是一部中国话剧的创业史。"① 欧阳予倩、田汉、洪深三人对推动中国现代戏剧的发生发展起着举足轻重的作用。研究界公认中国现代话剧成立的标志是洪深为上海戏剧协社导演的《少奶奶的扇子》,而1927年南国社"艺术鱼龙会"以及后来对话剧的命名解决了中国现代戏剧建设形态的大问题。在推动现代戏剧发展这一共同目标之下,田汉和欧阳予倩在戏剧艺术发挥作用的方式以及戏剧建设方略等方面发生了分歧:欧阳予倩1928年底到广州主持广东戏剧研究所,走上了现代国民剧场建设的道路,田汉则选择了民间的独立的戏剧建设立场;田汉要通过突击的方式让现代戏剧作用于更广大的民众,欧阳予倩则坚持以磨光的精神来达到对民众潜移默化的感染作用。尽管如此,两人仍然本着求同存异的态度进行了很多的合作,广东戏剧研究所的第一通锣鼓是田汉、洪深率领的南国社来敲响的,抗战时在桂林欧阳予倩和田汉共同推进着桂林戏剧和文化的发展,并在战时携手筹办了规模宏大的西南剧展。

作为"创业者"之一,欧阳予倩在"中国话剧的创业史"上的贡献主要在四个方面:一是对现代戏剧理念高度自觉的探索;二是对戏剧批判现实精神的坚持;三是对中西戏剧嫁接的探索和实践;四是对现代国民剧场建设的探索。

从在东京看《茶花女》时的惊奇"戏剧原来有这样一个办法!"到1918年的《予之戏剧改良观》再到1928年的《戏剧改革之理论与实际》,欧阳予倩经历了对现代戏剧自发地改良到自觉地规划的历程。欧阳予倩的现代戏剧规划是典型的五四新文化运动的产物,它首先张扬了戏剧美育的功能,赋予现代戏剧引领时代的责任;其次它将中国现代戏剧的形态规定为话剧—歌剧—戏曲的结构,并且将话剧置于最重要的位置上;再次,他以世界性的眼光来探讨戏剧舞台艺术的现代性问题,努力于汲取当时世界舞台艺术发展的新成果。欧阳予倩不仅将这一规划用作自己戏剧实践的行动纲领,而

---

① 夏衍:《纪念艺术大师欧阳予倩百年诞辰》,《人民日报》1989年5月2日。

且还以这一规划为准绳去分析和评判传统戏曲以及文明戏的是非得失,显示了其重建传统以创造现代戏剧的历史担当。我们看到,欧阳予倩将戏剧介入现实的精神规定为现代戏剧的主要方面,既反对脱离现实的贵族化倾向,也反对专门盯着票房的娱乐化倾向。在戏剧与宣传的关系上,他同左翼戏剧以戏剧为工具进行宣传的作风进行了论争,坚持要在戏剧本位的立场上发挥其引领现实的作用。在剧作形式上,受进化论的影响,欧阳予倩的现代戏剧规划主要以西方近代剧为摹本,失之偏颇,但在实际的创作中,他实际上自觉不自觉地将传统戏曲的编剧方式嫁接于其中,正如其在 1960年的一篇文章中所反思的:"关于表现的艺术形式问题,我们从来没有遵守过'三一律',也没有拘泥于五个段落的分幕法(开端、渐进、高潮、渐降、结束)。但是不能说我们没有受过欧洲近代剧的影响,特别是易卜生、萧伯纳、罗曼·罗兰、契诃夫、托尔斯泰,给我们的影响比较大。过去有一个时期,我们的确多多少少有些拘泥于西洋近代剧的形式。"[1]在现代戏剧的舞台形式方面,欧阳予倩的视野更加宏阔,并提出建立中华民族演剧体系的号召。欧阳予倩的现代戏剧规划对我们当下的戏剧建设有着很好的启发意义,董健在中国话剧百年的时候说:"启蒙托起的自由精神(专业一点的话,可以叫'自由狂欢精神')是戏剧之'魂'。话剧四十岁生日时,田汉曾要发起一次为戏剧'招魂'的运动,因内战而未果。今天,在话剧百年的时候,让我们再一次呼吁为话剧以至整个戏剧'招魂'!"[2]欧阳予倩可以说是中国现代戏剧之"魂"这一历史传统的一部分。

欧阳予倩的现代戏剧创作是其现代戏剧规划的重要组成部分。其创作的根本目的是引领社会前行,推动中国社会从传统进入现代,因此他的创作紧密联系着现实,讽刺喜剧如此,新编历史剧也是如此。他的创作着眼于启蒙,既有"政治行动导向型的启蒙",也有"文化心态塑造型的启蒙","中国'国情'把启蒙变成了两种:政治行动导向型的启蒙与文化心态塑造型的启蒙。前者是一种初级的启蒙,见效快而不彻底,适于在全民文化素质较低的基础上进行;后者是一种高级的启蒙,见效慢而彻底,只有在全民文化素质较高的基础上才能进行。前者是为了引导人们为推翻旧的政治制度而行动;后者是为了叫人在行动前和行动中首先学会为否定旧的意识形态而思考,以达到行动的深层自觉。前者启迪与激发了'革命'之情;后者则

---

① 欧阳予倩:《有关戏剧表演导演艺术的两个问题》,见《欧阳予倩全集》第四卷,上海文艺出版社 1990 年版,第 357 页。

② 董健:《现代启蒙精神与中国话剧百年》,见《董健文集》卷一,人民文学出版社 2015 年版,第 94—95 页。

更注重'树人'之本———铸魂。当然,这两者既有区别也有联系,并不总是断然而别,而且在不同的历史条件下各有不同的作用。前者往往为后者的先导,后者则是前者的归宿。"①欧阳予倩五四时代塑造的超人色彩的"泼妇"——于素心等发出了攻击传统道德的最强音,属于"文化心态塑造型的启蒙"。其抗战时代的戏剧塑造了众多"坚贞"的人物,在砥砺民族气节之外对现实对历史有着种种的思考,将政治行动导向型的启蒙与文化心态塑造型的启蒙结合在了一起。苏琼在比较欧阳予倩与魏明伦的同名剧作《潘金莲》中写道:"作为'五四'弑父一代/子辈的一员,欧阳予倩与女性达成了共识,正是在这点上他具有了女性意识。他在剧中体现的是'五四'时期人们对以妇女解放、爱情自由为代表的个性解放的追求,所谓翻案,本身就带对以往定式的解构。此外,欧阳予倩自身特殊的经历,也使他比其他男性更富于女性体验,更容站在女性的层面重塑潘金莲,把颠倒的历史再颠倒过来。"②其实欧阳予倩不仅在五四时代的翻案剧中表现出女性意识,其后来的剧作也基本以女性为主人公,如梁红玉、李香君、花木兰等等,延续着对以往定式解构的精神。欧阳予倩的这些创作着眼于"一时一地的效果",以娴熟的舞台技巧寓启蒙于娱乐之中,简洁明了地传达着启蒙的或民族的观念,有着很强的情绪感染力。相对于曹禺创作对丰富全面的人的挖掘,他的创作时代性鲜明,甚至可以说是"速朽"的。介入时代,为时代呐喊,而且产生了真正的回响,能够这样就已经很了不得了,而这本也是欧阳予倩所追求的。

在创造现代戏剧的过程中,欧阳予倩在中西戏剧嫁接上做了很多的探索。话剧导演上他在中国现代戏剧史上最早提出了建立中国民族演剧体系的口号,并且身体力行地践行着。在传统戏曲的革新上,他曾经走上过歧途,试图以西方的歌剧来取代中国传统戏曲,但很快便扭转了方向,在用新的演出法来演出新编历史剧上作出了大量的有益的探索,取得了很大的成绩,在中国现代戏曲改革大潮中独树一帜。李伟将欧阳予倩的戏曲革新归类在"田汉模式"之下,"一是以梅兰芳、程砚秋为代表的京剧艺人的改革探索,他们强调表演技术的锤炼和守成,同时在此前提下进行必要的内容革新,是为'梅兰芳模式',且称之为'技术守成型';二是以田汉、欧阳予倩、焦菊隐等为代表的新文化人的改革尝试,他们注重以现代文化眼光对传

---

①　董健:《中国戏剧现代化的艰难历程——20世纪中国戏剧回顾》,《文学评论》1998年第1期,第36页。

②　苏琼:《异性书写的历史——〈潘金莲〉:从欧阳予倩到魏明伦》,《江苏社会科学》2000年第3期,第181页。

统京剧的思想内容进行改造,同时注意尊重、利用传统京剧的技艺形式,是为'田汉模式',且称之为'文化创新型'……三是在解放区,在以毛泽东为代表的中国共产党人的文艺思想的指导下,以周扬、张庚、马少波等为代表的文艺工作者对民间艺术的挖掘、利用与改造,是为'延安模式',且称之为'政治实用型'"①。"以现代文化眼光对传统京剧的思想内容进行改造"确实是欧阳予倩戏曲革新一翼,而从舞台艺术的综合性出发对传统京剧的演出做全方位的革新则构成了其戏曲革新的另外一翼,这是一个两翼齐飞的系统性的戏剧革新理念和实践,在现代戏剧史上无人能与之比肩。

在创造现代戏剧之"魂"贡献自己力量之外,欧阳予倩所选择的现代国民剧场建设方略也极具历史和现实价值。坚持独立戏剧立场的田汉对欧阳予倩的选择颇有微词。1946年,努力着在焦土废砾中重建剧场的欧阳予倩被迫离开了桂林,彻底结束了他广西多年的苦心经营。田汉在此时写了《欧阳予倩先生的道路》一文,认为欧阳予倩"已经走上了他应走的道路","首先,他更民间了。以前我们和予倩先生虽一直是好朋友,但我们在剧运上存在着一条鸿沟。那是我们走民间的野生的路,而予倩常常和官场,至少地方势力保持紧密关系。南通更俗剧场时代如此,广东戏剧研究所时代如此,广西省立艺术馆时代也是如此。……这次经过在敌后一年多的苦斗,他才发现穷干苦干一样可以干出名堂的,而人们更受实惠。……这意味着予倩将趁此清算其官场倾向而走向更人民的世界了。/由此予倩先生也变得更群众的了。……明星制的清算实在是很难的。但予倩先生却已经没有踌躇,他主张以戏剧各部门综合的匀称的发展来代替明星制。/还有,予倩先生也变得更实际了。以前予倩先生相当学院派的。他与其注意内容的积极性,宁注意技术的完整。……予倩先生这次到上海来,表示了他对这问题的正确的见解。他如像不再孤立地强调个人一样,也不再孤立地强调技术。"② 这是田汉站在"苦干"的剧运立场上发表的评论,他欣喜于欧阳予倩的转向,但欧阳予倩的现代戏剧建设成就的取得正在于其对国民剧场建设道路的坚持。

欧阳予倩并不孤单,与他秉持同一戏剧建设方略的有熊佛西、余上沅、王泊生、阎折梧等人。熊佛西、余上沅等人的现代国民剧场建设之路肇始于美国留学时期。当时,余上沅等人因公演《杨贵妃》的成功非常兴奋,"第三

---

① 李伟:《从两份戏改方案看两种戏改模式之差异——兼向王安葵先生请教》,《戏曲艺术》2010年第3期,第20页。

② 田汉:《欧阳予倩先生的道路》,见《田汉全集》第十七卷,第558—560页。

天太侔和我变成了辛额,你和一多变成了叶芝,彼此告语,决定回国。'国剧运动!'这是我们回国的口号。"①余上沅等人回国后立即开始了其国剧运动的运作,一方面他们在《晨报》副刊开辟"剧刊"专栏进行"国剧"的倡导和讨论,另一方面筹划建立北京艺术剧院,因为"戏剧不单是去读的,是要在舞台上看的。古今的艺术家,有几个不是穷的呢?'一座剧院! 一座演国家戏剧的剧院!'黄尼曼女士在爱尔兰文艺复兴运动上的贡献,在世界戏剧文学上的贡献,都是不可灭没的。因为,有了这座剧院,我们才有夏芝、爱伊、辛格、格里各雷们的剧本;我们才有亚贝派的演剧技术;我们才有爱尔兰运动中怒放的一株戏剧之花。"②因此,国剧运动实际上由两部分构成,一是建设什么样的国剧,二是开办国家剧院上演这种国剧。国剧与国家剧院两者是不能割裂的,两者之间并不仅仅是目的与手段的关系,而是如马丁·艾思林所说的:"大多数现代的发达国家都有国家剧院(这个机构都各自的国家本身的形象作出了重大的贡献,并表明它与它的邻国有所区别),并且确实还有它们本国的戏剧,在重大的节日作为一种在仪式上重新肯定本国地位的表示来上演。……十九世纪当爱尔兰民族主义运动蓬勃发展时,叶芝和格莱葛瑞夫人建立了亚培剧院,其目的,显然是要创建这样一种表明国家地位的国立剧院和民族戏剧。"③

　　欧阳予倩、余上沅、熊佛西等人建设现代国民剧场的实践在中国现代戏剧史上有着重要的意义,探讨了现代戏剧与民众发生联系的可能性和途径。中国现代戏剧的发展一直存在着如何与民众发生实质性联系的焦虑,而且即使在现在它仍然是极具紧迫感的现实问题。这一焦虑源于中国现代戏剧生存空间的压力和它所承担的文化启蒙重任。中国现代戏剧在传统戏曲的汪洋大海中发生、成长,作为后来者在生存上一直都举步维艰,而所担负的启蒙重任又要求它有所作为,因此,如何迅速而有效地渗透到广大民众的生活中就成为先驱者们的主要焦虑。戏剧家们根据自己的戏剧理念和实践经验开出了各自的药方,投入过文明戏和爱美剧运动的欧阳予倩的药方就是建设现代国民剧场。与此同时,留学美国、对美国的戏剧情况非常熟悉的余上沅和熊佛西也开出了相同的药方。建设现代国民剧场自然需要政府的参与,因为这是一项系统的文化工程,单凭戏剧家个人或群体的力量是难以做到的,欧阳予倩之借重政府的原因就在于此。抛开意识形态的分歧,欧

---

①　《余上沅致张嘉铸书》,见《国剧运动》,新月书店1927年版,第274页。

②　余上沅:《爱尔兰文艺复兴之女杰》,见《戏剧论集》,北新书局1927年版,第46—47页。

③　[英]马丁·艾思林:《戏剧剖析》,罗婉华译,中国戏剧出版社1981年版,第22—23页。

阳予倩、余上沅、熊佛西等人所实践的道路其实是正规化的戏剧建设道路，也是国家文化工程的重要组成部分。在现代戏剧试图取代传统戏曲成为民众日常文化生活主要组成部分的特殊情境下，这一戏剧实践尤其有重大的意义。它稳步而积极地推动了现代戏剧的建设，奠定了 20 世纪三四十年代职业戏剧发展的坚实基础，为它开发和培养了最基本的观众，为它源源不断地输送着戏剧人才。这一戏剧实践自身也借助着政府的帮助，登高而呼，推动了文化启蒙的极大发展。

参 考 书 目

1. [英] 阿·尼柯尔：《西欧戏剧理论》，徐士瑚译，中国戏剧出版社 1985 年版。

2. 阿甲：《戏曲表演规律再探》，中国戏剧出版社 1990 年版。

3. 阿甲：《戏曲表演论集》，上海文艺出版社 1962 年版。

4. 北京人民艺术剧院戏剧博物馆编：《焦菊隐文集》，文化艺术出版社 2005 年版。

5. [德] 彼得·斯丛狄：《现代戏剧理论（1880—1950）》，王建译，北京大学出版社 2006 年版。

6. 波多野乾一著，鹿原学人编译：《京剧二百年之历史》，启智印刷公司 1926 年版。

7. 陈白尘、董健主编：《中国现代戏剧史稿》，中国戏剧出版社 1989 年版。

8. 《陈白尘文集》，江苏文艺出版社 1997 年版。

9. 《程砚秋戏剧文集》，文化艺术出版社 2003 年版。

10. 陈大悲编述：《爱美的戏剧》，晨报社 1922 年版。

11. 陈多：《戏曲美学》，四川人民出版社 2001 年版。

12. 陈珂：《欧阳予倩和他的"真戏剧"：从一个伶人看中国现代戏剧》，学苑音像出版社 2007 年版。

13. 陈美英、宋宝珍：《洪深传》，文化艺术出版社 1996 年版。

14. 陈美英编著：《洪深年谱》，文化艺术出版社 1993 年版。

15. 丁罗男：《二十世纪中国戏剧整体观》，文汇出版社 1999 年版。

16. 董健、马俊山：《戏剧艺术十五讲》，北京大学出版社 2004 年版。

17. 董健：《田汉传》，北京十月文艺出版社 1996 年版。

18. 董健：《戏剧与时代》，人民文学出版社 2004 年版。

19. 杜定宇编：《西方名导演论导演与表演》，中国戏剧出版社 1982 年版。

20. 范均宏：《戏曲编剧论集》，上海文艺出版社 1982 年版。

21. 《粉墨春秋》（增订本），中国戏剧出版社 1980 年版。

22. 凤子：《人间海市》，上海文艺出版社 1998 年版。

23. 弗莱塔克：《论戏剧情节》，上海译文出版社 1981 年版。

24. 葛一虹：《中国话剧通史》，文化艺术出版社 1990 年版。

25. 谷剑尘：《戏剧教育之理论与实际》，商务印书馆 1944 年版。

26. 丘振声、杨荫亭主编：《欧阳予倩与桂剧改革》，广西人民出版社 1986 年版。

27. 国立戏剧学校编：《国立戏剧学校第一次旅行公演》。

28. 国立戏剧学校编：《民国廿八年国立戏剧学校一览》。

29. 国立戏剧学校编:《民国廿五年国立戏剧学校一览》。

30. 国立戏剧学校编:《战时戏剧讲座》,正中书局 1940 年版。

31. 何辉斌:《戏剧性戏剧与抒情性戏剧:中西戏剧比较研究》,中国社会科学出版社 2004 年版。

32. [日] 河竹登志夫:《戏剧概论》,中国戏剧出版社 1983 年版。

33. [日] 河竹登志夫:《戏剧舞台上的日本美学观》,中国戏剧出版社 1999 年版。

34. [德] 黑格尔:《美学》,朱光潜译,商务印书馆 1996 年版。

35.《洪深文集》,中国戏剧出版社 1959 年版。

36. 洪忠煌:《话剧的殉道者——中国旅行剧团史话》,浙江大学出版社 2004 年版。

37. 胡星亮:《二十世纪中国戏剧思潮》,江苏文艺出版社 1995 年版。

38. 胡星亮:《中国话剧与中国戏曲》,学林出版社 2000 年版。

39. 胡志毅:《神话与仪式:戏剧的原型阐释》,学林出版社 2001 年版。

40. 黄爱华:《中国早期话剧与日本》,岳麓书社 2001 年版。

41. 黄佐临:《导演的话》,上海文艺出版社 1979 年版。

42. 黄佐临:《我与写意戏剧观》,中国戏剧出版社 1990 年版。

43. 贾维:《谭嗣同与晚清士人交往研究》,湖南大学出版社 2004 年版。

44. 蒋锡武:《京剧精神》,湖北教育出版社 1997 年版。

45. 焦尚志:《中国现代戏剧美学思想发展史》,东方出版社 1995 年版。

46. [英] J. L. 斯泰恩:《现代戏剧理论与实践》,刘国彬等译,中国戏剧出版社 2002 年版。

47.《剧专十四年》编辑小组编:《剧专十四年》,中国戏剧出版社 1995 年版。

48. 瞿光熙编:《艺术剧社史料》,上海文艺出版社 1959 年版。

49. 凯瑟琳·乔治:《戏剧节奏》,张全金译,中国戏剧出版社 1992 年版。

50. 康保成:《中国近代戏剧形式论》,漓江出版社 1991 年版。

51. [日] 濑户宏:《中国话剧成立史研究》,陈凌虹译,厦门大学出版社 2015 年版。

52. 蓝凡:《中西戏剧比较论稿》,学林出版社 1992 年版。

53. 李伟:《20 世纪戏曲改革的三大范式》,中华书局 2014 年版。

54. 李渔:《李渔随笔全集》,京华出版社 2000 年版。

55. 李泽厚:《中国思想史论》(上、中、下),安徽文艺出版社 1999 年版。

56. 李紫贵:《李紫贵戏曲表导演艺术论集》,中国戏剧出版社 1992 年版。

57. 梁淑安编:《中国近代文学论文集(1919—1949)》戏剧卷,中国社会科学出版社 1988 年版。

58. 凌善清、许志豪编著:《新编戏学汇考》,大东书局 1926 年版。

59. 刘纳:《嬗变——辛亥革命时期至五四时期的中国文学》,中国社会科学出版社 1989 年版。

60. 刘小枫:《现代性社会理论绪论——现代性与现代中国》,上海三联书店 1998 年版。

61. 刘彦君:《东西方戏剧进程》,文化艺术出版社 1997 年版。

62. 陆炜:《田汉剧作论》,南京大学出版社 1995 年版。

63. 吕效平:《戏曲本质论》,南京大学出版社 2003 年版。

64. 罗钢:《历史汇流中的抉择:中国现代文艺思想家与西方文学理论》,中国社会科学出版社 1993 年版。

65. [英] 马丁·艾思林:《戏剧剖析》,罗婉华译,中国戏剧出版社 1981 年版。

66. 满新颖:《中国近现代歌剧史》,中国文联出版社 2012 年版。

67. 茅盾、田汉等:《戏剧的民族形式问题》,白虹书店 1943 年版。

68. 孟昭毅:《东方戏剧美学》,经济日报出版社 1997 年版。

69.《梅兰芳全集》,河北教育出版社 2000 年版。

70.《美育》,国光书局 1920 年版。

71.《名人家风·毕生追求真善美》,春风文艺出版社 1998 年版。

72. 南通市文联戏剧资料室整理组编:《京剧改革的先驱》,江苏人民出版社 1982 年版。

73. [德] 尼采:《悲剧的诞生》,漓江出版社 2000 年版。

74. 倪伟:《"民族"想象与"国家"统制:1928—1948 年南京政府的文艺政策及文艺建设》,上海教育出版社 2003 年版。

75. 欧阳敬如:《父亲欧阳予倩》,中国戏剧出版社 2005 年版。

76. 欧阳予倩:《闲事闲谈》,大千书局 1942 年版。

77.《欧阳予倩全集》,上海文艺出版社 1990 年版。

78. 欧阳予倩:《予倩论剧》,广州泰山书店 1931 年版。

79. 欧阳予倩选辑:《谭嗣同书简》,文化供应社 1948 年版。

80. 齐如山:《齐如山回忆录》,中国戏剧出版社 1998 年版。

81. 钱苑、林华:《歌剧概论》(修订版),上海音乐出版社 2014 年版。

82. [美] 乔治·贝克:《戏剧技巧》,余上沅译,中国戏剧出版社 2004 年版。

83. 上海文艺出版社编:《戏剧美学论集》,上海文艺出版社 1983 年版。

84. 上海戏剧协社编:《剧本汇刊·第一集》,商务印书馆 1925 年版。

85. 上海戏剧协社编:《剧本汇刊·第二集》,商务印书馆 1928 年版。

86. 上海戏剧学院熊佛西研究小组编:《现代戏剧家熊佛西》,中国戏剧出版社 1985 年版。

87. 石曼:《重庆抗战剧坛纪事》,中国戏剧出版社 1995 年版。

88. [俄] 斯坦尼斯拉夫斯基:《我的艺术生活》,瞿白英译,上海译文出版社 2002 年版。

89. 宋宝珍：《残缺的戏剧翅膀——中国现代戏剧理论批评史稿》，北京广播学院出版社 2002 年版。

90. 苏关鑫编：《欧阳予倩研究资料》，中国戏剧出版社 1989 年版。

91. [美] 苏珊·朗格：《情感与形式》，刘大基、傅志强、周发祥译，中国社会科学出版社 1986 年版。

92. 孙青纹编：《洪深研究专集》，浙江文艺出版社 1986 年版。

93. 孙庆升：《中国现代戏剧思潮史》，北京大学出版社 1994 年版。

94. 孙晓芬：《抗日战争时期的四川话剧运动》，四川大学出版社 1989 年版。

95. 谭霈生：《论戏剧性》（修订版），北京大学出版社 1984 年版。

96. 谭霈生：《戏剧本体论》，北京大学出版社 2009 年版。

97. 田本相、焦尚志：《中国话剧史研究概述》，天津古籍出版社 1993 年版。

98. 《田汉全集》编委会编：《田汉全集》，花山文艺出版社 2000 年版。

99. 田禽：《中国戏剧运动》，商务印书馆 1946 年版。

100. 童道明编选：《梅耶荷德论集》，华东师范大学出版社 1994 年版。

101. [俄] 托尔斯泰：《艺术论》，张昕畅等译，中国人民大学出版社 2005 年版。

102. 王凤霞：《文明戏考论》，广东高等教育出版社 2011 年版。

103. 王国维：《宋元戏曲史》，上海古籍出版社 1998 年版。

104. 王培元：《延安鲁艺风云录》，广西师范大学出版社 2004 年版。

105. 王晓鹰：《戏剧演出中的假定性》，中国戏剧出版社 1995 年版。

106. [英] 威廉·阿契尔：《剧作法》，吴钧燮、聂文杞译，中国戏剧出版社 1964 年版。

107. 《翁偶虹编剧生涯》，中国戏剧出版社 1986 年版。

108. 翁思再编：《京剧丛谈百年录》，河北教育出版社 1999 年版。

109. [日] 西原大辅：《谷崎润一郎与东方主义——大正日本的中国幻想》，赵怡译，中华书局 2005 年版。

110. 《西南剧展》，漓江出版社 1984 年版。

111. 《夏衍全集》，浙江文艺出版社 2005 年版。

112. 解志熙：《美的偏至——中国现代唯美—颓废主义文学思潮研究》，上海文艺出版社 1997 年版。

113. 《熊佛西戏剧文集》编委会编：《熊佛西戏剧文集》，上海文艺出版社 2000 年版。

114. 熊佛西：《佛西论剧》，北平朴社 1928 年版。

115. 熊佛西：《戏剧大众化之实验》，正中书局 1937 年版。

116. 熊佛西：《写剧原理》，中华书局 1933 年版。

117. 徐半梅：《话剧创始期回忆录》，中国戏剧出版社 1957 年版。

118. [古希腊] 亚里士多德：《诗学》，商务印书馆 2003 年版。

119. 阎哲吾：《剧场生活》，中华书局 1939 年版。

120. 阎哲吾编：《中国现代话剧教育史稿》，华东师范大学出版社 1986 年版。

121. 杨尘因编：《春雨梨花馆丛刊》，民权出版部 1917 年版。

122. 杨村彬：《导演艺术民族化求索集》，中国戏剧出版社 1991 年版。

123. 杨村彬：《新演出》，独立出版社 1940 年版。

124. 杨新宇：《复旦剧社与中国现代话剧运动》，广西师范大学出版社 2006 年版。

125. 艺术剧社编：《戏剧论文集》，神州国光社 1930 年版。

126. 余从、王安葵主编：《中国当代戏曲史》，学苑出版社 2005 年版。

127. 余秋雨：《戏剧理论史稿》，上海文艺出版社 1993 年版。

128. 余上沅：《戏剧论集》，北新书局 1927 年版。

129. 余上沅：《余上沅戏剧论集》，长江文艺出版社 1986 年版。

130. 余上沅编：《国剧运动》，新月书店 1927 年版。

131. 袁国兴：《中国话剧的孕育与生成》，文津出版社 1993 年版。

132. [美] 约翰·霍德华·劳逊：《戏剧与电影的剧作理论与技巧》，邵牧君、齐宙译，中国电影出版社 1978 年版。

133. 张赣生：《中国戏曲艺术》，百花文艺出版社 1982 年版。

134. 张庚：《戏曲艺术论》，中国戏剧出版社 1980 年版。

135. 《张庚文录》，湖南出版社 2003 年版。

136. 张健：《中国现代喜剧史论》，北京大学出版社 2006 年版。

137. 张向华编：《田汉年谱》，中国戏剧出版社 1992 年版。

138. 赵丹：《地狱之门》，文汇出版社 2005 年版。

139. 赵家璧主编：《中国新文学大系》(1917—1927)，上海良友图书印刷公司 1935 年版。

140. 赵景深：《海上集》，上海书店 1984 年影印本。

141. 郑正秋：《新剧考证百出》，中华图书集成编辑所 1919 年版。

142. 《中国话剧建设五十年史料集》，中国戏剧出版社 1959 年版。

143. 《中国京剧史》，中国戏剧出版社 1990 年版。

144. 中国戏剧家协会编：《新歌剧问题讨论集》，中国戏剧出版社 1958 年版。

145. 《中国戏曲志·广东卷》，中国 ISBN 中心 1993 年版。

146. 《中国戏曲志·广西卷》，中国 ISBN 中心 1995 年版。

147. 《中国戏曲志·江苏卷》，中国 ISBN 中心 1992 年版。

148. 《中国戏曲志·上海卷》，中国 ISBN 中心 1996 年版。

149. 《周信芳舞台艺术》，中国戏剧出版社 1961 年版。

150. 周安华：《20 世纪中国问题剧研究》，中国戏剧出版社 2000 年版。

151. 周剑云主编：《鞠部丛刊》，交通图书馆 1918 年版。

152. 周宁：《比较戏剧学——中西戏剧话语模式研究》，上海社会科学出版社 1993

年版。

　　153. 朱光潜：《朱光潜美学文集》，上海文艺出版社 1984 年版。

　　154. 朱双云：《初期职业话剧史料》，独立出版社 1942 年版。

　　155. 庄浩然、倪宗武选编：《20 世纪中国文学史文论精华：戏剧卷》，河北教育出版社 2000 年版。